변화는 시작됐다

김정일시대의 북한, 어디로 가는가

북한소프트 • 5 **변화는 시작됐다**

지은이 | 이미숙   펴낸이 | 김학민   펴낸곳 | 학민사
1판 1쇄 | 1999년 6월 25일   주소 | ㉾ 121-080 서울시 마포구 대흥동 303번지
전화 | 716-2759, 702-3317   팩시밀리 | 703-1494   등록번호 | 제10-142호
등록일자 | 1978년 3월 22일   천리안 | hakminsa   ISBN 89-7193-108-6(03300)
• 잘못 만들어진 책은 구입하신 서점에서 바꿔드립니다.
• 값 9,500원

• 이 책은 관훈클럽신영연구기금의 도움을 받아 저술 · 출판되었다.

북한소프트·5

변화는 시작됐다

김정일 시대의 북한,
어디로 가는가

이미숙 지음

학민사

이 책은 김일성 주석 사후 북한의 변화에 대한 종합적인 취재 리포트다.

필자가 통일부를 출입하면서 보고, 듣고, 분석했던 것을 바탕으로 쓴 이 책은 기존의 북한 관련 서적과 크게 다르다. 남과 북 어느 한쪽의 흐름에 치우치지 않으면서 기자만이 접할 수 있는 현장감이 반영되어 있기 때문이다. 기자로서 남북관계에 근본적인 변화가 일어나는 몇년 동안 그 변화의 한가운데서 현장을 지켜보고 취재할 수 있었던 것은 개인적으로 큰 행운이었다.

94년 7월 김일성 주석 사망후 김정일 국방위원장으로 권력이 승계되는 과정, 김영삼 정부에서 김대중 정부로 권력이 이전되며 대북정책이 변화하는 과정, 그리고 금강산 관광이라는 전혀 새로운 남북교류가 실현되는 과정에서 보듯 최근 몇년은 21세기 한반도 정치의 새 틀이 형성되는 시기였다. 이 시점에서 남북한 양측의 역동적인 상호작용을 분석하면서 북한의 변화 가능성과 그 방향을 전망해 보는 것은 매우 의미있고 중요한 작업이라고 생각한다.

필자는 95 · 96년 북한을 엄습한 수해와 식량난이 동북아의 고립된 사회주의 국가 북한을 바깥세계로 이끌어내는 동시에 주민들의 닫힌 사고를 열리게 하는 기본동력이 됐다고 본다. 김일성 주석 사망에 이어 발생한 자연재해와 식량난은 북한사회를 밑바닥부터 변화시키고 북한 사람들의 의식을 변화시키는 내외적 조건으로 작용했다는 게 필자의 기본인식이다.

대북식량원조를 위한 외국인들의 북한 왕래가 잦아지면서 바깥세계의 정보가 자연스레 북한정부 관리들에게 전달되고 있으며, 주민들의 맹목적인 반제의식과 반미의식도 무력화되고 있다.

북한 당국이 반세기간 실시해온 식량배급제가 붕괴되면서 주민들은 먹고 사는 문제를 스스로 해결하기 위해 북한 전역을 떠돌고 있다. 자연발생적으로 생겨난 농민시장에서는 최고 국정가격의 1천배에 가까운 가격의 곡물과 생필품이 거래되고 있으며, 빈부격차도 점차 커지고 있다.

김일성 주석 사망 이전에는 상상도 할 수 없는 이같은 변화들은 이미 막을 수 없는 수준으로 확산되고 있다. 한 사회 밑바닥에서부터 나타나는 이같은 변화는 필연적으로 상부의 변화로 귀결돼왔다는 게 지난 역사의 교훈이다. 89년부터 시작된 동유럽·소련체제변혁과정에서도 이같은 사례는 그대로 입증됐다.

따라서 머지않은 장래에 북한도 동유럽·소련이 겪었던 체제변동에 휩싸일 가능성을 배제할 수 없다. 북한이 아직 평온해보이는 것은 북한사회 내부의 갈등과 변화상이 외부세계에 제대로 알려지지 않고 있기 때문이다.

이같은 변화에 대해 어떤 형식으로든 대응이 불가피한 시점에서 북한의 최고지도자 김정일 국방위원장은 어떤 처방을 선택할 것인가. 그는 과연 새로운 노선을 제시하여 중국과 베트남같은 체제개혁의 길을 통해 북한을 새로운 사회주의국가로 거듭나게 할 것인가, 아니면 정책적 결단없이 외부원조에 의존해 연명해갈 것인가.

이 책의 프롤로그 '북한에 대한 새로운 발견을 위하여'는 세기말의 시점에서 과연 북한은 우리에게 무엇이고, 북한문제를 바로 보기 위해서는 우리가 어떤 준비를 해야 하는가를 다룬 시론이다.

1부 '김일성에서 김정일로'에서는 김일성 주석 사후 북한에 나타 난 변화상을 분석했으며, 2부 '북한의 변화, 어디서 시작되나'에서는 북한에 변화를 몰고온 동인이 무엇인가를 분석했다.

3부 '김대중 · 김정일시대의 한반도'에서는 98년 남북에서 각각 출 범한 김대중 정부와 김정일체제가 어떠한 상호작용을 통해 교류하는 가를 다뤘으며, 4부 '세기말 남북한 사람들의 자화상'에서는 남북교 류시대를 살아가는 남북한 사람들의 얘기를 다뤘다.

5부 '북한의 미래는 있는가'와 에필로그는 북한에 나타나고 있는 변화상에 대해 북한 전문가들은 어떤 대안을 제시하고 있으며, 북한 의 지도부는 어떤 준비를 해야 하는지 모색한 장이다.

필자가 96년 10월부터 통일부에서 접한 청와대와 통일부, 외교부, 국가정보원의 수많은 보고서와 자료, 외교안보부처 당국자들의 공 개 · 비공개 브리핑, 이들과의 공개 · 비공개 토론 내용이 이 책을 집 필하는데 기본 자료가 됐다.

특히 김대중정부 대북정책의 핵심참모인 임동원 청와대 초대 외교 안보수석과 강인덕 초대 통일부장관, 이종찬 초대 국가정보원장 등 이 현안문제에 대해 기자들과 만나 얘기한 백그라운드 브리핑과 오 프더 레코드 발언 등을 필요하다고 판단되는 수준에서 적절히 공개 했다.

정부 고위당국자들이 비보도를 전제로 밝힌 현안 설명은 국익과 관련된 민감한 사항과 외교적 논란이 될 소지가 있는 부분을 제외하 고는 국민의 알 권리 차원에서 당연히 공개되어야 한다는 게 필자의 믿음이기도 하다. 정부 고위당국자들의 백그라운드 브리핑과 오프더 레코드 발언은 대개 '취재 파일'에서 소화했다.

필자가 지난 3년간 통일부를 출입하며 느낀 점은 북한의 공식자료 만 갖고 북한을 분석할 경우 북한의 프로파갠다에서 자유로울 수 없으며, 북한 지도부의 내적인 고민도 파악할 수 없다는 것이었다. 이 책이 북한 학술서들이 갖고 있는 한계와 정보 갈증을 조금이라도 해소해 주는 역할을 할 수 있다면 필자로서는 더 바랄 나위가 없다.

이 책은 「문화일보」 정치부 식구들의 도움과 배려 속에서 이뤄졌다. 서형래 전부장과 황열헌 부장, 그리고 통일안보팀으로서 함께 호흡을 맞췄던 이용식 차장, 김재목, 이병선, 이종훈, 김영번, 한종호, 공영운, 이승재 기자에게 감사 드린다. 특히 미국 미주리대 저널리즘 스쿨 연수 중에도 필자의 초고 전반에 대해 비판적인 코멘트를 해준 이용식 차장께 감사를 드린다.

또한 이 책의 출판을 준비하는데 도움을 주신 관훈클럽 신영기금 이사분들, 사진자료를 신도록 허용해준 문화일보 사진부와 조사부 여러분들, 그리고 출간을 맡아준 학민사 김학민 대표께 감사를 드린다.

1999년 6월 25일
이 미 숙

변화는 시작됐다

김정일시대의 북한, 어디로 가는가

V
북한의 미래는 있는가

새로운 발견을 위하여

인식의 출발점

북한에 대한 인식은 개인의 경험과 인식에 따라 천차만별이다. 반공주의에서 주사파에 이르기까지 그 스펙트럼의 폭은 넓다. 특히 80년대를 대학에서 보낸 세대들에게 북한이란 존재는 더욱 특별하다. 운동권이든 비운동권이었는간에 정도의 차이는 있겠지만, 대개 북한에 대한 비슷한 체험을 갖고 있다.

80년대 초반을 대학에서 보낸 필자도 예외는 아니다.

미국보다 먼 나라로 여겨졌던 북한이 가까이 다가온 것은 『생의 한가운데』를 쓴 독일 작가 루이제 린저의 『북한방문기』를 접하면서부터였다. 80년대 중반쯤으로 기억되는데, 북한을 지상낙원으로 묘사한 이 책을 읽으면서 받은 충격은 컸다.

린저가 본 것은 80년의 북한이다. 그는 김일성의 이상이 그대로 실현되는 특별한 사회로 북한을 그렸다. 그의 관점에 동의하기는 어려웠지만, 독일의 대표적 지성인 루이제 린저가 쓴 책이라는 점 때문에 부정하기 힘들었던 게 사실이다.

그후 비공식적으로 발간된 재미교포 목사의 『북한방문기』는 엄밀히 말하면 린저 기행문의 아류였지만, 북한에 대한 정보 자체가 빈약했던 시절이어서 많이 읽혔다.

박정희 대통령이 저격된 뒤 군 출신 전두환 대통령과 노태우 대통령이 잇따라 지배하는 암울한 시기였기 때문인지 『북한방문기』는 북한에 대한 환상을 자극하는 모티브 역할을 했다.

대학 4학년 때인 84년 초부터 '전한반도적 관점에서 운동을 바라보자'는 의식이 학생운동권에 퍼지기 시작하면서 북한 공부가 시작됐다. 이 시기에 왜 갑자기 북한학습이 시작됐는지는 불분명하다. 60년대 조직사건인 통혁당, 인혁당 관련 인사의 출소 시기와 거의 동일하다는 점에서 이 운동세력의 영향에 따른 것일 수도 있다는 추론을 가능케 한다. 이후 86년 미문화원 방화사건, 87년 6월민주화 항쟁을 겪으며 대학가에는 북한바로알기 운동이 본격화했다.

북한에서 쓰여진 책들이 여과없이 대학가로 흘러들었고, 대부분 그대로 출간됐다. 일본 조총련계를 통해 흘러들어온 김일성 저작이나 주체사상 관련 책들이 앞다퉈 출간됐다.

주사파 바람은 곧 대학가로 전파됐다. 주체사상으로부터 자유로울 수 있었던 학생들은 그리 많지 않았다.

필자도 대학 시절 말기에 불어닥친 북한바로알기 운동 속에서 북한의 원전 학습을 했으나 '신심(信心)'이 부족해서인지 주체사상을 과학으로 받아들이기 어려웠다. 그때 친구들끼리 "주사파에 대한 관점은 독서 수준에 따라 형성되는 게 아니라 성향 차이에서 오는 것이 아니겠느냐"는 얘기도 했었다.

주체사상이 어떤 사람에게는 '바로 이거구나'라는 깨달음과 각성을 주지만, 어떤 사람에게는 아무리 읽어도 사이비종교의 교리처럼 지루함만 준다면 그것은 이성의 판단에 따른 것이라기보다 개인의 성향 차이에 따른 것일 수밖에 없다는 판단이었다.

주체사상의 부침

88년 여름 고려대학교 대학원에 입학해서 북한을 역사이자 과학으로 공부하게 됐다.

중국 전문가인 서진영 교수가 정치외교학과 대학원 과목으로 처음 북한사 강좌를 마련했다. 서진영 교수도 북한 강의는 처음이었고, 학생들도 북한학 수강은 처음이어서 정말 열심히 공부하고 토론했다. 그런데 토론을 하다보면 마지막에 부딪치는 문제가 관점과 입장의 문제였다. 대개의 토론은 '나는 북한을 이렇게 본다. 우리는 서로 관점이 다른 것같다'는 '신앙고백'으로 맥없이 끝나버렸다.

당시는 북한이 공식 표방하는 이론을 현실에 그대로 대입하려던 의욕이 앞서던 시절이었다.

이와 관련해 재미난 일화가 있다. 서대숙 교수가 89년 서울대에서 북한정치론을 특강할 때 겪은 일이다.(필자와의 인터뷰, 99. 3. 18)

하루는 강의를 하는데 내가 "김일성은 항일독립운동을 한 게 맞다. 일부에서는 항일무장투쟁을 한 원래의 김일성이 있고, 북한의 지도자가 된 김일성은 가짜라고 하는데, 그것은 맞지 않는 소리다"라고 하자 학생들이 '와' 하면서 환호를 했습니다. 자신들이 숭배하는 김일성이 진짜라고 하니 듣기 좋았던 것이지요.

그러나 바로 이어서 "그런데 그 김일성이 만주지역 화전민들의 소와 닭을 약탈해다가 군대를 위해 썼다"라고 했더니 한 학생이 일어서서 이렇게 따지더군요.

"교수님, 어떻게 위대하신 수령님께서 양민들의 소와 닭을 약탈하였다고 말씀하실 수 있습니까?"

그래서 내가 말했지요.

"서울대 정치학과 4학년 학생이 국어사전에 나온 '약탈'의 의미를 모르는 모양인데, 약탈이라 함은 남의 물건을 주인의 의지를 무시한 채 자의적으로 빼앗아가는 것을 말합니다. 김일성은 국어사전에 나온 약탈의 뜻과 같은 행동을 했어요."

그렇게 말하고나니 학생들이 나를 야유를 하더라구요.

당시에 서울대학뿐만 아니라 대한민국 전체가 주체사상의 광풍에 빠져 있었어요. 나는 이것이 학생 책임이라기보다 너무 강고한 반공사상 때문에 발생한 역작용이라고 봐요. 군인 출신 대통령에 대한 반발, 반공사상 일색의 교육에 염증을 느끼던 학생들이 주체사상을 접하게 되자 무비판적으로 빠져들게 된 것이지요.

서대숙 교수의 회고처럼 80년대 후반은 사상의 광란시대였다. 한편의 학생들은 레닌주의에 침윤되고, 또다른 편 학생들은 주체사상에 빠져들었다. 거기서 자유로울 수 있었던 젊은이들은 많지 않았다.

젊은이들이 왜 그렇게 사상의 열병을 앓게 됐는지에 대해서는 앞으로 사회사적으로 본격 연구를 해야겠지만, 그 일차적 원인은 서대숙 교수의 지적처럼 우리 사회의 지독스런 반공사상에서 찾아야 할 것같다.

80년대 중반 「강철서신」이라는 주사파 문건을 써서 대학가에 주체사상 바람을 일으키는 역할을 했던 김영환씨는 『말』지(98. 5)에 기고한 「북한의 수령론은 완전한 허구이자 거대한 사기극」이란 글에서 "당시 북한바로알기 운동이나 주체사상에 관한 선입견없는 고민은 일종의 우상깨기 운동"이었다고 규정하면서, "당시엔 우리들의 머리 속에 마지막 남은 우상인 북한 콤플렉스를 깨어버리고 싶었다"고 말했다. 그는 또 주체사상에 무비판적으로 빠져든 이유로, 북한에 대한 정보욕, 민족주체성을 외치는 북한에 대한 호감이 상승적으로 작용한 탓이라고 말했다. 반공사상이 형성시킨 북한문맹증후군, 광주항쟁 이후 팽배된 반미의식이 주체사상 전파의 토양이 됐던 셈이다.

연세대 재학시절 학생운동을 했고, 그 이후 노동운동에 투신했던 한 친구는 '운동의 시대'에 접했던 주체사상에 대한 체험을 이렇게 전한다.

내가 처음 주사파 운동론을 접한 것은 88년 경 군대 제대 후 부천·인천지역에서 노동운동을 할 때였다. 매일밤 주체사상 강독이 이어졌는데, 다른 것은 이해한다고 해도 수령이 모든 것을 결정하는 뇌수이고 인민은 몸이라는 이론은 받아들이기 어려웠다.

그렇지만 그때의 분위기에서 그것을 받아들일 수밖에 없었다. 그것에 따라 운동이 진행됐고 조직사업도 진행됐다. 노동운동을 하기 위해서는 주체사상을 비판없이 받아들일 수밖에 없었다.

당시 부천·인천지역 노동운동 세력의 90% 이상은 주체사상이 지배하고 있었다. 대세를 나는 부정할 수 없었다. 그게 나의 나약함이었다.

주사파 바람은 89~90년 소련·동유럽 사회주의권이 붕괴하면서 새로운 양상을 띠기 시작했다. 주사파의 숙적인 레닌주의자들이 소련·동유럽 붕괴 이후 결정적인 타격을 받으면서 세력을 상실해 갔으나 주사파들은 "소련·동유럽의 멸망은 개량주의적 사상 때문"이라고 몰아부치면서 "동유럽 사회주의와 우리식 사회주의를 창조한 주체사상은 다르다"는 논리로 위기를 극복했다. 당시 주사파의 영향력은 대학가에서 요지부동이었다.

당시 주사파들이 사회주의권의 몰락을 동유럽과 소련 공산당의 개량주의, 관료주의의 탓으로 돌린 것은 북한의 공식견해와 맥을 같이한다. 이와 관련해 김일성 주석이 생전에 동유럽 사회주의 붕괴원인을 분석한 내용이 평양방송에 소개돼 관심을 끈다.(연합통신 98. 1. 30) 이 방송에 따르면 김일성 주석은 92년 6월 방북한 스웨덴 노동당 위원장과의 담화에서 동유럽 사회주의권 붕괴 원인을 사대주의와 관료주의에서 찾았다.

동유럽 사회주의 나라들이 망한 원인은 두가지다. 첫째로 그 나라 지도자들이 사대주의, 대국숭배주의를 한 데 있다. 지난날 동유럽 사회주의 나라들은 소련에서 '아' 하면 같이 '아' 하고 '비' 하면 같이 '비' 라고 했다. 그 나라들에서는 모든 것을 소련이 하는대로 했다.

이전 민주 독일(구 동독)에서는 소련에 대한 숭배심이 얼마나 심했던지 모스크바에 비가 내린다고 하면 (동)베를린에서는 비가 내리지 않아도 우산을 쓰고 다닌다는 말이 있었다. 그것은 그 나라 인민들이 자기 당 지도부가 사대주의를 하는데 대해 비판하는 말이었다.

이전 소련은 다른 사회주의 나라들이 자기와 같이 합창을 하지 않으면 나쁘다고 했고, 사회주의 원칙, 국제주의 원칙에서 이탈한다고 해서 압력을 가했다.

동유럽 사회주의 나라들이 망한 두 번째 원인은 그 나라 지도자들이 관료주의를 혹심하게 부린데 있다. 사회주의 나라에서는 지도 일꾼들이 관료주의를 부리면 안된다. 자본주의 사회에서는 국가를 관리하는 사람과 경제를 운영하는 사람이 따로 있기 때문에 국가통치자들이 관료주의를 부리면서 정치를 잘못하여도 돈벌이를 하는 사람은 크게 지장없이 돈벌이를 할 수 있다.

이전 동유럽 사회주의 나라들은 이와 같은 사대주의적 관료주의적 오류로 하여 그 나라의 사회주의가 망한 것이지, 결코 사회주의 제도 자체에 문제가 있어서 그렇게 된 것은 아니다.

김일성 주석의 이같은 견해는 국내 주사파에게 그대로 전파됐다. 동유럽 붕괴로 인해 북한은 심각한 체제 위기감을 느꼈지만 공식적으로는 태연하게 반응했다. 주체사상 신봉자들은 북한 공식매체들의 그같은 정세인식을 그대로 따랐고, 그 위세는 요지부동이었다.

레닌주의 신봉자들은 사회주의권 붕괴의 충격으로 조직 전체가 붕괴되다시피 했지만, 주사파들은 사회주의권 붕괴 이후 '우리식 사회주의'에 대한 믿음을 강화하고 더욱 더 세를 확장한 것이 사실이다.

주체사상의 조락은 북한이 95년 수해를 입고 최악의 식량난에 빠져들면서 시작됐다. 몇십만 혹은 몇백만이 굶어죽었다는 미확인 보도가 나오면서 북한 재난의 원인을 찾는 논쟁이 시작된 것이다.

주체사상이라는 이념 자체가 잘못됐기 때문에 발생한 것이냐, 관료와 체제가 경화되어 사상을 실천하지 못했기 때문이냐, 아니면 인간의 힘으로 극복하지 못할 불가항력적 천재지변 때문이냐는 등 논쟁은 대체로 세 가지 방향으로 진행됐다.

주사파들은 대개 천재지변 쪽에 무게를 두었고, 비주사파들은 사상의 잘못이나 체제의 오류를 거론했다. 논쟁은 평행선을 이뤘지만 95년 시작된 기아가 97, 98년 수해가 없는 상태에서도 계속되었다는 점에서 주사파의 주장은 점차 설득력을 잃어갔다.

북한의 기아문제가 95년 갑자기 발행한 것이 아니라 90년대 초부터 북한체제가 안고 있는 고민이었다는 것, 95, 96년 수해는 그것을 증폭시키는 역할을 했다는 것은 더 이상 부정할 수 없는 현실인 셈이다. 적어도 북한의 기아문제는 북한체제의 비효율성에 의해 날로 심각해지고 있다는 사실은 확실하다.

이후 주체사상의 영향력은 눈에 띠게 감소했고, 주사파의 사회적 영향력도 축소, 운동권의 주류에서 밀려났다. 90년대 말의 시점에서 볼 때 주체사상 신봉자들은 소수파로 전락했고, 대부분의 젊은이들은 주체사상의 미몽에서 깨어나게 됐다. 주체사상이 우리사회에서 영향력을 잃게 된 데에는 97년 2월 주체사상의 대부로 불리던 황장엽 전북한 노동당비서의 망명도 적지 않게 작용했다.

황 전비서의 망명은 '주체사상의 망명'으로까지 불렸던게 사실이다. 황 전비서는 이후 언론과의 회견 자리에서 "북한의 주체사상은 자신이 입안한 것과 달리 왜곡됐다"고 주장하며 주체사상을 새롭게 체계화하고 싶다는 의지를 밝혔지만, 과연 이것이 제대로 실현될지, 그리고 새롭게 정리될지 주목해 볼 일이다.

북한, 어떻게 볼 것인가

사회운동권에서 주사파의 위상이 변화하고 있는 것과는 별도로 북한에 대한 일반적 인식은 북한에 대한 관점의 차이 때문에 혼란스럽게 나타난다. 보수파와 진보파간의 관점 차이는 말할 것도 없고, 북한문제에 대해서는 비교적 진보적 시각을 견지하고 있는 매체들 사이에서도 빈발한다. 예컨대 98년 말 「한겨레신문」과 월간 『말』지간의 논쟁도 바로 그런 케이스다.

우리 사회의 진보를 대변한다는 신문과 월간지의 논쟁은 결국 북한에 대한 관점 차이에서 연유된 것이었다. 두 매체 모두 98년 방북, 방북기를 지면에 연재했다. 「한겨레신문」은 북한 지배권력과 주민들을 분리해서 보고 비판할 것은 비판해야 한다는 입장이었고, 『말』지의 경우는 북한을 우리의 잣대로 섣부르게 비판하려 하지 말고 그들의 눈높이에 맞춰 봐야 한다는 주장이었다.

「한겨레신문」은 「98년 11월 북녘 사람들」이라는 방북기에서 "우리가 민주화운동 과정에서 권력과 민중을 분리해서 보고자 했듯이 방북취재에서도 북한 인민의 시각에서 보고자 했다"면서 "제 백성을 먹이지도 못하면서 체제 유지를 위해 스스로 고립을 자초하는 자주노선을 고집하고 있는 북한정권의 비도덕성에 대한 분노를 느꼈다"고 토로했다.

반면 『말』지(99. 2)는 "현단계 방북취재의 목표는 우리식 사회주의, 자주노선이라는 신조가 옳은지 그른지를 논쟁하기보다는 도대체 어떤 과정을 거쳐 그같은 신조가 북한사회에 전면화될 수 있었는지를 규명하는데 초점이 맞춰져야 한다"는 주장을 폈다. 모든 문제에는 역사적 배경이 있고, 그에 대한 이해없이는 사태의 전모를 알 수 없기 때문에 논평에 앞서 사실보도가 있어야 한다는 주장이다.

「한겨레」적 입장은 필연적으로 북한체제에 대한 비판적 접근으로 발전할 수밖에 없고, 과거 김영삼 정부의 권오기 통일부총리가 한때 제기한 '복안(複眼)적 접근법'을 연상시킨다.

반면 현존하는 북한체제에 대한 좋고 나쁨을 떠나 일단 그 체제의 시각으로 들여다보자는 『말』지의 입장은 필연적으로 북한체제에 대해 너그러운 입장에 서게 된다는 점은 부정할 수 없다. 이것은 그간 경향적으로 민족해방론적 관점의 기사를 많이 실어온 『말』지의 속성에 기인하는 것이기도 하다.

어떤 관점에서 북한을 볼 것인가의 문제는 이처럼 논란거리이다. 필자는 어떤 체제이든 그 체제를 합리화하는 논리를 갖고 있기 때문에, 그 논리를 바탕으로 해서 사회를 분석할 때 많은 오류가 발생한다고 생각한다.

예컨대 박정희 대통령이 제시한 유신체제의 논리로 볼 때 당시 노동운동이나 민주화운동은 모두 사회불안을 야기하는 불순세력이 된다. 그러나 보편적인 시민사회 발전의 시각에서 볼 때 박정희 체제의 지배 이데올로기가 제시되는 과정과 그것에 저항하는 시민세력의 형성과정이 객관적으로 들어온다. 북한사회도 북한이 주장하는 논리가 아니라 보편적인 역사적 관점에서 한 사회의 지배세력과 피지배세력, 그리고 경제·사회의 역동성을 보는 게 보다 객관적일 수 있다고 생각한다.

동유럽·소련사회 건설과정에 대한 구미학자들의 평가와 논쟁은 북한에 대한 객관적 평가를 하는데 유의미한 사례가 될 수 있다. 과거 소련·동유럽사의 건설과정에 대한 유럽 지식사회의 평가는 둘로 나눠져 있었다는 것은 잘 알려진 사실이다.

좌파 학자들은 대개 소련·동유럽사를 소련·동유럽 정부들이 내세우는 공식사관에 근거해서 평가해 왔다. 이들에게 소련과 동유럽은 '이념의 조국'이었다. 현실의 모순들은 공산주의 사회 건설과정상에 나타나는 지엽적인 문제에 불과했다. 공산당 지배세력에 의한 인권탄압도 사회주의 건설이라는 거대한 이념 밑에 가려졌다.

반면 역설적이게도 우파 학자들은 소련·동유럽을 그 지배세력이 주장하는 이념적 포장대로 보는 게 아니라 보편적인 잣대로 분석했다. 그들은 소련·동유럽 사회가 일부의 노멘클라투라(특권계급)가

지배하는 관료 독재사회이며, 일반 국민들은 하나의 거대한 감옥 속에 살고 있다고 주장해 왔다. 사회주의가 그대로 구현되고 있다는 것은 하나의 이론에 불과할 뿐 그곳에 존재하는 사회는 '인간의 얼굴을 한 사회주의'가 아니라는 것이었다.

소련·동유럽 체제 붕괴 이후 공개된 실상은 우파 진영 학자들의 관점과 분석이 상대적 설득력이 있다는 것을 입증해 줬다. 물론 유럽 지식인사회를 좌우파라는 도식적 구분으로 나누는 데는 문제가 많다. 오히려 열린 사고를 하는 집단과 교조적인 집단 정도로 나누는 게 나을 듯하다.

다시 발견하는 북한

돌이켜보면 주체사상의 미몽에서 벗어나게 된 것은 남이나 북이나 모두 극심한 체제 위기를 겪은 뒤부터인 것 같다.

화려한 미사여구와 정치적 장막을 벗긴 북한의 실체는 95·96년 식량난을 거치며 확실하게 드러났고, 우리 또한 97년의 외환위기를 거치며 보다 침착하고 솔직하게 남북한을 객관적으로 바라볼 수 있게 됐기 때문이다. 그런 점에서 세기말은 극심한 체제위기를 겪고 난 뒤 남북한이 서로가 서로에게 주는 의미를 다시 생각해볼 수 있는 흔치 않은 기회이다.

지난 반세기간 북한은 남쪽의 진보적 인사들에게 때로는 사상의 조국으로, 때로는 변혁의 전진기지로 여겨져 왔던 게 사실이다. 북한 정부 수립 당시 남쪽의 진보적 인사 대부분은 '사상의 조국'을 택해 월북했다. 북한 건국과정에서 보여준 상대적 진보성, 예컨대 소수의 자본가·지주보다는 다수의 노동자·농민이 주인되는 세상을 만들겠다는 꿈, 친일파보다는 항일운동가들이 대우받았던 북한사회에 대해 끌렸기 때문이다.

그러나 99년 최장집 대통령정책자문위원장과 「조선일보」와의 논쟁에서 보듯 우리 사회에서는 아직도 해방후 좌우파에 대한 역사적 재평가에서 자유롭지 못하며, 이들에 대한 평가도 객관적일 수 없는 게 현실이다.

지난 96년 세상을 떠난 민족경제론자 박현채 조선대 교수는 남북 분단 당시 지식인들의 동향을 얘기하면서 "알맹이는 다 올라갔다"는 얘기를 자주 했었다. 작가 홍명희, 사회경제학자 백남운, 음악가 김순남, 시인 백석 등 당대의 진보인사들은 대개 가족과 명예와 재산을 버리고 북으로 향했다.

서대숙 교수는 필자와의 인터뷰(99. 3. 18)에서 "남북 분단정부 수립 직후 이승만 정부 초대 내각과 김일성 정부 초대 내각 인사, 그리고 당시 국립 서울대의 교수진과 김일성대 교수진을 비교하면 어느 쪽에 진보적 민족주의 인사가 모여 있고, 어느 쪽에 친일파 지식인들이 모여 있는지 알게 된다"고 밝힌 바 있다. 해방 직후 지식인들은 북한을 상당히 긍정적으로 인식한 것이 사실이다. 작가 이문열 씨가 「영웅시대」에서 그린 그의 아버지도 이념을 택해 북으로 올라간 지식인이었다.

북한의 이같은 상대적 진보성이 김일성주의로 인해 퇴색하기 시작할 때 북을 스스로 선택한 지식인들이 과연 그 배반된 사상의 조국을 끝까지 신뢰했을까 하는 의문도 남지만, 이것은 어찌 보면 지식인들의 숙명이기도 하다.

'남조선민족해방전선(남민전) 사건'에서 보듯 60, 70년대 진보적 지식인들 가운데는 박정희 체제에 대한 투쟁의 일환으로 북한과 연대를 해야 한다는 의식을 가진 사람들도 있었다.

물론 대부분의 인사들은 사회민주화 투쟁을 반독재 투쟁과 동일시했지만, 일부는 북한을 반독재 투쟁의 '기지'로 삼아야 한다는 획기적인 제안을 내놓기도 했다. 79년 10·26 직전 조직이 발각됐던 남민전의 조직 강령을 보면 북한을 변혁의 기지로 여겼던 대목들이 눈에 띈다. 그것이 얼마나 현실의 운동에서 영향력을 가졌고 실천됐느냐는 별개의 문제이지만 말이다.

새로운 천년──북한은 우리에게 어떤 존재인가

새로운 밀레니엄을 앞둔 상황에서 우리의 관심은 북한이라는 나라를 지배해온 사상에 있다기보다 북한의 식량난은 어떻게 해소될 수 있으며, 그 체제는 과연 언제까지 존속할 수 있는가에 맞춰져 있다.

95, 96년 북한 식량난이 한참 고조됐을 때 김영삼 정부는 북한을 '고장난 비행기' 정도로 여기고 통일이 멀지 않았다는 환상을 국민들에게 심어줬다. 미국의 북한전문가 조셉 나이는 "무수한 아사자가 장기간에 걸쳐 발생했는 데도 불구하고 사회안정이 유지되는 북한은 정말 수수께끼와 같은 나라"라고 평했다.

그러나 98년 경부터 북한은 절망의 식량난에서 벗어나 점차 안정을 되찾고 있다. 국가정보원의 내부자료에 따르면, 98년 하반기부터 북한 장마당의 쌀값과 옥수수값은 안정세를 찾기 시작했고, 식량난도 완화되고 있다.

북한은 실제 일차적인 붕괴의 위기에서 벗어났다는 게 한·미 양국 전문가들의 판단이다. 지난 3년여간 북한문제를 취재해온 필자도 같은 의견이다. 물론 북한 내부에서 어떠한 급작스런 변화가 발행할지는 정확히 예측할 수 없지만 말이다.

북한은 위기의 터널을 벗어났다는 사실을 대외에 공포하기라도 하듯 98년 8년 31일 인공위성을 쏘았고, 이어 9월 5일 헌법 개정을 통해 김정일 국방위원장 체제를 출범시켰다. 인공위성 발사는 북한이 여전히 '군사강국'이라는 것을 입증시켜 준다.

북한이 곧 붕괴할지 모른다는 것은 한 개인의 주관적 판단일 수는 있어도 그것이 분석의 기본 출발점이 될 수는 없게된 만큼 우리의 북한접근법도 달라져야 한다.

북한을 좋아하든 좋아하지 않든간에 북한은 길고 긴 비무장지대를 공유하고 있는 가장 가까운 '이웃나라'라는 사실도 현실로 인정해야 할 시점에 왔다. 우리나라가 외환 위기에서 벗어나기 위해서는 한반도의 안정이 필수적이고, 이를 위해서는 남북이 적대적 긴장상태에서 벗어나야 한다는 것도 우리의 현실이다.

상황이 이렇다면 북한을 좋아하든 싫어하든간에 어쩔 수 없이 함께 가야 하는 공존의 파트너로 받아들이고, 함께 대화와 협상을 해나가는 자세, 그것이 오늘 우리에게 요구되는 대북인식의 첫걸음이 아닐까.

김수환 추기경은 크리스챤 아카데미 주최 국제학술회의(99. 4. 20)에서 "한반도의 평화를 정착시키기 위해서는 남북한이 서로 존중하고 이해하는 정신이 우선적으로 마련되어야 한다"면서 이를 위해 남한사람들이 북한주민과 북한사회에 대해 먼저 관심을 갖고 이해하려는 노력을 기울여야 한다고 강조한 바 있다.

아는 만큼 사랑할 수 있는 게 인지상정(人之常情)인 만큼 한반도 평화와 남북화해를 바란다면 남한 사람들이 먼저 북한에 대해 애정을 갖고 이해하고 대화하려는 자세를 보여야 한다는 메시지다.

김추기경의 충고처럼 지금 우리에게 필요한 것은 통일과잉 사고에서 벗어나 북한과 대화하고 공존하려는 자세. 통일보다는 분단의 평화적 관리에 치중하는 것이 남북화해에 도움이 된다. 통일을 얘기하면 할수록 남북의 긴장이 고조된다. 북은 북대로 남이 자기의 체제로 흡수통일하려 한다는 의구심을 갖게 되고, 남은 남대로 북의 군사적 음모에 대해 견제하게 된다.

김대중 정부 들어 통일정책이라는 용어 대신 대북정책이라는 개념을 선호하고, 일부에서는 통일부 명칭도 남북화해시대에 걸맞게 바꾸자는 논의가 제기되는 것은 이같은 점에서 상당히 긍정적이다.

분단독일시대 서독에는 '내독관계부'이 대 동독관계 업무를 처리했다. 서독인들은 통일이라는 용어를 쓰지 않고도 오히려 교류를 통한 통합을 이뤄냈다.

서로 불안감만 안겨주는 통일에 대한 관념을 과감하게 버리고, 상호교류를 통한 화해 기반을 마련하고 분단을 평화적으로 관리하는데 전력하는 게 바람직하다. '우리의 소원은 통일'이라는 노래 대신 남북이 서로의 체제를 인정하고 교류하고 공존할 수 있는 기반을 만드는 것이 현재 우리가 먼 미래의 통일을 위해 할 수 있는 가장 현실적이고 이성적인 방안일 수 있다.

이를 위해서는 북한을 비정상적인 국가, 북한인을 광신도 정도로 보는 편견에서 벗어나 주어진 현실을 변화시켜 나가려는 의지를 갖고 있는 정상적인 국가, 정상적인 사람들로 보려는 노력이 필요하다.

I
김일성에서 김정일로

김일성 사후 무엇이 달라졌나

북한전문가 서대숙 교수(하와이대)는 필자와의 인터뷰(99. 3. 24)에서 94년 김일성 주석이 사망한 뒤 김정일 총비서가 물려받은 북한의 상황을 이렇게 얘기했다.

김일성은 최악의 상태에 놓인 북한을 김정일에게 물려줬다. 김일성이 사망할 무렵 북한의 경제는 최악의 상태로 빠져들기 시작했으며, 90년대 초반부터 나타난 식량난도 점차 악화됐다. 북한의 경제상황 리포트를 보고 김일성이 충격을 받았다는 얘기도 있다. 김일성 말년의 북한은 그렇게 쇠퇴일로를 걷고 있었다.

김정일이 그런 나라를 물려받은 뒤 4년여의 과도기를 거쳐 98년 9월 5일 헌법을 바꾸고 국방위원장으로 추대된 것은 북한이 일단 체제 와해의 위기에서는 벗어나 살아났다는 증거다.

서대숙 교수의 말처럼 북한은 94년 김일성 주석의 갑작스런 사망 이후 도래한 체제붕괴의 위기 속에서 시련의 세월을 보냈다. 북한은 4년 남짓 계속된 체제위기를 김일성 유훈과 고난의 행군정신으로 견딘 후 김정일 국방위원장 체제를 출범시켰다.

김정일 국방위원장 체제 출범에 앞서 북한은 '강성대국론'을 새로운 국가 캐치프레이즈로 내세웠고, 인공위성 광명성 1호까지 쏘아올리는 개가를 올렸다. 광명성 1호는 비록 인민의 굶주림과 고통 속에서 탄생했지만, 김정일시대의 개막을 내외에 알리는 신호탄이 됐다.

강성대국론의 캐치프레이즈 속에서 김정일 시대는 개막됐지만, 막상 김일성 사후 4년여간 지속된 고난의 대장정이 마무리되는 시점에서 시작된 김정일 국방위원장 시대의 북한은 과거 김일성 시대와 상당히 달라졌다.

과연 김일성 시대에서 김정일 시대로 이전되는 동안 북한에서는 어떤 변화가 일어난 것일까.

아스트리드 하이버그 국제적십자사연맹 총재는 필자와의 인터뷰(문화일보, 98. 11. 11)에서 김일성 주석 사후 북한의 변화에 대해 이렇게 얘기했다.

평양에서의 마지막날 국제구호기구에서 파견된 실무자들과 만찬을 하며 그들의 얘기를 들었다. 이들은, 95년 수해 직후 대북지원을 위해 들어간 국제구호기구 요원들은 갖가지 제약이 많아 사실상 활동하기가 힘들었다고 얘기했다. 북한의 관리들은 하나같이 비협조적이었다. 그들은 굶주리는 인민들의 실태를 드러내기 꺼려 했고, 인민들의 건강상태에 대한 자료도 내놓지 않았다는 것이다.

그러나 북한 관리들의 태도가 점차 변화하기 시작해 인민들의 건강상태에 대한 종합자료, 기아실태에 대한 자료를 요구하지 않아도 먼저 내놓고 도와달라고 얘기하기 시작했다는 것이다. 이제 평양에 거주하는 국제구호기관 파견 요원들은 북한 관리들의 적극적인 지원 요구에 힘입어 별 어려움 없이 일을 하고 있다. 김일성 주석 사후 북한과 요즘의 북한은 그렇게 달라졌다.

북한에 대표부를 두고 있는 국제기구는 유엔개발계획(UNDP), 유엔공업기구(UNIDO), 세계식량계획(WFP), 세계식량농업기구(FAO), 국제적십자사연맹(IFRC), 유엔아동기금(UNICEF) 등으로 약 1백여 명의 요원들이 평양을 중심으로 활동하고 있다.

하이버그 총재의 말에서 북한 관리들의 태도 변화를 짐작할 수 있다. 특히 외교부 한 관계자가 미국의 국무부 관리에게 들었다면서 전한 다음과 같은 얘기와 비교해볼 때 북한 관리들의 인식이 엄청나게 변화했다는 것을 느낄 수 있다.

95년 북한이 큰물피해대책위원회 명의로 대외에 식량지원을 호소했을 때 국제구호기관 관계자들이 뉴욕에 나와 있는 북한 대표부 외교관들을 만나 외부세계로부터 식량원조를 받으려면 이디오피아 난민 사진처럼 굶주리는 북한의 아이들 모습이 담긴 사진이 필요하다고 얘기했다.

그러자 북한 관리들은 "창피하게 어떻게 주체 조국의 얼굴에 먹칠을 하는 일을 할 수 있느냐. 우리는 한 장의 사진도 허용할 수 없다"면서 거부했다. 그래서 국제사회에서 대북식량지원 운동이 확산되는 데 어려움이 많았다.

북한 관리들이 외부세계의 원조에 대해 적극적으로, 유연하게 사고하기 시작한 점이 김일성 사후 나타난 주목할 만한 변화인 것이다.

리처드 크리스텐슨 주한 미국 부대사는 외교부 출입기자 연구모임인 '외교안보기자클럽' 초청 간담회(97. 4. 29)에서 북한의 변화를 다음과 같이 표현했다.

김일성이 죽고나서 북한에 여섯 번이나 다녀왔는데 북한정부의 통솔력이 점차 줄어들고 있다는 생각이 든다. 과거와 같은 융통성이 없고 한미 양국이 제공하는 아이디어를 창의적으로 수용할 힘이 없어 보인다. 항상 빡빡하게 '노'라고 말한다. 대화하기가 어렵다. 날이 갈수록 비관적인 생각이 든다.

김일성 주석 사후 유훈 통치시대로 접어들면서 북한체제의 경직성은 커지고, 정부의 통솔력은 느슨해졌다는 게 크리스텐슨의 주장이다. 북한체제의 경직화 현상은 김일성 주석 사후 95, 96년 북한의 식량난이 최악의 상태로 빠지고 체제위기의 징후도 심각하게 드러난 데 따른 당연한 반응으로 볼 수 있다.

반면 정부의 통솔력이 떨어진 것은 북한체제가 김일성 주석 사망 이후 일종의 사회심리적 공황상태에 빠졌기 때문인 것으로 풀이된다. 김정일 총비서는 사회 저변에 흐르는 이같은 심리상태를 파악했기 때문인지, 98년 9월 5일 사회주의 헌법을 김일성 헌법으로 개정하면서 김일성을 사회주의 북한의 시조, 북한의 영원한 주석으로 지칭했다. 비록 유훈 통치기간은 종료됐지만, 김일성을 김정일 체제의 보호자로 받들면서 그 그늘 밑에서 북한을 통치해 나가겠다는 구상이다.

이에 따라 국가주석이 노동당과 인민군, 정무원을 총괄하던 주석제는 폐지됐고, 그간 당·정을 포괄하는 명목상 국가주권의 최고지도기관이었던 중앙인민위원회도 폐지됐다.

국가주석과 중앙인민위원회 권한인 조약의 비준·폐기권, 외교사절 임면권, 신임장 접수권은 최고인민회의 상임위원회로 이전됐다. 최고인민회의 상임위원장이 대외적으로 국가를 대표하도록 된 것이다. 우리나라의 정부에 해당하는 정무원도 내각으로 변화되어 종전의 행정집행기관에서 전반적 국가관리기관으로 기능이 확대됐다.

새 헌법에는 "국방위원장은 일체의 무력을 지휘 통솔하며, 국방사업 전반을 지도한다"고 규정하고 있다. 실제 김영남 최고인민회의 상임위원장은 98년 9월 5일 김정일 총비서를 국방위원장으로 추대하면서 "국방위원장은 나라의 정치, 군사, 경제 역량의 총체를 통솔 지휘하는 국가최고의 직책"이라고 말했다. 북한은 또 김일성 주석을 영원한 국가주석, 사회주의 조선의 시조로 추켜세움으로써 김정일체제가 김일성의 혁명 유업을 계승하는 후계체제임을 분명히 했다.

북한은 이에 앞서 97년 7월 8일 김일성 3주기 중앙추모대회에서 3년상 탈상을 공식 선언하면서 당중앙위원회 명의로 김일성 탄생 연

김정일 국방위원장은 김일성
주석 살아 생전에 함께 다니며
'통치학습'을 했다. 1985년
만경대 현지답사의 모습.

도인 1912년을 기준으로 주체연호를 사용할 것이며, 김일성 생일인
4월 15일을 태양절로 명명, 기념할 것이라고 공식 선언했다. 이것은
98년 9월 헌법 개정을 통해 김일성을 조선의 시조로 만들기 위한 정
지작업인 셈이다.

김정일은 김일성 사후 4년여간 이같은 내치를 통해 정치적 지도력
을 확보, 국가기구를 이같이 정비한 뒤 자신의 시대를 열었다. 그러
나 이 기간중 북한의 내부 상황은 날이 갈수록 악화됐다. 만성적인
침체상태에 있던 경제는 좋아질 기미를 보이지 않은 채 추락을 계속
했고, 95년과 96년 연이은 자연재해는 북한의 위기를 더욱 가속화시
켰다. 국가경제는 이제 회복할 수 없을 정도로 파괴됐다는 평이 나
오기 시작했다.

김정일 위원장도 북한의 위기를 시인한 적이 있다. 김정일은 김일
성 주석 3년 탈상을 앞두고 발표한 논문「혁명과 건설에서 주체성과
민족성을 고수할 데 대하여」에서 "사회경제적 난관이나 민족분쟁을
겪고 있는 나라들은 그 극복의 방도를 자체로 찾아야 하며, 제국주
의자들의 처방에 기대를 걸지 말아야 한다"며 북한의 위기를 우회적

으로 언급했다. 또 그 해결책은 북한 내부에서 스스로 찾아야 한다는 것을 강조했다.

북한 중앙방송을 통해 97년 6월 21일 한 시간 동안 방송된 이 논문에서 김정일은 특히 "제국주의자들의 원조는 하나를 주고 열, 백을 빼앗아 가기 위한 약탈과 예속의 올가미"라고 지적, 95년 수해 이후 외국에서 지원되는 식량이나 구호품에 대해 북한주민들이 경계심을 풀지 말아야 할 것을 촉구했다.

한 달 후 김정일 위원장은 위기를 보다 직접적으로 시인했다. 북한 중앙방송(97. 7. 21)에 따르면, 김정일은 7월 13일 재미 언론인 문명자씨에게 보낸 편지에서 "제국주의의 고립 압살책동과 몇 년간 연이은 전국적 범위의 자연재해로 말미암아 (북한이) 일시적 난관을 겪고 있다"고 썼다.

그러나 그는 위기의 성격을 일시적인 것으로 보았고, 위기 극복정책도 제시하지 않았다. 단지 "주석님(김일성)의 유훈을 받들어 노력하면 반드시 극복할 수 있다"면서 주민들의 사상무장만을 강조했을 뿐이다.

김영남 최고인민회의 상임위원장은 외교부장이던 96년 12월 독일의 ZDF방송과 가진 인터뷰(12월 12일 방영된 다큐멘터리 '폐쇄된 미지의 나라 북한')에서 "지난해(95년)부터 발생한 홍수와 동유럽 붕괴로 북한의 경제는 붕괴위기에 놓여 있다"고 시인했다. 북한의 고위인사가 경제난을 솔직하게 인정한 것은 김영남 위원장이 처음이라는 점에서 이 방송은 세계적인 주목을 끌었다.

주간지 「파 이스턴 이코노믹 리뷰」(*Far Eastern Economic Review*, 96. 10. 10)도 96년 북한의 피폐한 경제상황을 그린 「한낮에도 암흑같은 어둠」이란 글에서 북한의 상황을 다음과 같이 진단했다.

절망적인 상황은 국가 전역에 만연하고 있으며, 수백만의 주민들이 기아에 허덕이고 있다. 북한의 경제는 휘청거리고 있으며, 국가가 붕괴될 직전에 직면하여 있는데, 이 상황을 되돌리기에는 북한정부의 힘이 너무나 미약하다는 것이 경제학자들의 분석이다.

모스크바에 있는 현대국제문제연구센터는 미국의 전문가들과 합동으로 북한경제를 분석한 뒤 8월에 발표한 보고서에서 "북한의 경제는 현체제 아래서는 다시 회복할 수 없을 정도로 피폐되어 있다. 아마도 국가경제의 기능조차도 완전히 마비되어 버렸을 것이다"라고 분석하고 있다.

자주의 나라 북한은 김일성 주석이 세상을 떠난 후 엄습한 수해로 인해 경제가 파탄지경이 됐고, 수백만이 기아에 시달리는 만성적 굶주림의 나라가 된 것이다.

북한은 95년 큰물피해대책위원회 명의의 성명을 내고 국제사회에 긴급식량지원을 호소했다. 정부수립 이후 처음으로 국제사회에 공개적으로 손을 내민 것이다. 이후 북한은 95년 9월부터 98년 12월까지 총 7억 6천 638만 달러어치의 곡물과 구호품을 무상지원받았다.

김일성 주석 사망 이후 북한의 각종 변화 추이

연도	94	95	96	97	98
GNP성장률(%)	-1.7	-4.6	-3.7	-6.8	마이너스 추정
총 무역액(억 달러)	20.9	20.7	19.7	21.8	14~15
총 수출액(억 달러)	8.3	7.6	7.2	9.1	5.5~6
총 수입액(억 달러)	12.6	13.1	12.5	12.7	8.5~9
총곡물생산량(t)	412.5	345.1	369.0	348.9	388.6
(쌀생산량 t)	(150.2)	(121.1)	(134.0)	(150.3)	(146.1)

* 자료 : 통일부

북한은 김일성 주석 말년인 89년 동유럽 · 소련의 연쇄도산 이후 엄습한 사회주의 붕괴의 충격을 '우리식 사회주의'를 내걸며 사상무장을 통해 이겨냈지만, 연속적인 수재 앞에서는 비틀거렸다. 김영삼 전대통령이 재임 당시 "북한은 언제 떨어질지 모르는 고장난 비행기"라고 얘기한 것이나 96, 97년 북한붕괴론이 국제적으로 설득력을 얻었던 것은 바로 이같은 북한의 위기상황을 반영한 것이기도 하다.

「노동신문」조차도 97년 송년 논설(12. 30)에서 "대내외적인 시련에도 불구하고 사회주의를 고수한 해"라고 자평, 북한을 엄습한 경제사회적 시련이 그만큼 컸음을 자인한 바 있다.

그러나 김정일 국방위원장이 98년 9월 자신의 체제를 출범시킨 것을 볼 때 북한은 98년을 기점으로 위기 속에서도 점차 안정을 되찾기 시작한 것으로 보인다. 북한은 김정일 국방위원장 체제를 출범시킨 98년에 대해서는 "전당·전군·전민이 부강조국 건설의 튼튼한 도약대를 마련한 해"라고 자평하면서 "국가기구체계를 혁명적으로 정비하고 광명성 1호를 발사해 공화국의 위용을 전세계에 떨친 것이 의미있는 일"이라고 99년 신년사에서 평가했다.

김정일이 국방위원장으로 추대된 98년부터 경제상황이나 식량난이 최악의 국면을 넘겼다는 진단이 나오는 것은 바로 북한의 이같은 내적 자신감 때문이다.

북한은 99년 신년사에서 "올해를 강성대국 건설의 위대한 전환의 해로 빛내자"고 촉구하면서 정치지도노선을 김일성 유훈에서 김정일 사상으로 대체했다. 또 "김정일 동지는 곧 우리 당이고 우리 국가이며 우리 군대이며 우리 인민"이라고 주장, 모든 분야에서 김정일의 사상과 노선 구현을 촉구했다.

이처럼 김일성 사후 북한은 수해와 식량난이라는 혹독한 이중 재난의 시기를 거쳐 이제 김정일 시대로 접어들었다. 체제는 일단 인공위성까지 발사하며 화려하게 출범했지만 김정일 시대의 북한이 과연 그들의 주장대로 '강성대국의 건설'로 나갈지, 미증유의 재난 속에서 또다른 파국의 길로 향할지 주목해 볼 일이다.

정상국가로 가는 길

10기 최고인민회의 선거와 김정일체제의 출범

북한은 98년 7월 26일 제10기 최고인민회의 선거를 갖고 687명의 대의원을 새로 뽑았다. 90년 4월 22일 9기 최고인민회의 대의원 선거를 가진지 만 8년 3개월만의 일이다. 북한에서는 57년 이후 매 5년마다 새로운 대의원을 뽑아왔기 때문에 정상적으로는 95년에 10기 대의원 선거가 있어야 했다. 그러나 김일성 주석이 94년 7월 8일 사망한 후 북한은 상중이라는 이유를 들어 유훈통치 시대를 선포했고, 이후 모든 공식 정치일정은 중단됐다.

북한은 94년 7월 이후 25개국에 제출한 대사 신임장도 죽은 김일성 명의로 제출해 외교적 마찰을 불러일으키기도 했다.

통일부에 따르면 북한이 제출한 대사 신임장에 대해 동유럽 2개국 정부는 "사망자 명의의 신임장은 외교관례상 접수불가하다"며 거부했으며, 캄보디아, 세네갈, 예멘, 덴마크 등 15개국은 북한측의 선처 요청에 따른 특별 배려조건으로 접수했다. 특히 예멘 등 4개국은 추후 명의변경 조건으로 신임장을 접수한 것으로 알려졌다.

북한이 이렇게 국제적 관례를 무시하면서까지 죽은 김일성 명의의 신임장을 각국에 제출한 것은 이때가 죽은 김일성의 말과 지시가 다스리는 유훈통치시기였다는 데서 그 이유를 찾을 수 있지만, 국제적으로는 웃음거리가 된 게 사실이다.

김일성 주석 사후 최고인민회의도 '식물국회' 상태에 빠졌다. 국가의 예산결산 작업 등은 전혀 이뤄지지 않았다.

이런 측면에서 볼 때 3년의 단절 끝에 98년 10기 대의원 선거가 실시됐다는 것은 북한의 정치일정이 정상화되고 있음을 나타내는 사례다.

북한은 97년 7월 8일 김일성 주석 3년상을 치르면서 유훈통치가 공식적으로 종식됐음을 선언했다. 이후 97년 10월 10일 노동당 창건일을 이틀 앞두고 김정일 국방위원장이 노동당 총비서직에 추대됐다.

김일성 사후 과도기를 안정적으로 수습한 김정일 국방위원장은 97년 10월 8일 「당중앙위원회·당중앙군사위원회 특별보도」를 통해 노동당 총비서로 추대된 것이다.

이어 김정일 총비서는 98년 9월 5일 개최된 10기 최고인민회의 1차회의에서 헌법을 개정하고 실질적인 국가최고지도자 자리인 국방위원장에 재추대됨으로써 본격적인 김정일 체제가 출범했다.

이로써 김정일은 김일성 주석이 사망한 지 4년 2개월만에 노동당 총비서직과 국방위원장직을 겸직하게 됨으로써 과거 김일성 주석이 가졌던 권력을 고스란히 승계하게 됐다.

10기 최고인민회의 대의원 선거는 그런 점에서 북한이 비정상국가에서 정상국가로 전환하고 있다는 것을 상징하는 정치적 이벤트였다고 볼 수 있다.

북한은 98년 7월 26일 최고인민회의 대의원 선거를 실시하기 두 달 전인 5월 20일 최고인민회의 대의원선거 실시결정을 발표하면서 각급 선거위원회 조직작업을 시작했다.

북한 정부기관지인 「민주조선」과 당기관지 「노동신문」은 사설에서 "최고인민회의 대의원 선거를 높은 정치적 열의와 빛나는 노력적 성과로 맞이하자"고 주민들을 독려했다.

이와 함께 북한 전역의 선거구에서 김총비서를 대의원 후보자로 추대하는 집회가 7월 20일 대의원 후보자 추천완료 직전까지 계속됐다. 이 모든 것은 김정일에 대한 충성열기를 돋구면서 최고인민회의 대의원 선거에 대한 주민들의 관심을 촉구하기 위한 작업이라고 볼 수 있다.

이같은 독려에 힘입어 북한 주민들의 최고인민회의 대의원 선거의 투표율은 99.85%, 찬성율은 1백%를 기록했다.

이번 선거 결과 총대의원 687명 가운데 420명, 즉 61%가 교체됐다. 420명의 신참자가 새롭게 대의원이 된 것이다. 당선 대의원을 직업별로 분류해보면 근로자가 265명으로 제일 많고, 그 다음이 군인 101명, 당료 90명, 관료 78명, 예술계 및 체육계 인사 13명, 조총련 9명, 종교인 5명, 기타 103명 등이다.

군부 지도자 여러 명이 최고인민회의에 진출한 데 비해 경제분야 전현직 고위관료나 대남 관련 인사는 대부분 탈락한 게 특징이다.

최고인민회의에 진출한 군인으로는 김익현 당 민방위부장, 전재선 1군단장, 박재경 총정치국 부국장, 현철해 총정치국 부국장, 오룡방 인민무력부 부부장, 정창렬 동 부부장, 김정각 동 부부장, 이찬복 인민군 판문점대표부 대표 등을 꼽을 수 있다.

반면 5명의 현직 정무원 부장(장관)을 포함, 경제분야 전현직 고위관료가 다수 탈락했다.

고위관료 가운데 강성산 총리, 김달현 전부총리, 김환 화학공업부장, 김응상 국가건설위원장, 김리룡 석탄공업부장, 김재률 임업부장, 이지찬 전력공업부장 등은 탈락했다.

강성산 총리가 빠진 것은 와병으로 거동이 사실상 불가능한데 따른 것으로 풀이된다. 반면 김달현 부총리는 총리 물망에 올랐던 인물인데 대의원 명단에서조차 제외됨에 따라 총리 후보군에서는 빠

질 수밖에 없으며, 당분간 중앙정계로 복귀도 어려울 것으로 전망
된다.

대남사업을 맡았던 조국평화통일위원회의 전금철, 안병수, 임춘길,
정신혁 부위원장, 북한적십자회 이성호 위원장 대리, 이종률 부위원
장 이름도 찾아볼 수 없다. 김일성 주석의 부인인 김성애 전여맹위
원장, 전청년동맹 제1비서 최용해도 탈락했다. 김성애는 98년 초 여
맹위원장에서 배제되면서부터 이미 예상됐던 결과이고, 최용해 전비
서 또한 비리혐의로 물러나 최고인민회의 대의원에서도 배제된 것으
로 보인다.

구시대 인물들이 사라지고 새로운 일꾼들이 대거 진출한 것에서
김정일 총비서가 자신의 입맛에 맞는 새 인물을 중심으로 국가를 운
영해 나가려는 의지를 읽을 수 있다.

북한 잡지에 공개된 김정일 국방위원장의 금강산발전소 건설현장 지도 사진.
김일성 주석 사후 전권을 물려받은 김정일 국방위원장은 각 건설현장을 직접 방문해
군인 근로자들을 독려했다.

특히 군부의 신진인사들이 대거 등장한 것은 앞으로 김정일 정권이 군부 의존적으로 운영돼 나갈 것임을 예고하는 징표다. 대남 관련 인사들이 탈락한 것은 김정일 총비서가 새로운 인물을 등용해 남북관계를 새롭게 끌어나가겠다는 의지로 풀이된다.

이번 선거에서 뽑힌 대의원수는 지난 90년에 열린 9기 선거 때의 687명과 같다.

북한에서는 통상 인구 3만명당 대의원 1명을 선출하도록 규정하고 있는데, 대의원 수가 90년 선거 때와 같다면 98년의 인구가 90년의 수준이라는 것을 반증하는 사례로 볼 수 있다.

최고인민회의 역대 대의원 수는 1기 572명, 2기 215명, 3기 382명, 4기 457명, 5기 541명, 6기 579명, 7기 615명, 8기 635명, 9기 687명이다. 대의원 숫자는 1기 선거 이후 매 선거 때마다 평균 67명씩 늘어난 셈이다.

그러나 90년과 98년의 대의원 수가 동일하다는 것은 이 기간중 식량난으로 인해 적게는 수십만, 많게는 수백만 명이 사망했다는 것을 간접적으로 드러내 주는 수치로 볼 수 있다고 통일부는 추정했다.

10기 최고인민회의 대의원에서 탈락한 주요 인사 명단

당	서관히(전 농업담당 당비서)	서윤석(전 평남도 당책)
	김국훈(당 부부장)	박승일(남포시 당책)
	임형구(강원도 당책)	최문선(황해북도 당책)
	현철규(전 함경남도 당책)	
정	강성산(총리)	홍시학(전 부총리)
	김충일(전함경북도 행정경제위원장)	염재만(전평안북도 행정경제위원장)
	이몽호(최고인민회의 상설회의서기장)	이청일(강원도행정경제위부위원장)
	한상규(전중앙검찰소장)	지청일(중앙인민위 서기장)
군	김두남(당중앙군사위원, 대장)	이두익(당중앙군사위원, 차수)

군	이봉원(전총정치국 부국장, 대장)	김대식(총참모부 정찰국장, 상장)
대남	전금철(조국평화통일위원회 부위원장)	안병수(조평통 부위원장)
	임춘길(조평통 부위원장)	정신혁(조평통 부위원장)
	정준기(조평통 부위원장)	권희경(당35호실 관할)
	이창선(전 당 대외연락부장)	정두환(조국전선 의장)
	염태준(조국전선 의장)	이성호(북한적십자회 위원장 대리)
	이종률(북적 부위원장)	
대외	손성필(전 주러시아 대사)	현준극(전 당 국제부장)
	길재경(당 국제부 부부장)	박길연(외교부 부부장)
경제	김달현(전부총리)	김환(부총리)
	김응상(국가건설위원장)	김리룡(석탄공업부장)
	김재률(임업부장)	이지찬(전력공업부장)
	이성록(대외경제위 부위원장)	정송남(전 대외경제위 부위원장)
	김길연(전 국가과학원장)	최학근(전 원자력공업부장)
	한장근(전 상업부장)	이충성(전력공업부 부부장)
	이자방(전 국가과학기술위원장)	
단체	김성애(전 여맹위원장)	최용해(전 청년동맹 제1비서)
	최현덕(전 청년동맹 비서)	김봉주(전 직업총동맹 위원장)
	김석준(사민당 부위원장)	김철명(기자동맹 위원장)

*북한은 98. 9. 5 헌법 개정으로 정무원을 내각으로 개칭하며 각 '부'를 '성'으로 개칭했으나 위의 표에 나온 인사의 직책은 전직도 많은 관계로 정무원 체제의 부서 이름을 그대로 사용했음.

추락하는 북한경제,
마이너스 성장의 끝은 어디인가

정주영 현대 명예회장은 99년 2월 6일 방북 후 판문점에서 가진 귀환 회견에서 "남이나 북이나 태양은 똑같이 뜨고 지는데, 북한의 밤은 왜 그렇게 어둡고 긴지 모르겠다"는 말을 했다.

현대측은 정 명예회장의 이 말이 북한을 불필요하게 자극할 것을 우려해 이같은 발언이 신문지상에 공개되지 않도록 요청, 크게 보도되지는 않았다.

그러나 정 명예회장은 3월 재방북 후 귀환길에 또 "북한의 밤은 어둡고 길다"는 말을 다시 한번 해 주목을 끌었다. 누가 시킨 것도 아니고 그런 질문을 유도한 것도 아닌데 그는 재차 북한의 밤이 길고 지루하다고 얘기했다.

아스트리트 하이버그 국제적십자사연맹 총재도 필자와의 인터뷰(문화일보, 98. 11. 11)에서 방북 소감을 밝히며 "밤에 평양의 높은 빌딩에 올라가 도시 전경을 보았더니, 시의 반쪽이 완전히 어두워 그 이유를 물었다. 전력난 때문에 도시의 절반씩 전기를 끊기 때문이라는 설명을 듣고 놀랐다"고 얘기했다.

실제 김영삼 정부 당시 통일부가 공개한 한반도 야경 사진을 보면 휴전선 이북지역은 평양, 원산 등 일부 지역을 제외하고는 칠흑같은 어둠에 묻혀 있지만, 이남지역은 어두운 곳과 밝은 곳이 절반씩 섞여 있다.

국가정보원에 따르면 북한은 90년대 초부터 가속화된 경제난, 에너지난으로 인해 평양 이외 지역에 제한송전을 하고 있으며, 90년대 중반부터는 그나마 평양에서도 전력제공 시간이 제한되고 있다. 정주영 명예회장이 북한의 밤이 어둡고 지루하다고 얘기한 것은 바로 북한의 경제상황을 단적으로 드러낸 말인 것이다.

영국의 유력 일간지 「타임스」는 99년 2월 4일자 중국의 두만강 접경지역 현지 취재기사에서, 탈북자들의 말을 인용해 "북한의 탄약 무기 공장을 제외한 전체 산업 설비의 90%가 문을 닫았다"면서 "한 난민은 자신이 일했던 건전지 공장 직원 4천명중 3백명이 98년 6월 한 달에 사망했다고 밝혔다"고 보도했다.

함경북도에 위치한 인구 13만명의 탄광도시인 무산에서는 광부 4만 명이 일자리를 잃었으며, 이 지역 아파트의 반은 주인이 죽거나 비어 있다고 이 신문은 전했다. 이 신문의 눈에 비친 99년 북한의 경제상황은 한마디로 '절망'이다.

통일부에 따르면 북한의 GNP 성장률은 90년 –3.7%를 기록한 이래 91년 –5.1%, 92년 –7.7%를 기록, 이후 98년까지 플러스 성장을 기록한 적이 한번도 없었다. 이 때문에 북한의 경제규모가 80년대 말에 비해 30% 이상 축소된 것으로 추정된다.

상황의 심각성을 인식한 듯 북한은 99년 신년사에서 경제 건설이 강성대국 건설의 가장 중요한 과제임을 명시했다. 또 "농업생산은 강성대국 건설의 천하지대본"이라고 규정하면서 농업구조 개선을 통해 농업 생산성을 높이고, 인민생활을 향상시키는데 전력을 다하겠다고 밝혔다.

북한은 김정일 국방위원장 체제 출범 후 경제건설, 농업생산력 향상에 의욕을 보이고 있지만 과연 이같은 목표가 달성될 수 있을지는 의문이다. 김일성 주석 사망 후 계속된 자연재해로 인해 경제난, 에너지난이 한계상황에 다달아 경제를 재건할 수 있는 기반마저 파괴됐다는 게 일반적인 분석이기 때문이다.

더구나 김정일 국방위원장은 98년 9월 5일 최고인민회의에서도 새로운 경제전략을 제시하지 않았고, 이어 99년 신년사에서도 경제정책을 공개하지 않았다. 경제를 건설해야 한다는 주장만이 제기되고 있을 뿐 무엇을 어떻게 건설해야 하는가에 대한 정책방향은 제시되지 않고 있는 상황이다.

99년 4월 7~9일 평양에서 개최된 최고인민회의 10기 2차대회에서도 김정일 시대를 대표할 경제정책이 발표되지 않고, 단지 98년 예산결산보고와 99년 세입세출총액에 대한 보고만 있었다.

통일부가 국회 통일외교통상위원회에 보고한 「남북관계주요현안」(99. 4. 19)에 따르면, 북한의 98년도 결산내역은 세입 197억 9천 80만원(91억 2천 18만 달러), 세출 2백억 1천 521만원(93억 940만 달러)로 2억 2천 441만원(1억 438만 달러)이 적자다.

이것은 98년 우리 정부 예산액 523억 5천만 달러의 18% 수준이다. 이날 최고인민회의에 상정된 99년 북한의 예산총액은 203억 8천 172만원(93억 9천 250만 달러)으로 김일성 주석이 사망하던 94년의 예산액에 비해 49.2%가 감소했다.

이것은 북한경제가 90년대 연속 마이너스 성장을 반복, 총량 규모가 절반으로 감소됐다는 것을 반영하는 수치라고 통일부는 분석했다. 정책다운 정책이 없으니 경제가 침체됐고, 경제가 침체하니 경제규모 자체가 축소됐다는 것이다.

북한에서 경제정책다운 경제정책이 발표된 것은 김일성 주석 사망 직전인 93년 12월 노동당 제6기 제21차 전원회의가 마지막이었다. 북한은 이 회의에서 제3차 7개년 계획(87~93년) 결과보고를 통해 94

년부터 96년까지 3년간을 새 경제계획을 위한 기간으로 설정하겠다고 밝히면서 경제완충기 전략을 발표했다.

이 전략의 주요골자는 농업제일주의, 경공업제일주의, 무역제일주의이다. 북한은 완충기 경제목표로 연간 1천 5백만톤 알곡 생산, 화학섬유 및 합성수지 생산 각각 1.2배 증대, 수출품 생산기지 확대, 석탄·전력생산량·철도화물 수송량 각각 1.3배씩 증대 등을 과제로 제시했다.

완충기 전략을 실현시키기 위해 김일성 주석은 사망 이틀 전(94. 7. 6) 경제부문 책임일꾼 협의회에서 경제 당면과제를 다시 한번 강조했다. 그러나 이같은 완충기 전략도 유명무실하게 끝나버렸다.

통일부는 「완충기 북한경제 평가와 전망」(96. 12. 26)이라는 보고서에서 "북한 당국은 완충기간 중 왜곡된 경제구조를 개선시키지 못함

97년 평안남도 문덕군 주민들이 수해로 인해 유실된 제방을 복구하기 위해 작업을 하고 있다. 북한에 무상으로 식량을 지원하고 있는 세계식량계획 (WFP)의 촬영사진.

으로써 90년 이래 계속되어오던 마이너스 성장을 탈피하지 못했다"면서 "이 기간중 북한의 경제규모는 오히려 연평균 3%씩 감소한 것으로 추정된다"고 밝혔다.

북한 당국이 이 기간중 대대적인 경제살리기 운동을 펼쳤음에도 불구하고 오히려 경제가 침체된 것은 95년과 96년의 잇따른 홍수피해로 식량 및 물자 부족난이 가속화했고, 근로자들의 노동의욕도 크게 떨어진 게 주 요인이다.

특히 김일성 주석 사망후 정치적 불안정, 사회적 일탈현상이 확산되면서 북한 당국은 경제건설보다는 정치체제 안정에 최우선적인 역량을 집중하게 됐고, 이 결과 경제살리기는 뒷전으로 밀려난 게 사실이다.

완충기 전략의 마지막 해인 96년 말 독일 제2 공영방송인 ZDF 취재진들은 구동독이 섬유기계를 북한에 제공해 건립된 평안남도 안주의 화학섬유공장을 방문, 신기항 공장장과 인터뷰를 했다. 다음은 신공장장의 말이다.('폐쇄된 미지의 나라 북한'이란 제목으로 96. 12. 11 방송)

이 공장에는 한때 1천 5백명의 직원이 근무했으나 소련이 붕괴된 이후 원자재가 공급되지 않아 현재는 7명의 직원이 임시로 염색공장에서 일하고 있는 형편이다. 북한 공장의 70~80%는 가동이 중지돼 절망적이다. 원자재가 없어 공장이 가동중지된 현실이 안타깝다. 우리는 기적을 바랄 뿐이다. 우리 공장은 대만이나 독일기업의 합작투자를 희망한다.

완충기 전략의 실패를 자인이나 하듯 북한은 97년 신년사에서도 "올해도 당의 혁명적 경제전략의 요구대로 농업, 경공업, 무역제일주의 방침을 철저히 관철해 가야 한다"고 주장, 93년 말 완충기 전략에서 제시된 농업·경공업·무역제일주의 등 3대 제일주의를 계속 추진하겠다고 밝혔다. 이것은 94~96년 완충기 전략의 과제가 달성되지 못했음을 사실상 시인하고 97년에도 이 전략을 그대로 유지하겠다는 것을 밝힌 셈이다.

북한 당국은 여기서 한발 더 나아가 97년 신년사에서 "올해 사회주의 경제건설의 중심 과업은 자력갱생의 구호 밑에 먹는 문제를 결정적으로 푸는 것"이라고 지적, 식량난 해결이 최대 과제임을 밝혔다. 북한의 최우선 목표는 먹는 문제의 해결임을 내비친 것이다.

98년 신년사에서는 여기서 한발 더 나아가 '농업분야에 대한 집중투자'와 자립적 민족경제를 강조함으로써 농업생산력 회복을 통한 내부경제 발전에 중점을 두기 시작했다. 97년까지 어정쩡하게 존속됐던 완충기 전략은 완전히 종료됐고 98년부터 농업 생산 증대 쪽으로 방향이 잡힌 셈이다. 그렇다고 경공업 및 대외무역이 호전된 것은 아니다. 오히려 개선될 조짐이 전혀 보이지 않자 아예 농업생산 쪽으로 힘을 집중시키기 위해 고육지책으로 선택된 정책이다.

99년에 접어들면서 북한은 점차 자신감을 회복하고 있다. 99년 신년사에서는 "가장 어려운 고비를 극복하고 최후승리를 바라보는 용마루에 올라섰다"는 표현을 씀으로써 이같은 자신감을 드러냈다. 또 "인민경제 기간공업(금속, 전력, 기계공업 등) 활성화 토대를 마련했고, 먹는 문제 해결 전망도 마련했다"고 자평했다.

이같은 평가 속에서 북한은 99년 경제건설은 강성대국 건설의 가장 중요한 과업이라고 강조하면서 전력·석탄·금속·철도 등 기간공업부문의 생산잠재력을 최대한 발양하겠다고 공표했다. 또 감자농사 및 종자혁명, 이모작의 확대, 토지정리 사업 등 농업생산력을 높이는 데 전국가적 역량을 투입하겠다고 밝혔다.

북한은 이에 앞서 98년 12월 말 내각 결정으로 2002년까지 경제를 재건하겠다는 계획을 이례적으로 공표, 주목을 끈 바 있다. 북한의 정부기관지 「민주조선」에 따르면 내각은 "성, 중앙기관, 도인민위원회와 해당기관들에서 위대한 장군님(김정일)의 탄생 60돌(2002. 2. 16)

을 민족 최대 경사로 맞이하기 위해 우리식 경제구조의 위력을 끊임없이 강화하고 경제를 추켜세우기 위한 투쟁을 힘있게 벌여 앞으로 몇 년간 도달해야 할 목표가 명확히 지적되어 있다"고 전했다.

내각 결정의 구체적인 내용으로는, 첫째 경제의 핵심영역인 석탄·전력·금속공업, 철도·운수부문을 활성화하고, 둘째 생활소비품 생산을 활성화하고 인민들의 먹는 문제를 해결하는 것, 셋째 채취공업, 건재공업, 임업부문, 기계공업도 정상화해서 사회주의 강성대국을 건설하겠다는 내용이다.

그러나 여기에서도 대략적인 목표만 제시했을 뿐 어떻게 이같은 계획을 달성하겠다는 전략은 제시되지 않고 있다. 따라서 이같은 계획도 실행되지 않은 구호로 귀결될 가능성이 크다. 북한은 아직도 개혁 개방에 대해 알레르기적 반응을 보이고 있으며, 야심적으로 시작한 나진선봉 자유무역지대도 지지부진한게 현실이다. 더욱이 99년 4월 개최된 최고인민회의 10기 2차회의에서는 사회주의 계획경제 원리를 새롭게 강화한 '인민경제계획법'까지 제정하는 퇴행적 움직임을 보이고 있다.

북한의 '죽은 경제'에 새살을 돋게 하려면 전향적인 정책전환이 필요함에도 불구하고 북한 당국은 결단을 유보하고 있다. 일본의 북한전문가 오코노기 마사오 교수(게이오대)는 북한의 경제난이 가장 극심하던 96년 일본의 시사주간지 「아에라」(AERA, 96. 10. 25)와 가진 인터뷰에서 "북한이 진정으로 살아남으려고 한다면 개방과 개혁을 통하여 중국과 같이 개방된 사회주의국으로 되는 것이 유일한 시나리오"라고 진단하면서 다음과 같이 말했다.

북한의 통제경제는 이미 붕괴되기 시작했으나 수령과 당을 중심으로 하는 정치체제는 붕괴되지 않고 있다. 정치체제가 유지되는 한 다른 경제체제로 되어도 체제의 안정성은 당분간 유지될 것이다. 북한은 살아남기 위해 경제를 개방시키지 않을 수 없다. 그러나 개방하면 외부로부터 나쁜 바람이 들어와 정치적인 안정성이 상실될 수 있다.

이러한 모순을 해결하는 묘책이 나진선봉 경제특구에서 단계적으로 한정적으로 시장경제를 도입하는 것이다. 주위에 철망을 둘러쳐서 철망 안쪽에는 노동집약적인 수출산업을 육성하고, 사상이 견실한 사람을 투입, 외화를 벌어들이게 한다. 철망 밖에서는 지금까지와 같은 사회주의 경제를 계속한다.

이것이 만약 성공하면 나진 선봉에 이어 원산과 신의주에도 경제특구를 만들 가능성이 높다. 북한이 개혁 개방에 나서게 되면 일본의 코스트 부담도 분할 지불로 해결될 수 있게 된다. 당분간 남북한 공존이 계속되어도 최종적으로는 북한 주민이 보다 풍요하고 민주적인 체제를 구하기 위해 이동함으로써 독일식 통일이 달성될 것이다.

북한이 중국과 같은 개혁 개방정책을 채택해야 경제를 회생시킬 수 있다는 주장을 펴는 학자들은 비단 오코노기 마사오뿐만이 아니다. 국내 학자들도 대부분 그같은 의견을 펴고 있다. 문제는 북한 당국의 의지인 것이다.

그러나 북한은 개혁 개방이라는 개념에 담긴 정치적 함의 때문인지 이 용어를 기피하고 있다. 대신 '현대화'라는 개념으로 개혁개방의 논리를 펴고 있다. 최근 들어 북한 당국이 정부관리들을 외국으로 파견, 자본주의 시장경제를 배우게 하고, 세계은행(IBRD)과 국제통화기금(IMF)에 가입하려는 의지를 보이는 것은 바로 개혁 개방에 대한 관심이라고 풀이할 수 있다.

북한 관리들은 하나같이 '우리식 사회주의' '우리식 경제개발'을 주장하고 있지만, 실제적으로는 개혁 개방으로 나가야 경제를 살릴 수 있다는 것을 잘 알고 있다. 따라서 중장기적으로 볼 때 북한은 개혁 개방으로 나갈 수밖에 없다는 게 일반적인 전망이다. 다만 북한이 개혁 개방으로 뛰어들 시점이 언제일지, 어떠한 형식으로 진행될지, 시기는 어떻게 조절될지가 문제인 것이다.

북한의 물가는 어떤 수준?

　북한 주민들이 농민시장에서 구입하는 쌀과 옥수수, 밀가루, 돼지고기 등 생활필수품의 가격은 어느 정도일까.

　통일부가 99년 1월 방북자 및 탈북자 5백여 명에 대한 면담조사를 통해 농민시장에서 거래되는 쌀과 옥수수, 밀가루 등 곡물과 비누, 설탕 등 생필품 150여개 품목 물가에 따르면 지역별로 상당히 차이가 난다.

　농민시장에서 거래되는 곡물류와 조미료, 생필품 가격은 국영상점에 고시된 국정가격과 평균 50배에서 최대 1천 배까지 차이가 난다. 지역별로도 중국과의 물자교류가 활발한 신의주 등 서부 접경지역과 내륙지역이 차이가 난다.

　예컨대 쌀 1kg은 신의주 등 동부 접경지역에서 75~80원 선에 거래되지만 내륙지역은 10원 정도가 더 비싼 85~90원 정도다. 반면 북한 국영상점의 고시가격은 1천분의 1에 불과한 0.08원에 불과하다. 밀가루의 경우 남양 등 동부 접경지역에서는 1kg당 50~60원에 거래되지만 국정가격은 0.06원이다.

　북한 근로자의 월평균 임금이 70~1백원이라는 점을 고려해볼 때 농민시장에서 거래되는 곡물은 엄청나게 비싼 가격이다. 월급으로 쌀 1kg밖에 못사기 때문이다. 이것은 북한 근로자들이 더 이상 명목상의 월급으로 살지 않고 있다는 사실을 반증하는 사례이기도 하다.

　사정이 이렇다보니 북한 최고의 명문 김일성대도 쌀 한 말이면 뒷문 입학할 수 있다는 얘기도 나오고 있다. 쌀 한 말이 8kg이니 그 값은 일반 근로자 7~8개월 월급과 맞먹는 금액이다.

쌀이 비싸다보니 북한 주민들 사이에서는 쌀이 보물처럼 여겨진다. 98년 북한을 방문한 아스트리트 하이버그 국제적십자사연맹 총재는 "회령에서 만난 의사 부부는 한 움큼의 쌀을 서로의 생일날 먹으려고 소중하게 보관하고 있다고 얘기했다"면서 "의사들도 이런데 일반 주민들의 생활이 어떻겠느냐"고 말한 바 있다.

농민시장 가격은 해가 다르게 매년 폭등하고 있는 것으로 알려졌다. 김일성 주석 사망 당시인 94년과 99년 가격을 비교해볼 때 평균 서너 배에서 많게는 열배 이상 폭등했다. 세탁비누의 경우 94년 4원 안팎이었는데 99년에는 평균 40원 이상이며, 쌀의 경우 kg당 25원에서 80원 안팎으로 뛰었다. 돼지고기는 45원에서 140~2백원으로 올랐다.

농민시장에서 거래되는 품목은 당초 개인 텃밭에서 생산되는 채소류에 국한됐으나 최근 들어 북한의 공식거래 금지품목인 식량을 비롯해 공산품, 주류 등에 이르기까지 다양한 것으로 나타났다.

이곳에서 유통되는 상품 공급원도 사적 생산물 수준에서 벗어나 북한 당국 등에서 유출된 상품, 중국 등 제3국에서 유입된 상품에 이르기까지 다양하다.

또한 개별 상품가격은 당국이 개입이 배제된 채 철저하게 상품의 수요와 공급에 따라 결정된다. 예컨대 곡물이나 육어류, 공산품 가격은 중국과 국경을 접한 신의주, 남양 등 접경지역이 비교적 낮고 내륙지역이 높다.

그러나 북한 농촌지역에서 생산되는 배추나 콩기름, 고춧가루 등 채소 과일류는 내륙지방에서 가장 낮은 것으로 집계됐다.

요즘 북한인들에게 인기를 끌고 있는 자전거의 경우, 중국제는 7~8천원, 북한제는 1만 5천원, 일제는 2만원 선에 거래되고 있다

북한의 화폐 단위는 원화로 표시되어 우리와 같아 보이지만, 화

폐가치는 큰 차이가 난다. 우선 북한의 공정환율은 미화 1달러가 2.16원이다. 북한돈 1원이 46센트이니 우리 돈으로는 550원(1달러 1,200원 기준)인 셈이다. 즉 북한돈 1원은 공정환율로 계산할 경우 우리 돈 550원이라고 보면 된다.

북한 농민시장 주요 물가

(단위 : 북한 원)

품목	단위	동부접경지역	서부접경지역	내륙지역	국정가격
쌀	kg	75~80	75~80	85~90	0.08
옥수수알	kg	35~40	40~45	45~50	0.03
밀가루	kg	50~60	55~60	45~50	0.06
돼지고기	kg	170~180	140~150	190~200	10
사과	개	15~20	15~20	10~20	0.1
콩기름	kg	250~300	280~300	130~200	1.2
설탕	kg	120~140	120	80~150	2
맥주	병	60	40	50	0.5
세탁비누	개	30~40	40~45	60~100	0.4
텔레비전	대	6,000~8,000	6,000	10,000~12,000	350

* 출처 : 통일부 정보분석실(1999. 1)

북한의 신파워엘리트

김정일 시대가 개막되면서 북한의 권력지도가 바뀌고 있다. 김일성 사후 김정일로 권력승계가 이뤄지면서 빨치산 시대의 인물들이 사실상 퇴출되고 전문 경제관료와 신군부인사 등이 신파워엘리트로 부상하고 있는 것이다.

군부의 약진현상은 김정일 시대의 두드러진 특징이다. 98년 9월 제10기 최고인민회의 대의원 선거에서 군인이 전체의 15%에 달하는 101명이 당선됐다. 9기 대의원 때 군인 출신이 57명(전체의 8%)인 것에 비해 2배 가까이 증가한 것이다.

또 북한권력 서열표에서도 김일성 사망 직후에는 30위권 밖에 머물던 조명록, 김일철, 김영춘 등 군부 3인방이 96년부터 20위권 내로 진입했고, 97년부터는 10위권 안쪽으로 들어오는 등 약진세를 보이고 있다.

특히 조명록 인민무력성 총정치국장이 국방위원회 제1부위원장으로 임명돼 군의 최고 실세로 부상했다. 당초 인민무력상 물망에 오르던 조명록이 국방위원회 제1부위원장이 된 것은 북한의 최고권력기구인 국방위원회가 인민무력성보다 파워가 크다는 사실을 입증해주는 대목이기도 하다. 인민무력상은 해군사령관 출신인 김일철 인

김일성 사후 김정일시대가 개막되면서 북한 엘리트들이 착용하는 배지도 세대교체가 되고 있다.

민무력성 제I부부장이 맡았다. 해군출신이 인민무력상이 된 것은 상당히 이례적이다. 이에 대해 정부당국자들은 김정일 국방위원장이 인민무력성을 직접 관할하기 위해 비교적 군내 세력이 약한 해군 출신을 선택한 것으로 해석하고 있다.

한편 북한의 최고 실권기구인 국방위원회는 조명록이 제I부위원장을 맡은 것외에 김일철, 이용무가 부위원장을 맡았고, 위원으로는 김영춘, 연형묵, 이을설, 백학림, 전병호, 김철만이 올라 있다.

북한의 권력은 외견상 국방위원회 외에 노동당과 내각, 최고인민회의가 분점하는 형태로 짜여져 있지만 실제적으로는 국방위원회에 전권이 실리고 있다. 최고실권기구인 셈이다. 노동당은 북한을 사실상 이끄는 조직이고, 내각이 행정기능을 맡은 곳이라면 최고인민회의는 입법기구로서 북한의 상징적 최고기구일 뿐이다.

다만 최고인민회의 상임위원회가 대외적으로 국가를 대표하는 기구이고, 김영남 위원장이 대외적으로 국가원수 역할을 하게 돼 있지만 과연 그에게 얼마만한 실권이 있을지는 미지수다. 최고인민회의 상임위원회의 부위원장은 양형섭, 김용대가 맡고, 원로그룹인 이종옥, 박성철, 김영주 등 부주석군은 최고인민회의 상임위원회 명예부위원장에 임명됐다. 말 그대로 실권이 없는 명예직에 '안치'된 것이다. 전국가검열위원장 전문섭도 최고인민회의 상임위원회 명예부위원장에 임명됐지만, 98년 12월 29일 세상을 떠나 그의 자리는 비어있다.

김정일 국방위원장은 94년 김일성 주석 사망 후부터 지속적으로 군우대정책을 펼치기 시작, 군 승진인사를 대대적으로 단행했다.

95년 10월 8일 노동당 창건 50돌 기념으로 원수 포함 19명을 승진시켰다. 97년 2월 9일 김정일 자신의 생일을 앞두고 장령급 6명을 승진시킨데 이어 같은 해 4월 13일 김일성 주석 생일을 앞두고 장령급 123명을 승진시켰다. 이같은 인사는 김정일 국방위원장의 '군부우대 의지'를 엿볼 수 있는 대목이다.

김일철, 전재선, 박기서, 이종산 등 4명을 대장에서 차수로, 정창렬 상장을 대장으로, 김용운, 지기선, 이응환, 심명수, 이태철, 김윤신, 옥봉린, 김기선 등 8명이 중장에서 상장으로, 최상려 등 37명을 소장에서 중장으로, 김성락 등 73명을 대좌에서 소장으로 승진시켰다. 그 결과 북한 군수뇌부는 다음과 같이 편성됐다.

대원수   공석
원수(2명)   김정일 이을설
차수(11명) 백학림 최인덕 이두익 김익현 조명록
            이하일 김영춘 이종산 전재선 박기서 김일철
대장(19명) 오룡방 오극렬 장성우 김명국 김성규
            김병철 현철해 김하규 김두남 원웅희
            박재경 이병욱 김룡연 정창렬 김철만 김격식
            주상성 이봉원(97. 9 숙청) 전문섭(98. 12. 29 사망)

북한은 또 99년 4월 13일 김일성 주석 87회 생일(4. 15) 기념으로 상장 1명, 중장 1명, 소장 76명 등 군장성에 대한 대대적인 승진인사를 단행했다. 북한 중앙방송(99. 4. 13)에 따르면 김정일 국방위원장은 '최고사령관 명령 00114호'를 통해 이같은 군 승진인사를 단행한 뒤 "인민군 지휘성원들에 대한 당의 신임과 기대는 매우 크다"면서 '군이 강성대국 건설에 적극 이바지할 것을 굳게 믿는다"고 말했다.

김정일 체제 출범을 앞두고 북한 군부에도 많은 변화가 일어났다. 97년 1월 인민무력부 제1부부장 김광진(69)이 사망한데 이어 2월 인민무력부장 최광(78)도 사망, 군부 세대교체의 바람을 가속화시킨 것이다. 김광진은 85년 인민무력부 부부장에 기용된 후 92년 남북군사공동위 북측위원장, 95년 인민무력부 제1부부장에 임명됐던 인물로 군총정치국장 조명록, 군총참모장 김영춘과 함께 김정일시대 북한을 이끌 군지도자로 꼽혀 왔던 인물이다.

최광은 해방 전부터 김일성과 함께 항일유격대 활동을 해왔던 빨치산 세대로 95년 사망한 오진우 국방위 제1부위원장과 함께 북한인민군을 이끌어온 1세대들이다. 이들의 잇따른 사망으로 군총정치국장 조명록, 군총참모장 김영춘 등 김정일 친위세력과 측근세력 등이 전면배치되는 결과를 낳았다.

이밖에 군부 소장그룹으로는 현철해 총정치국 조직부국장, 박재경 총정치국 선전부국장, 김하규 포병사령관, 김명국 5군단장, 이명수 작전국장 등이 차세대 군지도자로 부상할 것이라는 게 정부 당국자들의 전망이다.

전문관료들은 군부 엘리트에 비해서는 상대적으로 홀대를 받고 있지만 김용순 아태평화위원장은 예외다. 노동당 대남담당 비서겸 최고인민회의 통일위원장을 맡아 사실상 대남총책이다.

김용순을 통하지 않으면 북한으로 갈 수 없다는 말까지 나돈다. 그는 98년 10월 정주영 현대 명예회장과 김정일 북한 국방위원장의 면담을 성사시켜 북한 권부내에서 부동의 위치를 차지했다. 김정일

개편된 북한의 권력구조

| 노동당
총비서
김정일 | 내각
(행정부)
총리 : 홍성남
부총리 : 조창덕
곽범기 | 국방위원회
(최고실권기구)
위원장 : 김정일
제1부위원장 : 조명록
부위원장 : 김일철
이용무
위원 : 김영춘, 연형묵
이을설, 전병호
김철만, 백학림 | 최고인민회의
(입법부 : 상징적
최고기구)
의장 : 최태복 |

**최고인민회의
상임위원회**
위원장 : 김영남
부위원장 : 양형섭
김용대
서기장 : 김윤혁
명예부위원장 :
이종옥
박성철 김영주
전문섭(사망)

내각 31개 부서

외무상 백남순	상업상 이용선
사회안전상 백학림	수매양정상 백창룡
국가계획위원장 박남기	교육상 최기룡
전기석탄공업상 신태록	체신상 이금범
채취공업상 길성남	문화상 최재현
금속기계공업상 전승훈	재정상 임경숙
건설건재공업상 조윤희	노동상 이원일
철도상 김용삼	보건상 김수학
육해운상 김영일	체육상 박명철
농업상 이하섭	국가검열상 김희선
화학공업상 박봉주	과학원장 이광호
경공업상 이연수	중앙은행 총재 정성택
무역상 강정모	중앙통계국장 김창수
임업상 이상무	사무국장 정문산
수산상 이성운	국가건설감독상 배달준
도시경영국토환경보호상 최종건	

국방위원장의 처남인 장성택 노동당 제1부부장과의 불화설이 한때 나돌기도 했으나 김용순의 일방적 승리로 귀결된 것으로 보인다.

자강도 당위원장 연형묵도 김정일시대 새롭게 주목을 받는 인물이다. 92년 총리에서 해임되는 등 불운을 겪다가 98년 9월 국방위원에 임명됨으로써 화려하게 복권됐기 때문이다.

연형묵은 이에 앞서 98년 1월 23일 중앙인민위원회 정령으로부터 '노력영웅' 칭호를 받고 '국기훈장 1급'도 받았다. 이것은 김정일 국방위원장이 자강도내 인민경제부문 사업에 대한 현지 지도를 한 뒤 결정된 것이라는 점에서 연형묵을 내각 총리직에 등용하기 위한 사전 포석일 가능성이 있다는 해석도 나왔었다.

연형묵은 1925년생으로 김일성대 이공학부 출신의 테크노크라트이며, 88~92년 정무원 총리를 역임했다. 총리직 해임후 자강도 당책임비서로 활동해 왔다.

외교부장 출신인 김영남은 98년 9월부터 최고인민회의 상임위원장을 맡아 대외적으로 국가를 대표하는 대통령 역할을 하게 됐다. 과거 40여년 동안 북한 외교를 대표해온 김영남은 김일성종합대를 거쳐 체코 프라하공대에서 유학한 전문 테크노크라트의 원조에 해당한다. 외무상인 백남순은 폴란드 대사, 9기 최고인민회의 대의원을 지낸 인물이다.

황장엽 전북한 노동당비서는 "김정일 국방위원장이 주석직을 승계하지 않을 경우 김영남 외교부장을 형식적인 국가원수로 임명한 뒤 자신은 막후통치를 할 것"이라고 전망한 바 있다.

한편 98년 9월 헌법 개정으로 정무원이 폐지되면서 생긴 내각은 홍성남 총리가 이끌고 있다. 홍성남은 북한 내부의 실무 통치를 총괄하게 된 인물로 한 동안 강성산 정무원 총리의 대행 역할을 해왔다.

강성산은 원래부터 건강이 좋지 않아 총리 임명 직후부터 와병설,

실각설이 끈질기게 나돌았는데, 최종적으로 97년 2월 21일 그의 실각이 확인됐다.

북한은 97년 2월 중국 최고지도자 덩샤오핑 사망 당시 중국 국무원 총리 리펑에게 조전을 보낼 때 '정무원 부총리 홍성남' 이름으로 보내 강성산이 현직에 있지 않다는 것이 밝혀진 것이다.

이에 대해 통일부 관계자는 "97년 2월 13일 오스트리아 총리 취임 관련 축전은 강성산 정무원 총리 명의로 발송된 것이 확인된 바 있다"면서 강성산의 실각은 와병 때문이 아니라 망명한 황장엽 국제담당비서(97. 2. 12)와 관련이 있음을 시사했다.

이 관계자는 "경제개혁에 남다른 열정을 지니고 있던 강성산이 황장엽 비서 망명 직후 실각됐다는 점에서 그의 실각은 황장엽의 망명과 관련이 있을지 모른다"고 말했다.

강성산의 실각에는 이처럼 정치적 배경이 있을 가능성도 있지만, 그는 당뇨병과 신부전증을 지병으로 갖고 있어 건강 때문에 현직에서 물러났을 가능성도 배제할 수 없다. 그는 92년 10월 총리 취임선서 도중 졸도, 총리직을 제대로 수행하지 못할 것이라는 관측이 많았다. 94년 5월 귀순한 강명도씨는 그의 사위로 알려져 있다.

북한의 권력 서열 변화

	94	95	96	97	98	99
1	김정일	김정일	김정일	김정일	김정일	김정일
2	오진우	강성산	강성산	이종옥	이종옥	김영남
3	강성산	이종옥	이종옥	박성철	박성철	이종옥
4	이종옥	박성철	박성철	김영주	김영남	박성철
5	박성철	김영주	김영주	김병식	계응태	김영주
6	김영주	김영남	김병식	강성산	전병호	조명록
7	김병식	최 광	김영남	김영남	이을설	홍성남

8	김영남	계응태	최 광	계응태	조명록	이을설
9	최 광	전병호	계응태	전병호	김영춘	김영춘
10	계응태	한성룡	전병호	이을설	한성룡	이용무
11	전병호	서윤석	한성룡	조명록	서윤석	김일철
12	한성룡	김철만	김성애	김영춘	양형섭	전병호
13	서윤석	최태복	김철만	한성룡	최태복	계응태
14	김철만	최영림	최태복	양형섭	김철만	한성룡
15	최태복	홍성남	최영림	최태복	홍성남	연형묵
16	최영림	양형섭	홍성남	김철만	최영림	김철만
17	홍성남	홍석형	양형섭	홍성남	홍석형	양형섭
18	강희원	연형묵	홍석형	최영림	연형묵	최영림
19	양형섭	이선실	이을설	홍석형	김국태	최태복
20	홍석형	김철수	백학림	김국태	김기남	김중린
21	연형묵	김병식	김광진	김기남	김용순	김용순
22	이선실	류미영	김익현	김중린	전문섭	곽범기
23	김철수	김기남	김기남	김용순	백학림	백학림
24	김기남	김국태	김국태	백학림	김일철	김익현
25	김국태	황장엽	황장엽	전문섭	이하일	박기서
26	황장엽	김중린	김중린	깁복신	김익현	이하일
27	김중린	서관히	서관히	김윤혁	박기서	이종산
28	서관히	김용순	김용순	장 철	김복신	전재선
29	김용순	김응환	김응환	공진태	김윤혁	이두익
30	김응환	김복신	김복신	윤기복	장응철	최인덕

* 94년은 7월 8일 김일성 주석 사망 국가장의위원회 명단. 95년은 7월 7일 김일성 사망 1주기 추모대회 서열. 96년은 7월 김일성 사망 2주기 서열. 97년은 7월 8일 김일성 사망 3주기 서열. 98년은 7월 8일 김일성 4주기 추모식 서열. 99년은 3월 지방대의원 투표참가 간부 서열.

모든 것은 김용순으로 통한다

김용순 위원장

김용순 북한 아태평화위원회 위원장의 활동이 전방위적으로 확대되고 있다.

노동당 대남담당 비서겸 최고인민회의 통일위원장, 아태평화위원장을 맡으면서 실질적 대남총책으로 부상하고 있다.

더우기 98년 10월 김정일 북한 국방위원장과 정주영 현대 명예회장의 면담을 성사시킨 주역으로 밝혀지면서 '김용순을 통하면 안되는 게 없다'는 얘기까지 나오고 있다.

대남사업의 중심이 김용순으로 모아지다보니 뜻하지 않은 해프닝이 발생한 적도 있다.

문제의 해프닝은 91년 5월 조국평화통일위원회 허담 위원 사망 이후 오랫동안 공석이던 조평통 위원장직을 김용순이 맡고 있다는 북한 중앙방송의 보도가 98년 11월 4일 나오면서부터.

통일부와 안기부는 98년 11월 4일 북한 중앙방송이 "8·15 통일 대축전 참가차 밀입북한 한총련 대표 황선(덕성여대 4년)씨를 환송하는 평양시 군중집회가 김용순 조평통 위원장이 참석한 가운데 개최됐다"는 보도를 접한 뒤 곧바로 김용순이 조평통 위원장까지 맡게됨으로써 명실상부한 대남총책이 됐다고 해석했다.

통일부 당국자는 당시 "북한의 최고지도자인 김정일 국방위원장이 대남관련 업무를 모두 김용순에게 맡긴 것은 노동당의 대남전략과 대남 선전작업, 남북교류협력사업을 일관된 기조하에 총괄 조정해 나가겠다는 의지로 풀이된다"는 코멘트까지 했다.

그러나 5개월만인 99년 4월 11일 북한 중앙방송과 국제방송은 조국평화통일위원회 전원회의 개최 뉴스를 전하면서 "회의에서는 조선노동당 중앙위원회 비서인 조국평화통일위원회 김용순 부위원장이 보고를 했다"고 보도했다.

통일부 당국자들은 갑작스런 혼란에 빠졌다. 5개월 전에는 조평통 위원장이라고 보도하다가 다시 조평통 부위원장이라고 밝힌 북한 중앙방송 보도중 어느 것이 오보인가를 둘러싼 논란이 벌어졌다.

결국 통일부는 99년 4월 13일 "98년 11월 중앙방송에서만 김용순을 위원장으로 호명한 것을 볼 때 당시 보도가 오보일 가능성이 높다"면서 "조평통 위원장은 아직도 공석인 것으로 추정된다"는 궁색한 해명을 했다.

물론 북한에 대한 실재적 정보가 부족한 상황에서 방송내용을 바탕으로 분석해야 하는 한계 때문에 발생한 해프닝이지만 기본적으로 김용순에 대한 과대평가 때문에 빚어진 일이기도 하다.

어떻든 김용순은 북한의 실질적인 2인자라는 얘기까지 나오고 있다. 김용순은 성향 자체가 개방파로 분류되기 때문에 그의 위상 강화는 남북관계와 남북경협 등에도 상당히 긍정적 영향을 미칠 것으로 보인다.

방북인사들마다 그를 만나기 위해 애를 쓰지만, 김대중 정부 출범 이후 그를 공식적으로 만난 사람은 정주영 현대 명예회장과 통일그룹 산하의 박보희 금강산국제그룹 회장뿐이다.

대개 방북인사들의 접견은 아태평화위원회의 송호경 부위원장이나 이종혁 부위원장 선에서 마무리된다. 송호경 부위원장은 정주영 현대 명예회장이 방북할 때마다 판문점에 환영을 나오는 북측 최고인사다. 또 98년 「중앙일보」 홍석현 사장 일행이 방북했을 때에도 이종혁 부위원장이 영접했다.

김용순의 파워를 확인시켜준 사건은 뭐니뭐니해도 98년 10월 30일 정주영-김정일 면담이다. 당시 현대팀들은 김정일의 면담 일정을 약속받지 못한 채 28일 방북했으며, 예정 방북기간인 2박3일이 다 지나도록 김정일 면담이 성사되지 않자 애를 태웠다.

그러나 방북 마지막날인 10월 30일 북측이 정 명예회장의 방북일정을 하루 연장해줄 것을 요청한데 이어, 이날 밤 10시로 갑자기 김정일의 면담시간을 통보, 백화원초대소에서 양자 회동이 이뤄질 수 있었던 것은 전적으로 김용순 덕분이다.

당시 김정일 국방위원장은 "내가 만나지 않아도 모든 일이 다 잘될 수 있다고 생각했는데 김비서가 하도 전화를 해서 이렇게 지방에서 올라오자 마자 오게 됐다"면서 김용순의 채근 때문에 이 회동이 이뤄진 것임을 내비쳤다.

김용순 위원장이 김정일 일가에 남다른 사람임은 94년 7월 8일 김일성 주석 사망 직후부터 확인된 사실이다. 김정일의 여동생인 김경희가 김용순의 어깨에 기댄 채 오열하는 사진이 공개된 바 있다. 그만큼 김용순은 김정일 남매에게 남다른 사람이며, 김정일이 유일하게 믿고 의지할 수 있는 인물로 알려졌다.

흥미로운 것은 김용순이 김정일의 오른 팔 역할을 하던 김경희의 남편 장성택 당 중앙위 제1부부장과 치열한 권력 암투 끝에 판정승을 거뒀다는 점. 김용순과 장성택의 불화설은 이미 오래전부터 대북관련 소식통들 사이에서 파다하게 나돌았던 것인데, 98년 2월 망명한 김동수 로마 식량농업기구(FAO) 주재 북한대표부 3등서기관의 증언으로 확인됐다.

김동수씨는 프레스센터 기자회견(98. 2. 18)에서 "89년 평양축전을 준비했던 장성택 당중앙위 제1부부장이 97년 드러난 김일성사회주의청년동맹 간첩사건에 연루되어 해임될 가능성이 높다"고 말했다.

이에 대해 정부 관계자는 "김용순과 장성택과의 권력암투는 김용순이 사로청 간첩사건에 장성택이 연루됐다는 사실을 공개함으로써 촉발된 것으로 안다"면서 "장성택이 김경희의 남편인 관계로 숙청을 당하지는 않았지만, 당내 입지는 약화된 것으로 보인다"고 말했다.

실제 97년 김사청사건 이후 장성택의 근황은 전혀 알려지지 않고 있다.

김용순과 장성택의 파워가 역전됐음을 짐작할 수 있는 것은 98년 실시되다 중단된 재북 일본인 처 일본 방문 사업이다. 당초 이 사업은 장성택 계열에서 추진했던 것인데, 김용순이 아태평화위원회 위원장이라는 자신의 직위를 십분 활용해 중간에서 가로챘다는 게 정설이다.

장성택이 97년 9월 사로청사건 때 엄중한 경고를 받았다면 당시 일본과 물밑교섭을 통해 추진시키려던 재북 일본인 처 고향방문사업은 당연히 중단됐을 가능성이 높다. 따라서 98년 이뤄진 일본인 처의 고향방문사업은 김용순쪽에서 전담한 것으로 보인다.

한편 98년 5월 황장엽 전북한 노동당비서는 「문화일보」 통일안보팀과의 집단 인터뷰 때 김용순과 장성택의 관계에 대해 묻자 "김용순은 뭘 드러내기 좋아하는 화려하고 호탕한 성품이어서 당과 군의 원로들로부터 좋지 않은 평가를 받고 있다"고 그에 대한 솔직한 심정을 드러냈다. 또 양복도 최고급으로만 해 입고, 취향도 아주 고급이어서 해외에서 김용순을 만나는 외국인사들은 그가 남쪽 사람인지 북쪽 사람인지 짐작하지 못한다는 얘기도 있다.

반면 황장엽 전비서는 장성택에 대해서 "역량도 남다르고 개인적으로 고민이 많은 사람이어서 내가 뭐라고 말하는 게 앞으로 그를 위해서 도움이 되지 않을 것"이라고 구체적인 언급을 피하면서도 그에 대한 기대가 남다르다는 것을 시사했다.

김용순은 정주영-김정일 면담 성사에서 입증된 것처럼 김정일 과의 전화통화나 면담이 수시로 이어지고, 김정일 앞에서 직언을 할 수 있는 인물로 알려져 있다. 김대중 정부 들어 대북포용정책이 강화되고 금강산관광 및 개발사업이 추진되면서 김용순이 위원장으 로 있는 아태평화위원회의 영향력이 강화되고, 김위원장의 위상도 날로 높아지고 있다.

그러나 북한이 국방위원회라는 군사기구가 통치하는 사실상의 군 우위 사회라는 점, 김용순의 독주에 대한 북한 군부 및 당 원로 들의 반발도 적지 않다는 점에서 김용순 전성시대가 과연 얼마나 이어질지 주목된다.

김정일식 '공포정치'

서관히 · 이봉원 총살에 얽힌 이야기

김정일시대 들어 북한에서 공개처형이 늘어나고 있다는 사실은 공공연한 비밀이다. 적어도 90년대 들어 식량난이 확산되고 사회주의 이념이 약화됨에 따라 사회적 일탈행위가 늘어나자 이를 단속하기 위해 공개처형이 이뤄졌다는 얘기가 간간이 나돌았지만, 공개처형이 집중적으로 실시되기 시작한 것은 김일성 주석 사후부터라는 게 정부 당국자들의 대체적인 시각이다.

런던에 본부를 두고 있는 국제사면위원회(엠네스티 인터내셔널)는 97년 2월 5일 「북한의 공개처형에 대한 특별보고서」에서 "북한은 70년 이후 최소 23명을 공개처형했으며, 처형자 중에는 살인자와 정치범 이외에 공금횡령자, 쌀도둑 등이 들어 있다"고 밝혔다. 국제사면위원회는, 특히 이 자료는 북한을 탈출해 제3국에 체류하는 탈북자들의 목격담에 철저하게 근거한 것이며, 한국정부나 북한정부의 공식자료는 활용하지 않았다고 덧붙였다.

통일부에 따르면 95년 평양 형제산 구역에서 영화부문 간부와 배우 7명이 '외설' 영화를 제작한 죄로 30만여 명이 운집한 가운데 처형됐다는 보도가 있으며, 97년 신의주에서는 전기 및 전화용 구리선

절취자에 대한 공개처형이 이뤄진 것으로 알려졌다.

이같은 사회일탈범에 대한 공개처형보다도 더 문제가 되는 것은 정치범에 대한 공개처형이다. 정치범을 공개처형하는 것은 폴 포트 치하 캄보디아나 아프리카 독재국가에서나 가능한 공포정치의 전형이기 때문이다.

97년 9월 노동당 농업담당 비서 서관히가 공개처형됐고, 인민무력부 총정치국 부국장 이봉원도 총살된 것으로 알려졌다.

북한의 권력서열 30권에 들던 서관히 농업담당 비서가 총살당했다는 사실을 처음 보도한 것은 2개월 후인 11월 일본의 교토통신이다. 북한 여행자들로부터 전해들은 소식을 베이징발로 전한 것이다.

교토통신은 또 서관히 비서와 김일성사회주의청년동맹 간부 3명도 함께 처형됐다고 전했다. 이 통신에 따르면 처형식은 97년 9월 중순 평양 중심가 통일거리 부근의 얕은 언덕 위에서 2~3만 명이 지켜보는 가운데 공개재판을 진행한 뒤 이뤄졌다.

서관히 비서는 농업정책의 사실상 최고책임자로 북한의 식량난과 농업부진의 책임을 물어 처형된 것으로 알려졌다. 그러나 이 해 2월 한국으로 망명한 황장엽 전노동당 국제담당비서와 친분이 있었던 것도 무관치 않은 것으로 보인다. 황장엽 전비서는 서관히 총살문제와 관련, "그는 반역같은 것을 모의하지 못할 유약한 성격의 소유자"라고 밝힌 바 있다.

북한에서는 그간 강도 살인 등의 중죄인에 대해 공개처형을 해왔으나 권력핵심부인 노동당 비서가 이처럼 공개재판을 통해 총살된 것은 이례적이다.

교토통신 보도에 대해 정부 당국자들은 즉각적인 확인을 유보했다. 당시 안기부 당국자는 "10월 경 서관히가 처형됐다는 소문이 중국을 중심으로 떠돌았으나 확인되지 않았다"면서 "2~3만 명의 주민이 지켜보는데 공개총살됐다면 확인이 됐을 텐데 그렇지 않은 것으로 미뤄볼 때 공개총살은 아닌 것같다"고 추정했다.

통일부 정보분석실 관계자도 서관히가 "'97년 5월부터 〈민족운명〉 이라는 영화를 관람한 뒤부터 공식석상에 나타나지 않아 농업담당 비서직에서 해임된 것으로 추정하고 있지만 공개처형설에 대해서는 아는 바 없다"고 말했다.

그후 3~4개월 뒤인 98년 초 안기부측은 서관히의 공개총살과 이봉원의 총살 사실을 공식 확인됐다고 얘기해 주면서 "서관히 총살은 북한의 식량난과 경제난이 가중되고 있는 가운데 내부에 대한 단속과 함께 부정부패에 대한 단호한 자세를 보임으로써 주민들의 불만을 억누르려는 목적에서 단행한 것으로 보인다"는 설명도 덧붙였다.

이들의 공개처형 사실은 98년 2월 18일 로마 주재 유엔식량농업기구(FAO) 북한대표부 3등서기관으로 재직중 망명 귀순한 김동수씨의 기자회견에서 공식확인됐다.

김씨는 프레스센터에서 열린 기자회견에서 "서관히 농업담당 비서가 사사로운 감정에 치우치게 비료공급을 함으로써 국가 농업일꾼으로서 자격이 없다는 지적을 받은 뒤 현직에서 물러났다"면서 "이후 서비서는 다시 남한에 매수된 사로청(김일성사회주의청년동맹) 사건에 연루되어 결국 간첩혐의로 공개사형당했다"고 증언했다.

김씨는 서비서가 관련되었다는 사로청 사건에 대해 다음과 같이 얘기했다.

사로청 사건이란 김일성사회주의청년동맹 간부들이 89년 북한이 개최했던 제13차 세계청년학생축전을 계기로 사로청 산하 은별무역회사를 통해 남측으로부터 많은 양의 외화를 받아 평양축전에 필요한 자동차와 버스 등을 구입한 뒤 이 사실이 발각돼 일어난 사건이다. 이들은 반정부 음모도 함께 꾸민 것으로 밝혀져 처형된 것이다. 이 반정부 음모사건에 서비서가 연계됐다는 것으로 들었다.

한편 익명을 요구한 대북 소식통에 따르면, 서관히 비서사건에는 이봉원 인민무력부 총정치국 부국장, 피창린 전 평남도당위원장, 김기선 전 개성시당 책임비서 등이 연루돼어 모두 처형당했다. 김동수씨는 서관히 비서와 함께 처형된 사람이 누구인지에 대해서는 밝히지 않았지만, 이 소식통에 따르면 서관히와 함께 처형당한 사람이 이봉원과 사로청 사건 연루자들인 것으로 보인다.

사로청 사건이란, 김동수씨의 설명대로 김일성사회주의청년동맹 비서인 최용해가 외화벌이 업체인 은별무역 사장으로 재직하던 중 남측의 한 무역회사와 거래하면서 뇌물을 받고 반당 반혁명 음모를 꾸민 사건으로 알려졌다.

사로청 관계자들은 96년 하반기 남측 무역업체 초청으로 제주도를 방문, 카지노 도박과 매춘까지 한 사실이 발각되어 김정일 국방위원장의 질책을 받았다는 소문도 있지만 확인할 수는 없다. 북한은 이 사건을 엄중하게 대처하기 위해 '공개처형'이라는 극단적인 방법을 쓴 것으로 보인다.

사로청은 원래 46년 노동당 외곽단체인 북조선민주청년동맹으로 창립됐으며, 51년 조선민주청년동맹이 됐다가 64년 사회주의노동청년동맹으로 개명된 후, 96년 다시 김일성사회주의청년동맹으로 개칭됐다.

김정일 체제강화를 위해 청년동맹원들의 사상교육과 당정책 선전 선동 활동에 주력해온 단체의 핵심부들이 남측 무역단체로부터 매수되어 반혁명 음모를 꾸몄다는 것은 믿기 어렵다. 오히려 개방 초기의 동유럽·소련 사회주의 국가의 관행에 비춰볼 때 대북사업을 펼치려는 무역업체들에게 편의를 봐주기로 약속하고 일정액의 뇌물을 받았을 가능성이 많다.

이들에 대해 김정일이 이같은 극단의 형벌을 내렸다는 것은 김일성 사망 후 독버섯처럼 번지고 있는 북한 권력 핵심층의 부정부패에 대한 단호한 의지를 드러내주는 사례로 볼 수도 있다.

만약 이것이 공포정치적 요소를 도입함으로써 부정부패를 막겠다는 발상이라면 제2, 제3의 공개총살도 얼마든지 일어날 수 있을 것으로 보인다.

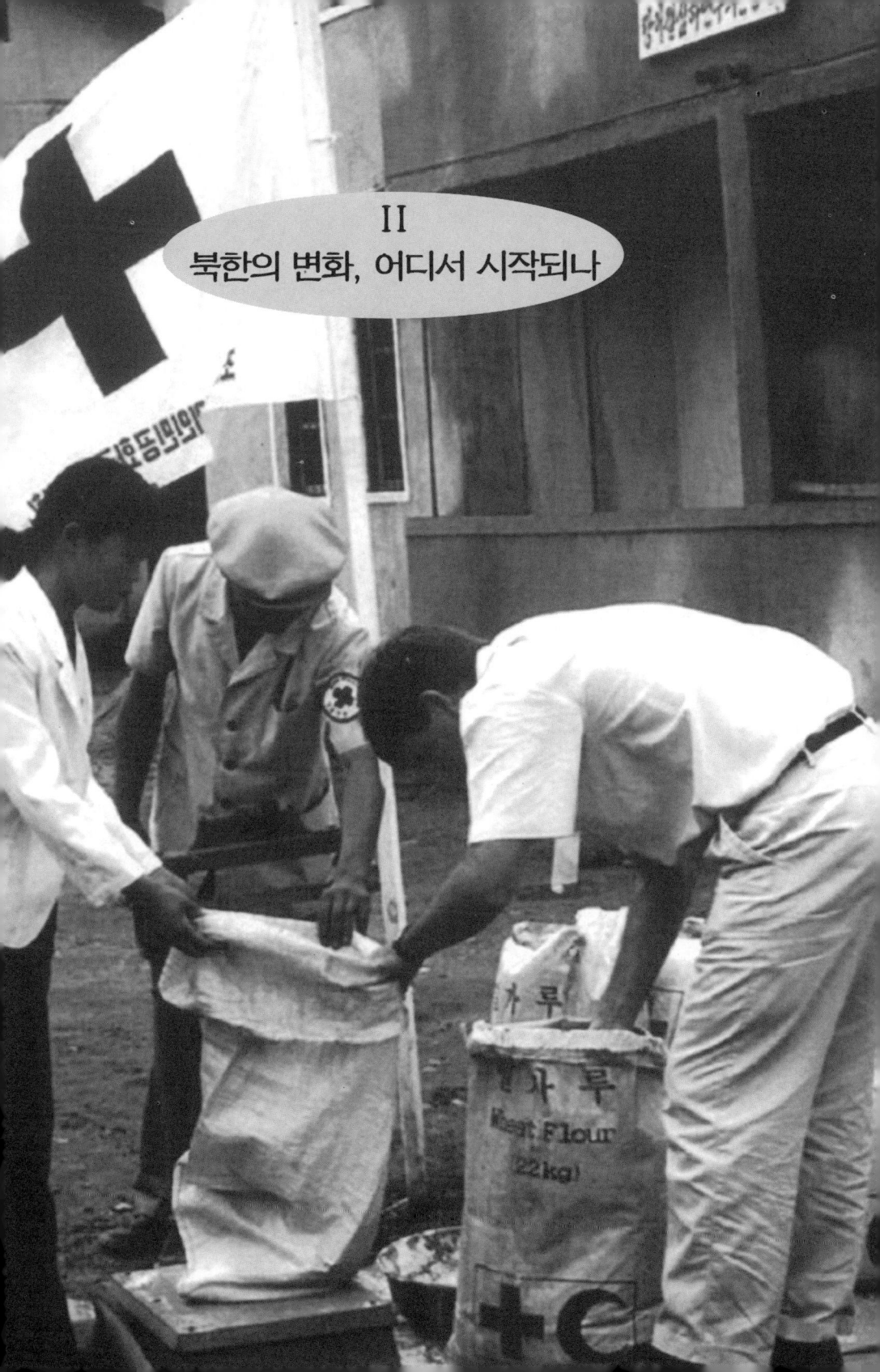

II
북한의 변화, 어디서 시작되나

변화의 출발점
식량난과 국제기구들의 대북지원운동

북한 주민들이 심각한 식량난에 처해 있다는 사실이 대외에 공개
되기 시작한 것은 95년 북한의 큰물피해대책위원회의 호소가 있은
뒤부터다.

김일성 주석 사망후 심리적 공황상태에 빠진 북한 주민들은 엎친데
덮친 격으로 이듬해 발생한 홍수로 인해 농경지를 잃고 농사를 짓지
못했다. 95년에 이어 96년에도 홍수로 인해 북한은 사상 최악의 흉년
을 맞게 됐고, 수십만에서 수백만으로 추정되는 아사자가 발생했다.

95년 당시 미군유해 발굴을 위해 국무부의 북한담당관 자격으로
영변지역에 체류했던 케네스 퀴노네스 아시아재단 한국대표는 "95년
여름 영변(평안북도)에는 한달 내내 하늘이 캄캄한 상태에서 폭우가
내렸다"고 회고한 바 있다.

절망적인 상태에 빠진 북한은 95년 8월 23일 '큰물피해대책위원
회' 이름으로 유엔에 식량지원을 호소했다. '주체와 자주의 나라' 북
한이 바깥 세계에 원조의 손길을 내민 것은 정권 수립 이래 처음있
는 일이어서 전세계가 주목을 했다. 이후 국제적십자사를 비롯한 유
엔의 기구들이 대북 식량지원에 나섰다.

우리나라를 비롯한 각국의 대북 식량지원 작업은 곧바로 시작됐다. 우리나라는 2억 3천 2백만 달러어치의 쌀 15만톤을 아무런 조건 없이 북한에 지원했고, 이밖에 일본 2천 3백만 달러어치의 쌀 15만톤(무상지원분임. 유상으로 35만톤 추가지원), 중국 362만 달러, 미국 225만 달러, 유럽연합 38만 달러를 지원했다.

이후 국제사회의 대북지원은 국가 대 국가의 형태보다는 국제적십자사연맹(IFRC)이나 세계식량계획(WFP), 세계농업기구(FAO) 등을 비롯한 크고작은 국제기구와 구호단체들을 중심으로 이뤄졌다. 유엔인도지원국(UNDHA)은 95년 9월 이후 매년 국제사회에 대북지원을 호소하면서 산하단체들을 통해 대북 식량지원을 주도하고 있다.

한국과 국제사회의 대북지원액(1995~98)

	한 국	국제사회
95. 6~97. 12	정부 2억 6천 172만 달러 민간 2천 236만 달러	유엔기구 1억 7천 206만 달러 개별국가 1억 7천 273만 달러 국제비정부기구 7천 201만 달러
98	정부 1천 100만 달러 민간 2천 85만 달러	유엔기구 2억 710만 달러 개별국가 7천 943만 달러 비정부기구 1천 737만 달러
총계	3억 1천 593만 달러	7억 2천 70만 달러
옥수수(톤당 160달러) 기준	197.5만톤	450만톤

* 자료 : 통일부(1999)

중요한 것은 이들 단체들이 그냥 자선활동의 일환으로 식량 및 구호품 지원만 한 것이 아니라 그 구호품 분배과정을 지켜보기 위해 상주인원을 북한에 파견하기 시작했다는 점이다. 말하자면 식량과 더불어 외국인들이 들어갔고, 그 외국인들에 의해 바깥세계의 새로운 사조와 흐름들이 평양에 직접적으로 유입되기 시작했다는 점이다.

바깥세계로부터의 식량이 들어오고, 그것과 함께 외국인들의 상주가 시작됐다는 것은 김일성 주석 사후 북한을 변화시키는데 큰 의미를 갖는다. 주체사상의 도그마에 젖어 있던 관료들이 외국으로부터의 식량지원 협상을 통해 바깥세계를 접하며 변화하기 시작했고, 일반 주민들도 외국에서 식량이 지원되고 있다는 사실을 인식하게 된 것이다.

IFRC, WFP 등 국제기구의 감시요원은 99년 초 현재 I백여 명이 평양에 상주하고 있다. 이들은 북한 당국이 수교국 외교관 이외에 평양에 상주하도록 허용한 최초의 외국인들로서 세계의 최신소식을 북한 지도층에 전해주고, 북한의 변화상을 세계에 전달하는 메신저 역할을 하고 있다.

평양에 체류중인 국제기구 사람들이 체감하는 북한의 변화상은 하루하루가 다르다.

북한이 식량지원을 처음 호소하던 95년 9월 당시 유엔 관리들은 유엔주재 북한대표부 인사들에게 "소말리아나 이디오피아에서처럼 굶주리는 어린이들의 모습이 담긴 사진이라도 공개해야 구호품 모집 작업이 수월해진다"고 충고했으나 북한 인사들은 하나같이 "식량을 얻겠다고 어떻게 공화국 얼굴에 먹칠을 할 수 있느냐"며 거절했다는 사실은 널리 알려져 있다.

또 당시 북한 어린이들의 영양상태를 점검하기 위해 보육원 방문을 신청했던 IFRC 관계자들은 북한적십자회측이나 북한 보건성 관계자들로부터 쌀쌀한 대접을 받기도 했다. 북측은 대북구호품을 전달하기 위해 북한을 방문한 인사들의 일거수 일투족을 감시했고, 심지어 보육원이나 병원의 비디오 촬영을 극구 제한했었다.

그러나 북한 사람들의 이같은 태도는 점차 달라지기 시작, 98년

평양에 상주하는 국제적십자사연맹 관계자가 북한 주민들과 식사를 하고 있는 모습.
북한 주민들은 95년 식량난 이후 당국으로부터 식량배급을 거의 받지 못하고 있다.

경부터는 북측이 먼저 식량난 실태, 어린이 및 노약자 건강실태에
대한 자료를 공개하고 있는 것으로 알려졌다.

98년 11월 방북한 국제적십자사연맹 아스트리드 하이버그 총재는
평양 방문 마지막날 이곳에 체류하고 있는 1백여 명의 국제기구 요
원들을 위해 주최한 만찬모임에서 이같은 사실을 확인하고 놀랐다
고 한다.

방북후 서울을 찾은 하이버그 총재는 기자회견(98. 11. 11)에서
"95년 북한 수해 직후 식량분배 감시작업을 위해 방북한 국제기구
요원들은 북한 관리들의 고압적인 자세 때문에 애를 먹었지만, 요즘
들어서는 보건성 등을 비롯한 각 성의 관리들이 먼저 주민들에 대한
통계자료를 제시하며 도와달라고 얘기한다고 들었다"고 말했다.

실제 북한은 초기에 국제 구호단체 요원들의 식량분배 상황 감시
작업을 극구 거부했지만, 이제는 다양한 지역에서 감시작업이 이뤄
지고 있다. IFRC 요원과 WFP 사람들의 활동영역은 95년 첫 수해

당시 평양으로 한정되어 있었으나 점차 지역이 확대되기 시작, 99년부터는 북한 전역을 자유자재로 방문하며 식량난 실태와 식량분배상황을 점검하고 있다.

외국인들의 내지여행이 법으로 제한된 북한사회에서 이같은 변화는 실로 엄청난 것이다. 김일성 사망 직후 때와 비교하면 상전벽해(桑田碧海)라고 할 수 있다.

북한은 95년부터 99년까지 5년간 총 10억 3천만 달러어치의 식량과 구호품을 지원받은 대가로 그들의 북한 진입을 허용했고, 그들과의 상호작용은 결국 북한을 내부로부터 변화하게 만드는 동인이 된 것이다.

물론 북한 당국이 이렇게 외국의 구호기관 담당자들에게 변화된 태도를 보이기 시작한 것은 그렇게 해야 한 톨의 곡식이라도 더 얻을 수 있다는 인식의 변화도 큰 역할을 했지만, 식량전용 의혹을 둘러싼 국제기구와 북한 당국간의 피말리는 줄다리기가 있었기 때문에 가능한 일이기도 했다.

98년 2월 더글러스 카슨 카우츠 대북 유엔 인도조정관은 대북식량 지원운동을 주도하고 있는 WFP가 북한 당국에 구호식량이 전용되고 있다는 것을 항의한 공문을 공개한 뒤 이에 대한 북측의 사과공문도 함께 공개해 주목받은 바 있다.

이에 앞서 WFP 요원은 북한 어린이들을 위해 국제사회에서 지원한 식량이 평양의 외교관 전용 상점에서 판매되고 있다고 지적, 북한 당국에 항의공문을 보냈다.

유엔측에 따르면, 북한 큰물피해대책위원회는 이에 대해 "한 지방 관리가 기차편으로 도착할 배급품을 기다리다 못해 직접 받기 위해 항구로 갔다가 마침 식용유는 있지만 쌀이 필요한 상태여서 쌀과 식용유를 바꾸게 된 것"이라면서 "향후 이같은 일이 다시 발생하지 않도록 조치하겠다"고 밝혀왔다.

북한 관리들의 태도 변화는 이같은 우여곡절 끝에 일어나게 된 것이다.

영국의 유력 일간지 「타임스」(99년 2월 3일자)는 북한 관련 기사에서 "북한은 기아와 굶주림으로 인해 유럽 중세기의 야만적 상태로 전락한 나라"라고 규정하면서 "북한의 기아 수준은 이디오피아나 캄보디아와 같은 수준이지만 세계의 이목을 끌지 못하고 있기 때문에 주민들은 집에서 조용히 굶어죽어가고 있다"고 덧붙였다.

「타임스」는 또 중국의 두만강 접경지역 현지 취재기사에서 북한으로부터 탈출한 난민들의 상황을 전하면서 "북한의 식량난은 정부가 주장하는 대홍수 등 자연재해로 인한 것이 아니라 체제유지를 위해 개혁을 거부하는 스탈린주의 정책이 낳은 인재(人災)라는 결론을 얻었다"고 밝혔다.

「타임스」의 주장처럼 북한의 식량난은 전적으로 95년 자연재해 때문에 발생한 것은 아니다. 북한의 식량난이 시작된 것은 80년대 후반이다. 통일부에 따르면 북한은 80년대 후반부터 매년 2백만톤 정도의 곡물 부족으로 곤란을 겪어왔다. 식량난은 주민들의 노동의욕 저하, 집단농장제도의 비효율성, 경제사정의 악화에 따른 비료와 농약의 부족, 에너지난으로 인한 수송체계 붕괴 등 사회주의 시스템의 문제점이 뒤범벅되어 발생한 것이지만, 소련·동유럽 사회주의 국가들의 지원과 김일성 주석의 지도력으로 그럭저럭 넘길 수 있었다.

그러나 소련과 동유럽의 사회주의 형제국들이 모두 붕괴하고, 김일성 주석마저 사망한 상황에서 도래한 자연재해는 가뜩이나 불안정한 식량수급구조에 치명타를 안긴 것이다.

북한의 식량난은 95, 96년 극심했으나, 97년을 경과하면서 98년부터는 상대적인 안정기로 접어들고 있다는 게 일반적인 관측이다. 이것은 95, 96년과 같은 절망적인 천재지변도 없었지만, 국제사회의 대북지원이 매년 평균 2억 달러어치, 어림잡아 옥수수 기준으로 평균 1백만톤의 곡물이 지원된 데 힘입은 것으로 보인다. 물론 절대적인 수준의 식량난을 넘겼다는 것이지 상대적인 궁핍은 여전하다는 게 전문가들의 평가다.

북한의 경제는 90년 이후 줄곧 마이너스 성장을 기록, 주민들의 일자리가 점차 줄어들고 있으며, 일자리가 있다 해도 월급을 제대로 받을 수 없는 수준이기 때문이다. 또 식량분배 시스템, 교통수송 시스템의 문제로 인해 평양 등 대도시와 평안남북도에 비해 동북부 산간지역의 식량 사정은 아주 심각하고, 이 지역의 아사자 수는 제대로 파악도 안된다는 게 당국자의 얘기다.

국가정보원이 99년 2월 3일 배포한 보도자료에 따르면, 99년 들어 북한에서는 김정일의 지시로 국제원조 식량이 주민들에게도 공급되는 등 식량난이 다소 완화되는 징후가 나타나고 있다. 최근 북한을 다녀온 사람들도 북한의 식량난이 완화되고 있는 징후를 느꼈다고 전하고 있다.

김정일 국방위원장이 98년 말 "(식량) 배급은 계획된 날로부터 12일을 넘기지 말고 월2회 배급을 준수하라"고 지시함에 따라 북한당국은 주로 군과 보위부, 안전원들에게만 주던 국제원조 식량을 일반 주민들에게도 확대 공급하기 시작한 것으로 알려졌다.

식량배급의 확대는 곧바로 각 지역에 성업중인 농민시장의 곡물가격에 영향을 미친다. 96, 97년 식량난이 극심할 때 농민시장에서 쌀은 kg당 북한돈 150원(공식환율은 1달러=2.16원이나 암시장 환율은 2백원임)까지 올라갔으나 99년 초부터는 50원에 거래되고 있는 것으로 알려졌다. 암시장 쌀값이 96, 97년에 비해 70%가 떨어졌다는 것은 쌀의 수급이 그만큼 안정적으로 이뤄지고 있다는 증거다.

이와 함께 식량난이 본격화하면서 붕괴된 식량배급제도도 부분적으로 복구되고 있는 것으로 보인다. 북한 당국은 98년 12월부터 자강도에서 옥수수 국수와 쌀을 배급하면서 "앞으로 2년간 배급을 보증한다"고 밝힌 바 있으며, 평안북도 등 국경지역의 식량배급도 확대되고 있는 것으로 확인됐다.

북한 식량난이 한 고비를 넘겼다고 판단한 국제기구들은 99년부터 식량 위주의 대북지원에서 의료 및 농업구조 개선쪽으로 방향을 돌리고 있다.

유엔과 IFRC는 98년 12월 초 99년 대북합동원조계획을 발표하면서 식량지원액을 축소하는 대신 농업 복구를 비롯한 보건의료분야 지원액을 대폭 확대했다. 특히 국제기구들은 대북지원사업의 역할분담을 명확히 해서 기존의 대북식량지원은 WFP, 의료 및 보건물자 지원은 IFRC, 농업구조 개선작업은 유엔개발계획(UNDP) 등이 전담할 모양이다. 이렇게 되면 북한사회에서 활동하는 국제기구 요원들의 숫자나 활동범위는 한층 확대될 전망이다.

대북 식량지원을 계기로 열린 북한의 문은 이에 따라 점차 넓어지고, 이같은 인적 상호작용은 북한을 변화시키는 주요한 요인으로 작용할 것이다.

북한의 아사자는 3백만명?

북한의 식량난이 시작된 95년부터 98년까지의 아사자는 얼마쯤 될까. 북한 당국이 공식적으로 밝히지 않았기 때문에 정확한 수치는 알 수 없지만 대략 250만~3백만명 선이라는 게 정부 당국자들의 설명이다.

이같은 수치를 제일 먼저 제시한 쪽은 일선에서 대북식량지원사업을 벌여온 우리민족서로돕기 불교운동본부의 집행위원장인 법륜 스님이다.

법륜 스님은 95년부터 중국·북한 국경지대에 머물면서 탈북자들과 1 대 1 면접조사를 한 뒤 "95년부터 시작된 북한의 식량난으로 인해 북한주민 3백만명 이상이 사망했다"는 충격적인 보고서를 발표했다.

그는 통일부 출입 기자간담회(98. 5. 10)에서 "함경북도를 비롯한 북한 전역에서 중국 국경지대로 식량을 구하러 나온 난민들의 증언을 종합해볼 때 기아로 인한 북한의 사망률은 95~97년의 경우 27%에 달한다"면서 "북한 인구를 대략 2천 2백만 명이라고 볼 때 3백만 명 이상이 사망한 것으로 추정한다"고 공개했다.

우리민족서로돕기 불교운동본부측은 97년 9월부터 98년 3월 말까지 네 차례에 걸쳐 북한과 중국 국경지대인 압록강, 두만강변에서 탈북 난민 770명을 직접 인터뷰해서 이같은 결과를 얻었다고 공식보고서를 통해 밝혔다.

법륜 스님측의 이같은 추산은 놀랍게도 97년 탈북 망명한 황장엽 전북한 노동당비서의 주장과 유사하다. 황장엽씨는 「문화일보」

와의 인터뷰(98. 5. 19)에서 "95년 50만 명, 96년 1백만 명 등 2년 동안 총 150만명이 굶어죽었다는 정확한 통계를 망명할 때 가지고 왔다"면서 "이는 96년 11월 북한 전역의 노동당 시군당이 도당을 거쳐 중앙당으로 매일 보고해 집계한 자료이기 때문에 정확하다"고 말했다.

그는 또 "97년에도 식량난은 계속됐기 때문에 97년까지의 사망자는 3백만 명이 훨씬 넘었을 것"이라며 법륜 스님의 아사자 추정치와 같은 수치를 제시했다.

황장엽씨는 특히 "95년에 굶어죽은 사람 중에는 당원 5만 명이 포함되어 있다"면서 "공장에서 보배라고 불리던 기술자들도 2천 명이나 굶어죽는 등 참상은 이루 말할 수 없는 정도"라고 지적했다.

한편 국가정보원은 99년 2월 공개한 인터넷 자료를 통해 북한의 식량난이 시작된 95년부터 98년까지 북한의 인구가 최소 250만 명에서 최대 3백만 명 감소했으며, 도당 평균 25만~30만명이 줄어든 것이라고 밝혔다. 이것은 북한의 인구(98년 기준)가 2천 4백만 명인 점을 감안할 때 10% 이상의 인구가 자연감소했다는 얘기다.

국정원이 입수한 북한 사회안전성 내부 문건에 따르면 98년 7월 26일로 예정된 최고인민회의 제10기 대의원선거를 앞두고 사전준비를 위해 당시 3월까지의 인구현황을 파악한 결과, 이같은 사실이 확인됐다. 북한 체제유지를 위한 대주민 사찰기관인 사회안전성은 주민동태 감시 및 출생, 사망신고 업무를 맡고 있어 인구현황 파악이 가장 빠른 곳이다.

물론 이같은 자연감소치를 단순히 아사자 수치라고는 볼 수는 없지만 95년 이후 식량배급체계가 사실상 붕괴되면서 전지역에서 아사자와 병사자, 부랑인, 탈북자가 급증하고, 기혼여성들의 출산기피 현상이 일반화한 데 따른 것으로 풀이된다.

그러나 북한의 조선중앙통신은 이를 재빠르게 부인했다.

북한의 큰물피해대책위원회 대변인은 조선중앙통신과의 회견(99. 3. 1)에서 "지난 4년간 기근으로 3백만 명의 인구가 감소했다는 보도는 남조선 정보기관에 의해 황급히 날조된 루머"라고 일축했다.

　큰물피해대책위 대변인은 "공화국 인구가 95년 2천 5백만 명에서 98년 2천 2백만 명으로 감소했다는 루머는 거짓말"이라면서 "유엔 인구활동기금의 협조로 93년 공화국 중앙통계국이 조사한 인구는 2천 121만 3천명이었고, 93년 당시 인구의 자연증가율은 1.5%였다"고 공개했다. 그러나 큰물피해대책위는 93년 인구가 95년에, 혹은 98년에 어떻게 변화했는지, 늘었는지 줄었는지에 대해서는 아무런 언급도 하지 않아 인구감소문제를 둘러싼 의구심은 여전히 남은 상태다.

　북한의 아사자 숫자는 북한 당국이 공식 발표하지 않는한 영원히 밝혀지지 않을 것이다. 그렇지만 우연이라고는 볼 수 없을 정도로 법륜 스님의 추정치와 황장엽 전노동당비서가 망명하기 전 보았다는 노동당 집계 아사자 통계치, 국정원이 입수한 북한사회안전성의 인구변화치가 비슷하게 일치한다.

　이렇게 볼 때 94년부터 98년까지 4년간 북한에서는 대략 3백만 명 안팎의 인구가 굶어죽었거나 생사 확인이 안되는 유민상태로 전락했을 가능성이 높다.

김정일 시대 북한인들의 생존법

밥이 하늘인 사회에서 밥의 유무는 의식을 결정하는 주요한 요인이 된다.

북한처럼 가난한 사회주의 국가에서는 더욱 그렇다. 김일성 주석 생존시 '가난해도 우리식대로 산다' 는 자부심 하나로 힘든 조건을 견뎌왔지만, 국가가 배급하던 '밥'이 끊길 경우 사람들의 의식은 급속히 변할 수밖에 없다. 밥을 주던 '하늘'이 무너졌기 때문에 새로운 하늘을 찾아 나설 수밖에 없게 된 것이다.

95~96년의 식량난을 거치면서 북한에 나타난 변화의 핵심은 식량 국가배급제도가 사실상 붕괴됐다는 사실이다. 북한 사회주의의 버팀목이었던 국가배급제가 무너진 것은 북한체제를 밑에서부터 변화시키는 동인으로 작용했다.

반세기간 국가의 그늘에 의지했던 주민들은 하루아침에 각자의 생존을 책임지게 됐다. 하늘이 무너진 것이다. 식량난민이 북한 전역을 오가기 시작하면서 나타난 첫째 현상은 가족의 해체, 공동체 단위였던 마을의 해체다.

96년 12월 가족 17명을 이끌고 탈북, 귀순한 최현실씨는 강원도로 시집간 큰 딸을 데리고 오지 못해 아쉬워하면서 "딸네 식구들이 식량난을

북한 주민들이 국제적십자사 요원들로부터 구호품을 배급받기 위해 줄을 서 있다.

못이겨 집을 팔고 유랑에 나섰기 때문"이라고 밝힌 바 있다.

TV의 북한 접경지 르포에 심심찮게 소개되는 꽃제비들(소년 부랑아들)의 문제도 바로 식량난으로 인해 가족이 해체되면서 나타난 현상중의 하나이다. 국가가 먹는 문제를 해결해 주지 못하자 가족이 전체 유랑의 길로 나서게 됐고, 부모가 먹는 문제를 해결하지 못하자 아동 가출이 급증하게 된 것이다.

이에 따라 엄격히 시행됐던 거주이전 제한제가 사실상 무의미해졌다. 98년 9월 북한헌법 개정에서 거주이전, 여행의 자유가 보장된 것은 국가가 적극적 의미에서 주민들의 권리를 보장해주기 위해 마련된 것이 아니라 이미 사회적으로 사문화한 법조항을 뒤늦게 고친 것에 불과하다.

식량배급제 붕괴는 평양정부와 각지방 행정관청의 괴리도 심화시키고 있다는 점에 주목할 필요가 있다.

지난 10여년간 대북지원사업을 해온 김진경 옌벤과학기술대 총장에 따르면, 북한은 95년 식량난이 시작된 후부터 각 지방행정관청이 외국의 원조단체와 직접 교섭해 식량을 지원받도록 허용해 왔다. 과거에는 평양정부가 모든 것을 승인해주고, 평양정부를 통해야 모든 것이 배급됐지만, 각지방 차원에서 자급 시스템을 갖추라는 훈령을 내린 것이다.

이에 따라 평안북도의 신의주나 선천, 함경북도의 나진 선봉시 등은 외국의 선교단체, 구호단체로부터 직접 구호물자를 지원받아왔다. 98년 9월 김진경 총장이 북한당국으로부터 간첩혐의로 조사를 받고 추방된 것은 평양정부가 모르는 상태에서 지나치게 많은 해외구호품이 각지방 행정관청으로 전달된 데에 따른 오해도 깔려 있었던 것으로 알려졌다.

이처럼 중앙배급제의 붕괴는 한편으로는 주민들의 의식변화와 장마당의 번성을 낳고 있지만, 또 한편으로는 평양정부와 각 지방행정관청간의 괴리를 낳고 있는 것이다. 중앙과 변방의 괴리가 시작됐다는 것은 체제가 그만큼 이완되기 시작했다는 것을 의미한다는 점에서 북한을 변화시키는 또하나의 요인이기도 하다.

중앙배급제가 붕괴되고, 미국 등 외국구호기관의 원조식량이 북한 각지에 들어오면서 주민들의 외국에 대한 인식이 변화하는 것도 주목할 만한 현상이다.

독일의 제2공영방송 ZDF가 96년 12월 12일 방영한 종합뉴스 프로 '호이테 주르날(Heute Journal)'에 따르면 압록강 국경지대에서 인터뷰에 응한 북한여성 이은지씨는 "과거에 외국인은 우리의 적이라고 배웠지만, 최근에는 계속해서 원조를 해주어 감사하고 있다"면서 "당신들이 없었으면 우리들은 굶어죽었을 것"이라고 말했다.

96년은 외국 국호기관의 대북원조가 시작된 해임에도 불구하고 이씨가 이렇게 발언한 것은 상당히 놀라운 일이다. 북한 주민들의 대외인식은 97, 98년을 거치면서 이은지씨보다 더 큰 변화를 겪었을 것으로 추정된다.

배급제가 붕괴되고 주민들의 이동이 늘어나면서 생겨나고 있는 것이 장마당이다. 농민시장으로도 불리는 북한의 장마당은 식량부족과 경제난으로 인해 생활필수품 부족 현상이 가속화하면서 급속히 늘어났다. 또 식량배급제가 붕괴하면서 장마당은 일반 주민들이 식량을 조달하는 시장 기능까지 떠맡게 됐다.

북한 당국은 94년 김일성 주석이 사망하기 전까지만 해도 장마당을 철저하게 단속했다. 식량은 물론 비누, 옷가지 등 생필품들이 중국 옌벤 지역 등지로부터 반입돼 장마당의 암거래에 의해 유통되자 북한당국은 이런 현상이 사회주의 체제를 붕괴시키는 암세포가 될 수 있다고 판단, 철저하게 단속해 왔다. 92년 '비사회주의 검열 그룹'을 편성해 암행조사를 한 것이나, 93년 암거래 행위 단속을 위한 '비사회주의 포고령'을 내린 것이 대표적 사례다.

그러나 95년부터 식량난이 본격화하자 농민시장은 사실상 자유화됐다. 주민들이 부족한 식량과 생필품을 구할 수 있는 탈출구가 허용된 셈이다. 이에 따라 평양과 경제특구 나진 선봉지대를 비롯해 전국 각시도에는 크고 작은 350여개의 자유시장이 번성하고 있는 것으로 알려졌다.

자유시장 실태는 98년 말 'KBS 일요스페셜'에서 방영된 '지금, 북한에 무슨 일이 벌어지나'에 잘 드러나 있다. 일본에 소재한 대북지원을 위한 비정부기구인 '북한민중구조 긴급행동 네트워크(RENK)'가 한 탈북자를 북한 전지역의 자유시장에 잠입시켜 그곳의 행태를 비디오에 담은 것을 KBS가 편집, 방영한 것이다.

배고픔을 달래기 위해 부스러기 음식물을 주워먹는 소년소녀들, 국수를 사먹는 소년 병사들, 떡과 국수를 팔기 위해 호객행위를 하는 상인들, 짐수레 위에서 손님을 기다리는 수레꾼들. 그간 보기 힘들었던 충격적 영상이 여과없이 소개됐다.

특히 정보당국이 작성한 평양 칠곡시장 리포트에 따르면, 이 시장은 평양 최대의 자유시장으로 하루 이용객이 평균 1만 명에 이른다. 이 시장의 상품 종류는 과자, 떡, 국수, 채소, 곡물, 수산품에서 공업제품, 전자제품에 이르기까지 없는 것이 없으나 상품의 수량은 매우 제한적이다. 상품 가격은 국영상점에 비해 비싸고, 그 질은 매우 낮다고 기록되어 있다. 시장에는 물건을 늘어놓고 파는 좌판도 있지만, 자리를 마련하지 못해 거리를 오가며 파는 행상도 있고, 시장관리요원 외에 치안요원들도 곳곳에 배치되어 있다.

부녀자들은 대개 집에서 만들어온 각종 과자와 떡, 국수, 강냉이와 중국제 비스켓을 팔며, 중장년 남성들은 담배나 수산품, 문방용구를 판다. 중국 개방 초기에서처럼 지식층들도 상인으로 나서서 물건을 팔고 있다고 한다.

일반적으로 모든 물건은 북한 원화로 거래되지만, 중국돈도 1원당 북한돈 4원꼴로 거래되고 있다. 물론 외환 암거래시에는 중국돈 1원당 북한돈 18원에 교환되고 있다는 기록도 있다.

그러나 일반적으로 상인층의 표정은 밝지 않아 정부가 아직도 자유시장을 사회주의의 부정적 측면으로 보고 있음을 반증해 준다고 이 보고서는 지적했다.

북한 당국은 현재 자유시장을 방임하고 있으나 자유시장의 번성은 필연적으로 북한 주민들의 의식을 변화시키는 작용을 할 것으로 보인다. 주민들간의 빈부 격차가 커짐에 따라 계층분화도 빠르게 이뤄질 것이다.

북한은 '모두가 못사는 사회'에서 소수의 잘사는 사람이 나타남에 따라 다수의 절망과 좌절이 커지는 그런 사회로 점차 옮아가고 있다. 금강산 입구에는 〈가는 길 어려워도 웃으며 가자〉라는 플래카드가 내걸렸지만, 이같은 구호가 이미 좌절에 빠진 주민들을 다시 연대시키는 기능을 하지는 못할 것이다.

북한사회를 지탱해줬던 김일성에 대한 일관된 충성심, 주체사상에 대한 믿음도 빈부격차의 심화현상이 두드러지면서 급격하게 변질돼 결국 믿을 것은 당도 아니고 수령도 아니고 자신이라는 자명한 논리를 깨닫게 하는 계기로 작용할 것으로 보인다.

케네스 퀴노네스가 본 북한, 북한인

아시아재단 한국지부 대표로
활동하는 케네스 퀴노네스 전 미국
국무부 북한담당관.

서울 종로구 화동 선재 아트센터 근처에 위치한 아담한 2층 양옥집 문앞에는 '아시아재단 한국지부'라는 문패가 붙어 있다. 이곳에 가면 미국의 아시아재단 한국지부 대표로 있는 케네스 퀴노네스 박사(55)를 만날 수 있다.

유창하게 한국말을 하는 그는 미국에서 손꼽히는 지북파 인사다. 94년 초 미국이 한국전 당시 북한에서 숨진 미군 유해 발굴을 위한 협상을 진행할 때 미국측 대표로 활동하면서 김일성 주석 사망 직전인 93년부터 김정일체제가 출범한 98년까지 북한을 총 13번 오간 사람이다.

하바드대 역사학 박사인 그는 국무부에 몸을 담기 전에 코네티컷주의 트리니트 대학(1977~80)에서 동아시아 역사 전공 조교수로 활동했으며, 전두환 정권 말기 부산의 미국 영사관에 근무(1985~87)하며 한국의 반미 정서를 몸소 체험했고, 광화문 네거리에 위치한 주한미국대사관의 정무담당관도 지낸 인사다. 그런 덕분인지 국내 학계, 언론계의 친구들도 많다.

그가 미국무부 북한담당관이 되어 북한과 인연을 맺게 된 것은

92년. 북핵문제가 워싱턴 정가와 서울을 서서히 달구기 시작한 때 부터 그는 남북한을 동시에 오가며 한반도 문제를 다뤄왔다.

그가 국무부에 몸담고 있던 92년부터 97년까지는 북핵 위기가 북미간의 핵심의제로 등장해서 해소될 때까지의 시기다. 또한 북한 은 김일성시대에서 김정일시대로 옮아가는 전환기였다. 그런 점에 서 그는 한반도가 핵위기에 빠져 들었던 시기의 북미, 한미간의 비 화를 가장 많이 아는 사람 중의 한 명이다. 나아가 김정일시대로 옮아가며 북한사회 내부에 어떤 변화가 나타나고 있는지를 가장 가까이서 볼 수 있는 행운을 안은 사람이기도 하다.

그는 필자와의 인터뷰(「문화일보」, 98. 12. 16)에서 "주체사상을 믿는 북한 사람들이 당장 중국식 개혁을 받아들일 것이라고 보기 는 힘들지만 변화는 이미 농업분야, 경제분야에서 엄청나게 일어나 고 있다"면서 단적인 예로 금강산 관광을 들었다. 북측이 겉으로는 으르렁거리고 있어도 이미 총 대신 말로 문제를 해결하려는 노력 을 보이기 시작했다는 게 그의 판단이다.

실제 그는 북한의 변화상에 대해 많은 것을 알고 있다. 단지 구체 적인 얘기를 꺼리고 있을 뿐이다. 북한담당관을 끝으로 97년 국무부 를 떠난 그는 아시아재단 한국대표로 서울에서 활동하며 우리 사회 의 경제 문제나 민주주의 문제, 그리고 북한의 개혁 개방 문제에 대 한 지식인들의 의견을 수렴하는 작업을 주로 한다. 비록 자유로이 오갈 수는 없지만 북한도 엄연한 그의 업무영역이라고 주장한다.

퀴노네스는 김일성 주석 사후 북한이 변화의 길로 들어섰다고 본다. 95년 사상 유례없는 대홍수를 겪으며 북한 주민들의 먹고 사 는 문제가 어렵게 되면서 시작된 북한의 변화는 날로 가속화하고 있다는 것이다.

물론 이러한 변화는 식량난이라는 최악의 현실 속에서 기층에서 부터 시작된 것일뿐 노동당과 인민군을 주축으로 한 김정일 국방위원장의 권력은 아직 철옹성을 유지하고 있다는 점에서 한계가 있는 게 사실이다. 다만 북한이 거스를 수 없는 변화의 대세 속에 접어 들었다는 점만은 확실하다는 게 그의 진단이다.

퀴노네스의 첫 방북은 94년 김일성 주석 사망전 영변 핵시설을 살펴보기 위해 이뤄졌다. 당시 퀴노네스는 일행과 함께 김주석과 만나기도 했고 악수도 나눴다고 한다. 그의 본격적인 북한 접근은 96년부터 이뤄졌다. 당시 북미 양측은 워싱턴과 하와이를 오가며 미군유해 송환협상을 하고 있었다.

퀴노네스는 96년 미군유해 발굴 협상을 위해 북한에 발을 들여 놓았을 때의 체험을 「시사저널」(98. 1. 29일자)에 처음으로 공개했다. 당시 퀴노네스는 북한에서의 하루하루를 꼼꼼하게 일기로 기록했는데, 여기에는 미국인의 눈에 비친 북한, 북한인의 모습이 생생하게 기록되어 있다.

퀴노네스는 일기에서 96년 7월 3일 자신이 미군 현역 소령들과 함께 평양에 입성했을 때와 떠날 때의 소회를 이렇게 적고 있다.

미군이 조선민주주의인민공화국에 들어갔다. 그리고 조선인민군과 함께 (미군유해 발굴) 공동작업을 했다. 놀라운 일이 아닌가.……우리는 북한군과 평화롭게 일하면서 신뢰를 쌓았다. 두 나라 군대는 천천히 같이 일하는 법을 배웠다. 전쟁 때문에 생긴 오해와 40여년간의 원한은 점차 사라지고 있다.

당시 북한 장교들은 퀴노네스가 포함된 미국대표단을 맞으며 "조선과 미국은 아직 전쟁상태에 있으며, 당신들은 적군들의 대표들이다"고 말했다. 그러나 퀴노네스는 북한 장교들과 북한 주민들의 도움으로 유해 발굴에 성공할 수 있었다고 기록했다.

인류학, 의학, 군수, 기계, 전기 전문가들로 구성된 미군 8명은 당시 평북 운산군 일대에서 북한군들과 공동작업을 통해 유해를 발굴할 수 있었다. 우리는 50년 운산에서 벌어진 북한군과의 전투에서 당시 미군들이 작성했던 지도까지 준비하고 미군이 섬멸됐던 지점을 파악, 발굴작업에 임했다.

그러나 유골발굴에 결정적인 역할을 한 것은 운산군 주민들이었다. 북한군 장교가 그곳 주민들에게 미군 병사가 묻힌 곳을 물어보고 7월 19일 그들이 가리킨 지점을 파보니 미군복을 입은 유골이 나왔다. 이 유골은 7월 29일 판문점을 통해 송환됐고, 하와이 미육군감식연구소의 기록을 통해 신원이 확인돼 유가족들에게 46년만에 통보됐다.

퀴노네스는 다시 5개월 후인 97년 7월 11일 미국측 선발대를 이끌고 방북한 뒤 평양 고려호텔에서 접한 충격을 다음과 같이 기록했다.

어느 날 우리는 매우 놀라운 사실을 발견했다. 미군 무선 전문가가 고려호텔 44층 꼭대기에 안테나를 설치하는 것을 북한군이 허용한 것이다. 그 안테나는 평양에서 2백 km 이상 떨어진 운산에서 작업하는 미군 병사들과 교신하기 위한 것이었다. 북한군과 외교부가 이것을 허락한 것은 미국을 대단히 신뢰한다는 사실을 증명하는 것이기도 하다. 북한은 한국땅에 주둔한 미군부대들이 서로 교신할 때 라디오를 사용해 왔다는 사실을 알고 있었다.

퀴노네스는 97년 7월과 9월, 10월 세번에 걸쳐 진행된 미군유해 발굴을 위한 북미 공동조사가 모두 성공적으로 진행됐다고 회상하면서 이 해 모두 7구의 유해가 미국에 인도됐다고 적었다. 미국측은 북한에 들어갈 때마다 매회 10만 4천 달러를 지불했다고도 기록했다.

퀴노네스는 97년 7월 방북 당시 미군유해 송환 코스를 사전에 답사하기 위해 미군장교와 판문점을 방문, 또한번 놀라운 일을 경험했

다. 미군과 북한군이 매주 금요일 판문점 중립국 감독위 회의실에서
피자를 안주로 한 맥주 파티를 하며 '장외' 대화를 나누고 있다는 사
실이었다. 이것은 퀴노네스가 98년 12월 12일자 「인터내셔널 헤럴드
트리뷴」지와 인터뷰하며 처음 공개한 사실이기도 하다.

당시 우리 사회에서는 김훈 중위 판문점 의문사 사건 때문에 떠
들썩했기 때문에 우리를 지켜주기 위해 존재하는 유엔사의 미군이
북한군들과 정기적으로 맥주 파티를 했다는 사실이 충격적으로 받
아들여지기도 했다.

퀴노네스는 97년 8월 방북 미군장교 4명과 함께 북한의 '조선해
방전쟁기념관'에 보전되어 있는 미군기 격추 잔해 및 미공군 조종
사들의 유품을 접할 수 있어 색다른 감회를 느꼈다고 기록했다.

그는 미군 유해 발굴 작업을 마지막으로 97년 말 국무부에서
퇴직, 일반 시민이 됐지만, 남북한에 대한 관심과 사랑은 여전하
다. 국무부 퇴직후 미국평화연구소 초빙학자로 활동하면서 한국
을 여러 차례 방문하며 각종 세미나에 참석해 왔으며, 98년부터는
아예 아시아재단 한국지부 대표 자격으로 서울에 상주하고 있다.

또 한 달이 멀다하고 베이징을 방문, 그곳에 나와있는 북한 관리
들과 접촉하고 있으며, 그들이 원하는 게 무엇인지, 북한의 변화가
어떤 방향으로 이뤄질 지에 대해 끊임없이 자료를 수집하고 관계
자들을 만나고 있다.

그는 '자유지성 3백인회' 주최 조찬 강연(99. 2. 22)에서 "김대중
정부의 대북정책은 북한을 지속적으로 변화시키기 위한 가장 합리
적이고 현실적인 방법"이라고 평하면서 김영삼 정부 때의 대북정책
을 다음과 같이 비판했다.

당시 한국정부는 북한의 붕괴를 전제로 한 정책을 펴서 한미간에
마찰이 많았다. 북한을 약화시킨 게 아니라 나쁜 결과만을 가져왔

다. 그 정책은 결과적으로 북한에 대한 중국 군부의 지원정책을 강화시켰으며, 평양의 군부를 더욱 강하게 만들었다.

퀴노네스가 햇볕정책을 현시점에서 가장 현실적인 정책이라고 주장하는 것은 그가 김대중 대통령 지지자이기 때문은 아니다. 오히려 그런 정책 대신 다른 정책, 예컨대 전쟁이나 북한고립정책을 취할 경우 한국민이 안게 될 부담과 고통이 그만큼 크기 때문이라는 판단 때문이다.

퀴노네스는 '한국기독교 언론인 모임' 주최 조찬 강연(99. 4. 29)에서도 "대북 햇볕정책은 단순히 북한에 일방적으로 베푸는 정책이 아니라 한국에도 많은 도움이 되는 정책"이라고 평가했다. 구체적인 예로 햇볕정책은 한국의 대외 신인도를 높이는 결과를 가져왔을 뿐만 아니라 국제사회에서 한국의 위상을 높이는 결과를 낳았다고 밝혔다.

이렇듯 퀴노네스는 현재의 북한 변화뿐 아니라 남한과 북한을 국외자의 입장에서 냉정하게 바라보고, 무엇이 현단계 한반도에 필요한 정책인가를 냉정하게 말할 수 있는 몇 안되는 미국인 중의 하나다.

북한식 개혁 · 개방 모델을 찾아서

북한이 견지하는 개혁 개방 모델은 모기장식 개방이다. 북한의 심장부인 평양으로부터 멀리 떨어진 한촌(閑村)인 나진 선봉지역을 경제특구로 지정, 개발해 경제적인 이득은 얻으면서도 그 개방의 파장이 멀리 퍼져나가지 못하게 하겠다는 구상이다.

그 때문에 북한은 천혜의 입지조건을 지닌 남포항이나 원산항을 개방하지 않고 함경북도의 한가로운 어항을 외국자본으로 개방, 외화를 벌어들이겠다는 계획을 세운 것이다.

나진 선봉자유경제무역지대는 나진항과 인근지역 선봉을 합쳐 만들어졌는데, 선봉의 원래 지명은 웅기였다. '선봉'이라고 이름붙인 것은 북한의 산업화를 선두에서 이끌라는 뜻에서 개명한 것이라는 게 정부 당국자들의 설명이다.

북한 대외경제협력추진위원회에 따르면, 북한은 1993년부터 2010년까지 3단계로 나누어 나진선봉지역 개발 계획을 세웠다. 1단계(1993~95)에서는 이 지역을 국제화물 중계기지로 육성하기 위한 인프라 시설을 정비하고, 2단계(1996~2000)에서는 수출주도형 제조업에 외국인 투자를 본격 유치하고, 제3단계(2001~10)에서는 중계무역, 수출가공, 금융을 종합적으로 수행하는 국제교류의 거점으로 육성하겠다는 안이다.

이렇게 해서 시작된 나진 선봉 개발은 시작한 지 6년이 지났지만 외국자본 유치는 거의 이뤄지지 못하고 있으며, 그나마 들어온 외국 기업들도 하나 둘 빠져나가고 있다. 사회간접자본이 마련되어 있지 않기 때문에 불편하다는 게 한결같은 지적이다. 나진 선봉 특구가 외국기업들로부터 외면당하자 개발을 전담해온 대외경제협력추진위원회의 김정우 위원장을 비롯한 경제인사들이 대거 실각했다.

98년 9월 김정일 체제가 출범하면서 가장 먼저 경질된 사람들이 바로 나진 선봉지대를 담당했던 대외경제협력추진위원회 담당자들이다. 김정우는 생사가 불확실한 상태다. 국가정보원 관계자들에 따르면 김정우는 총살된 것으로 보이나, 북한을 다녀온 기업인들은 그가 중풍에 걸려 요양소에 있다는 얘기도 한다.

어느 것이 확실한 지 모르지만 최소한 그가 나진 선봉지역 개발 부진을 이유로 현직에서는 물러났고, 정치적으로 아무런 영향력을 발휘하지 못하는 상태에 있다는 사실이다.

「인터내셔널 해럴드 트리뷴」(98. 9. 15)에 따르면 김정일 국방위원

경협 활성화에 대비해 새로 만든
평양―개성 고속도로.

장 취임을 전후해 나진 선봉 외곽지대에 설치됐던 '자유무역지대' 라는 커다란 간판에서 '자유' 라는 낱말이 지워지고, 이 지역 곳곳에 세워졌던 광고 간판도 자취를 감췄다. 한 소식통에 따르면 98년 9월 국방위원장에 추대된 후 김정일은 이 지역을 방문, '조선노동당' 이라는 간판보다 이 지역에 진출한 기업의 광고판이 더 크게 만들어진 것을 보고 철거하도록 지시했다는 설도 있다.

북한이 중국의 자유무역지대인 선천을 기본 모델로 삼아 나진 선봉을 개발하겠다고 마음먹은 것은 중국식 개혁 개방을 제한된 상태에서 실험해 보겠다는 의지로 풀이할 수 있다. 중국 공산당이 선천 개발을 시작하면서 박정희 시대의 대표적 경제특구인 마산수출자유지역을 모델로 삼은 것이라는 것은 잘 알려진 사실이다. 항일무장투쟁을 벌였던 김일성 주석이 말기에 구상한 나진 선봉 개발 모델의 원조가 일본군 출신 박정희 대통령이 만든 마산수출자유지역이라는 것은 역사의 아이러니일까.

야심적으로 시작된 북한의 나진 선봉지역 개발구상은 북한 관리들의 관료주의와 정책의지 결여로 실패로 귀결되는 듯하다. 그러나 김정일 체제가 출범하면서 경제분야에도 변화의 바람은 불고 있다.

비록 북한은 "남조선 당국자들이 북한을 개방으로 유도해야 한다고 떠들고 있는 것은 우리가 개편정책과 부르조아 다당제, 시장경제를 받아들이게 함으로써 사회주의 제도를 허물고 자본주의로 복귀시키려는 망상"(평양방송 논평, 98. 10. 3)이라고 공격하고 있지만, 변화의 필요성은 인식하고 있다.

평양방송이 논평에서 "우리 공화국은 언제 한번 문을 닫아맨 적이 없으며, 지금도 문을 열어 놓고 있다"고 밝힌 것이나 "우리는 개방을 해도 남의 것을 통째로 삼키는 개방이 아니라 우리식대로 제일 훌륭한 개방을 하고 있으며, 앞으로도 해나갈 것"이라고 주장한 것을 볼 때 북한도 북한 나름의 개혁은 계속 모색하고 있는 상태라고 볼 수 있다.

그러나 북한이 중국식 개방모델을 따를지는 미지수다. 중국식에 가깝게 체제의 틀을 바꾸더라도 북한은 그것을 중국식으로 이름붙이지 않고 '주체식' 내지는 '우리식' 정책 정도로 규정할 가능성이 높다. 현재 북한은 개혁 개방이라는 표현은 부정적으로 사용하면서도 '경제의 현대화'라는 개념 속에 개혁 개방의 의미를 담아내고 있다.

북한이 그간 중국의 개혁 개방 모델에 대해 연구를 많이 해온 것은 사실이다. 실상 79년 덩사오핑에 의해 시작된 중국의 개혁 개방에 대해 북한의 지도자들은 일찍부터 관심을 가져왔다. 북한의 노동당과 인민군, 내각 관리들은 일찍이 혈맹국인 중국과 밀접한 교류를 해왔기 때문에 중국의 변화상을 상당히 빠르게 이해하는 편이다.

김정일 국방위원장은 83년 6월 중국을 비공식 방문, 중국 최고지도자 덩사오핑으로부터 개혁 개방을 권유받은 바 있다. 그러나 김정일은 당시 중국 지도부의 그런 충고를 못마땅히 생각하고 귀국, '우리식 사회주의' 건설노선을 강도높게 추진한 것으로 알려졌다. 그후 김정일 국방위원장은 다시 중국을 찾지 않았다.

그러나 이제는 상황이 다르다. 당시에는 김일성 주석도 살아 있었고, 소련·동유럽 사회주의도 건재한 상황이어서 개혁 개방은 그저 단순한 선택의 문제였을 수 있으나 이제는 생존의 문제다. 김일성 주석도 사망했고, 소련·동유럽의 형제 국가들도 이제는 존재하지 않는다. 경제는 90년대 들어 한번도 호전된 적이 연속 마이너스 성장상태. 생존을 위해서는 구체제를 고쳐야만 하는 임계상태에 처하게 된 것이다.

그런 이유에서인지 북한은 중국식 개혁 개방에 대해 알레르기적 반응을 보이면서도 '현대화' '국제화'라는 용어로 변화를 추구하고 있는 징후를 볼 수 있다.

재일 조총련 기관지 「조선신보」(99. 3. 9)는 김정일 국방위원장이

98년 9월 헌법 개정을 통해 북한의 명실상부한 지도자가 된 지 한 달만에 자강도 공장을 시찰하면서 "모든 나라들이 자본주의 무역을 하고 있는 조건에 맞게 기업소 경영관리는 사회주의 원칙에 기초해서 하고, 무역은 자본주의 나라들과 상대해야 한다"고 말한 것을 주목했다. 이같은 언급은 김정일 위원장의 현실인식 자세를 단적으로 드러내는 것이라는 해석이다.

이 신문에 따르면 김일성종합대학에서는 95년부터 '자본주의 경제 특강'을 실시하고 있으며, 98년 9월 문을 연 나진 선봉지역의 나진기업학교에서는 자본주의 경제운용에 필요한 자본이론, 무역영어, 재정금융, 세관업무, 국제경제이론 등을 교육하고 있다.

나진기업학교에 대한 북한의 기대는 자못 큰 것으로 보인다. 북한의 관영통신인 조선중앙통신은 98년 9월 30일 "현대적인 물질기술적 토대를 갖춘 학교가 설립됨으로써 나진 선봉지대 안에 필요한 전문가들을 더 잘 양성해낼 수 있게 됐다"고 평했다. 유엔 개발계획(UNDP) 지원으로 나진 선봉 자유경제 무역지대에 설립된 이 학교는 이 지역에 진출하는 외국기업 업무를 담당할 경제 간부 양성기관이 될 것이다.

북한의 자본주의 배우기 움직임과 관련, 임동원 청와대 외교안보수석은 경실련 통일협회 강연(99. 2. 10)에서 "98년 북한의 국장, 과장급 중견간부 120명이 경제학과 경영학, 국제법을 배우기 위해 해외연수를 나갔다는 게 확인됐다"면서 "이것은 97년 10여 명이 국외 파견된 수준에 비해 월등히 늘어난 것으로 중국 등에서 시장경제를 공부하는 사람 수는 앞으로도 더 증가할 것"이라고 밝힌 바 있다.

임동원 수석의 이같은 언급은 UNDP가 북한정부와 협동해 진행하는 해외연수 프로그램을 말하는 것인데, 연수지는 호주, 싱가포르, 태국, 헝가리 등인 것으로 알려졌다. 특히 북한 연수생들은 구사회주의권 경제가 시장경제로 전환하는 과정에 대한 연구를 집중적으로 하고 있는 것으로 알려져 관심을 끈다.

세계은행(IBRD) 제임스 울펜슨 총재도 99년 2월 26일 서울에서 개최된 김대중 대통령 취임 1주년 기념 '민주주의와 시장경제 국제회의'에 참석, "세계은행과 유엔개발계획이 북한 당국과 손잡고 상하이에서 북한 관리를 대상으로 한 시장경제 특별 프로그램을 교육하고 있다"고 공개하면서, "구체적인 프로그램은 상하이 재정경제대학에서 진행되는 기본교육과 해외에서의 현장학습, 국제경제를 모니터링할 수 있는 경제연구소 창립 등 3단계로 나눠져 진행되고 있다"고 말했다.

세계은행은 이와 함께 「변화 직전의 북한」이라는 연구보고서를 통해 북한이 시장 중심의 경제정책, 외부지향의 경제정책으로 전환하려는 조짐이 있다고 분석했다. 그 근거로 농민시장 등 제2경제의 번성, 시장경제 요소를 대폭 도입한 98년 9월의 헌법개정, UNDP의 다자간 회의에 적극 참석, 국제통화기금(IMF)과 세계은행과의 정보교환 개시 등을 꼽았다.

북한이 98년 9월 김진경 옌벤과학기술대 총장을 간첩혐의를 씌워 추방하면서도 그가 중심이 되어 추진해왔던 나진과학기술대 작업은 계속해 달라고 부탁한 것도 이같은 맥락에서 볼 수 있다. 시장경제 시스템을 운용할 연구자들을 키우기 위한 학교가 필요하기 때문이다.

나진과기대는 98년 6월 통일부로부터 남북협력사업 승인을 받은 뒤 현재 함경북도 나진시 동명동에 33만평 규모로 기초공사가 진행 중이다. 99년 4월 본공사에 착수해 2001년 4월부터 개교할 예정이다. 북한 지도층은 김진경 총장에 대해서는 의심을 하면서도 나진과기대에 대해서는 지속적으로 관심을 표명하는 것은 바로 이곳이 북한이 필요로 하는 '신지식인'을 키우는 곳이 될 것이라는 기대 때문이다.

이렇듯 북한의 총론은 개방쪽으로 정해졌다고 볼 수 있다. 하지만 때때로 개방에 역행하는 돌출적 움직임이 표출되는 것은 개방이 체제이완에 미칠 것에 대한 북한 핵심층의 두려움 때문인 것으로 풀이된다. 이것은 또 개방에는 정치적 개혁이 따라야 하는데, 북한이 정치개혁없이 모기장식 개방만을 추구하기 때문에 발생하는 문제이기도 하다.

북한 개혁 개방의 이율배반성은 나진 선봉과 같은 자유무역지대를 만들면서도 다른 한편에서는 자유화 바람을 차단하기 위한 사회주의 사상 무장강화를 주장하는 데서도 찾을 수 있다. 이런 이유로 북한의 개혁 개방은 모델화할 수 있는 정도로까지 진전되지도 않고 북한의 개혁개방에 대한 회의론이 확산되고 있다. 그러나 북한은 제한적으로나마 지속적인 경제개방 작업을 추진할 것이라는 게 전문가들의 분석이다.

헌법 개정, 시장경제의 전주곡

북한이 김정일시대로 접어들면서 국제 환경에 부응하고 국내 경제를 활성화하기 위한 변화 움직임을 보이고 있다.

북한은 98년 9월 최고인민회의 10기 1차회의에서 사회주의 헌법을 개정, 변화된 국제환경에 부응하기 위한 조항과 나진 선봉지역 등 자유무역지대 활성화를 위한 조항들을 대폭 삽입했다. 겉으로는 개혁 개방을 표방하지 않으면서도 경제의 '자주적 발전' 개념을 사실상 폐기, 폐쇄적인 민족경제 틀에서 벗어나 실리주의적 경제정책을 표방할 것임을 분명히 드러냈다.

물론 북한이 법대로 움직여지는 사회가 아니라는 점에서 헌법 개정에 지나치게 큰 의미를 부여하는 것은 옳지 못하다. 하지만 이번 헌법 개정은 당초 우리 정부가 예상했던 것보다 폭이 넓다는 점에서 상징하는 바가 크다.

정부는 김정일 국방위원장이 자신의 체제를 출범하면서 헌법 개정까지는 하지 않을 것으로 예상해 왔다. 만의 하나 헌법을 개정할 경우 국가주석 등 지배체제를 변화시키기 위한 고육책으로 최소한의 범위에서 할 것으로 보았다.

그러나 막상 북한이 발표한 헌법 내용은 79년 덩샤오핑에 의해 시작된 중국 개혁 개방을 연상시킬 정도로 전향적인 내용을 담고 있어 헌법 개정이 덩샤오핑식 중국 개혁개방정책을 염두에 둔 포석일 가능성이 높다는 해석도 조심스럽게 나오고 있다.

북한은 이번 개정된 헌법을 김일성 헌법이라고 이름붙였다. 과거 헌법 명칭은 사회주의 헌법이었으나 사회주의를 떼어내는 대신 김일성을 붙인 것이다. 사회주의 헌법 명칭은 72년 12월 인민공화국헌법을 개정하면서 붙인 이름인데, 이번에 헌법 개정을 하면서 이름까지 바꾼 것은 엄청난 변화다. 북한은 특히 개정헌법에 서문을 새로 만들어 "김일성 동지는 사회주의 조선의 시조이며, 공화국의 영원한 주석"이라고 규정, 주석제를 폐지할 것임을 공식화했다.

북한은 국가주석을 폐지하는 대신 국방위원회의 지위와 권한을 대폭 강화, 실질적으로 북한을 통치하는 최고기구로 만들었다. 물론 김정일 국방위원장겸 노동당 총비서는 최고인민회의 10기 1차회의에서 국방위원장에 만장일치로 재추대됐다.

최고인민회의의 상설회의를 상임위원회로 개편, 종전의 국가주석이 맡던 기능을 상임위원장에게 위임시켰다. 이에 따라 대외적으로 국가를 대표하는 직책은 주석에서 최고인민회의 상임위원장으로 변화됐다. 또한 종전의 행정집행기관인 정무원은 내각으로 개편됐고, 각부는 성(省)으로 명칭이 변경됐다.

이같은 권력구조 개편은 김정일 국방위원장이 김일성 주석의 후광 아래 북한을 안정적으로 통치하기 위해 마련된 것이라는 해석이 지배적이다. 따라서 이번 헌법 개정의 핵심은 이같은 권력구조 개편에 있다기보다 개인 및 국가에 대한 새로운 개념 규정, 경제 및 소유문제에 대한 새로운 법제화에 있다고 봐야할 것같다.

우선 모든 것에 우선하던 국가가 전면에서 후퇴하고, 개인이나 사회단체, 협동단체가 초보적이나마 주체로 등장하고 있다는 점이다.

구헌법은 개인의 소유를 '소비재 소유'로 제한한 데 이어 소유의

원천은 노동에 대한 사회주의적 분배를 통해 얻어진다고 규정했었다. 반면 신헌법에서는 개인의 부업에서 나오는 생산물과 합법적인 경제활동을 통해 얻은 수입도 모두 개인 소유에 속한다고 규정했다.

근로자 개념을 '공민'으로 확대한 것도 상당한 변화다. 그간 북한에서는 프롤레타리아 혁명이론에 근거해 근로자를 우대하고 사무원, 지식인을 차별대우했으나 이제는 공민이라는 개념을 통해 국가 성원 전체를 국가의 주인으로 보기 시작했다.

특히 "공민은 거주 여행의 자유를 가진다"(75조)는 조항이 신설된 것은 주목할 만한 일이다. 이것은 그간 유엔 등 국제사회에서 지속적으로 요구해온 '거주 이전의 자유 보장'을 부분적으로나마 수용한 것으로 풀이할 수 있다. 이같은 조치는 동시에 식량난으로 인한 주민들의 이동이 현실적으로 막을 수 없는 상황까지 다달은 것을 추인하는 조치이기도 하다.

기존 헌법에서 국가는 모든 자연자원과 중요 공장, 항만, 은행, 교통·운수, 체신기관을 독점한다고 규정했다. 그러나 신헌법에서는 교통·운수 부문이 철도·항공운수로만 한정됐다. 도로 운수와 해상 운수는 국가독점 대상에서 배제된 것이다. 경제난으로 인해 부실화를 면치 못하고 있는 육상운송이나 해상운송 운영권이 외국기업에 넘겨질 가능성도 열리게 된 것이다.

국가가 독점했던 대외무역 활동도 사회단체, 협동단체로까지 확대, 회사 및 상사들이 공식적으로 대외무역 활동에 종사할 수 있는 길이 열리게 됐다.

이와 함께 구헌법은 트랙터 등 농기구를 국가만이 소유할 수 있다고 규정했으나 개정 헌법에는 이것이 사회협동단체로까지 확대했다.

북한경제의 사상적 지주이던 '자주적 민족경제' 개념이 '조국의 융성 번영을 위한 경제'로 바뀐 것도 예사롭지 않은 변화다.

북한의 이같은 변화 움직임은 헌법 33조에서 "경제관리에서 독립

채산제를 실시하고 원가, 가격수익성 등을 고려한다"는 조문이 추가된 데에서도 잘 드러난다. 종래에는 허용되지 않았던 공장, 기업소의 의사결정권이 기업 자체에 맡겨짐에 따라 개별공장, 기업소의 자율성이 크게 높아질 것으로 보인다.

농업정책 변화와 관련, 종래의 '농업의 공업화' 개념(28조)에 '농업의 현대화' 개념을 추가, 생산성이 떨어지는 농업을 개편하려는 의지를 드러냈다.

또 합영 합작사업 분야에서는 나진 선봉지역 등 특수경제지대에서의 기업 창설을 장려한다는 조문을 헌법 3조에 추가함으로써 남포, 원산 보세가공 무역지대 및 신의주, 단천, 금강산 지역 등이 경제특구로 지정될 가능성도 높아졌다.

그렇다면 북한은 왜 김정일 체제를 출범시키는 시점에서 대대적으로 헌법을 개정한 것일까.

임동원 외교안보수석은 청와대 출입기자들에게 북한의 헌법개정 의미를 다음과 같이 설명했다.(98. II. 2)

북한은 그간 경제난에 빠져 있으면서 자체내 실용주의적 개방노선 세력과 체제 붕괴를 우려한 강경세력간의 이른바 보혁 갈등의 딜레마에 놓여 있었다.

그런 북한이 조금씩 조금씩 개방 쪽으로 발길을 내딛어오다가 지난 9월 헌법개정을 통해 북한식 사회주의 시장경제 요소 도입을 법제화한 것이다.

또 여기서 한발 더 나아가 지난 10월 김정일 국방위원장이 드디어 정주영 현대 명예회장을 직접 만나 대남 경협에 청신호를 누른 것이다. 북한 개혁 개방의 선두에 현대가 서 있다. 외환사정 등 경제난이 심각해 북한 김정일 위원장으로서도 도리가 없었을 것이다. 잘되면 북한의 개혁 개방이 촉진될 것이다.

임동원 수석은 북한의 헌법개정을 북한식 사회주의 시장경제 요소 도입을 위한 것이라고 보았다. 주석제 폐지 등 권력구조 개편을 위해 단행한 것이 외형상의 이유라면 진짜 이유는 시장경제 요소를 적극 도입하기 위한 데 있다는 해석이다.

북한의 헌법 개정은 92년 4월 9일 이후 6년만이다. 1948년 인민공화국 헌법이 처음 제정된 이래 72년 12월 사회주의 헌법을 새로이 채택했고, 이 사회주의 헌법은 92년 4월 개정됐다. 변화된 현실을 반영하고 추수(追隨)하는 것이 법이라고 볼 때 지난 6년의 세월은 과거 20년의 변화에 못지 않게 북한에게 엄청난 새 바람이 몰아닥친 시기였다는 해석도 가능하다.

92년 헌법 개정이 김일성 체제 말기 김정일 국방위원장으로 권력이 이전되는 시기의 변화상을 법제화하기 위한 것이라면, 98년 헌법 개정은 94년 7월 김일성 주석이 사망하면서 가시화한 북한사회의 변화를 담아내고 경제분야에서 새로운 모색을 하기 위한 법적 조치라고 볼 수 있다.

북한은 이와 함께 헌법 개정을 전후로 해서, 대외경제계약법(95. 2), 무역법(98. 2), 농업법(99. 1) 등을 새로 제정해 대내적으로 농업 생산성을 높일 수 있는 법적 장치를 마련하는 한편 대외무역을 촉진시킬 수 있는 제도적 장치도 마련해 왔다.

이처럼 농업 및 무역, 경제에 관한 관행 및 규칙 등을 새롭게 정리하고 법제화하는 작업은 현지지도 및 교시 등 '말에 의한 통치'를 즐기던 김일성 주석과 달리 '법에 의한 지배'를 추구하는 김정일 국방위원장의 합리적 측면을 보여주는 대목이기도 하다.

김정일 시대로 접어들면서 북한당국이 경제 및 농업 관련 법을 잇따라 제정하는 것에 대해 대우경제연구소 이찬우 연구위원은 필자와의 인터뷰(99. 4. 8)에서 다음과 같이 분석했다.

김일성시대에는 북한의 모든 것이 김일성 교시로 움직여왔다. 김일성의 말이 국가운영의 기본이 되는 시대였다. 그러나 김정일시대로 진입하면서부터 북한이 개별 부문법을 잇따라 제정하는 것은 법에 의한 통치의 시대, 말하자면 법치주의로 가겠다는 구상이라고 볼 수 있다. 사실 김일성이 현지지도를 나가서 지시한 말들은 서로 상충되는 부분도 있었던 게 사실이다. 북한이 김일성 교시나 지시 속에 나타나는 상충되는 부분을 조정하고 이것을 법제화하려는 노력을 보이는 것은 합리적인 결정이다.

이것은 북한경제가 냉전시대 사회주의권 분업 내에서 자급자족형 경제를 유지해오던 시대에서 글로벌시대 경제에 적응해 나가려는 대응이기도 하다. 비록 개별 법률은 자본주의 국가의 그것만큼 정밀하지 않지만 자본주의 국가들과 대응하면서 국가를 운영하기 위해서는 각부분에 대한 법제화가 필요하다는 판단을 한 것이다.

이에 따라 이제 각지역의 지방행정경제위원회와 경제단체, 개별기업들은 해당 정책을 추진하기 위해 김일성 교시집을 찾는 대신 법을 보면 되는 시대가 됐다. 이것은 김정일 국방위원장이 나름대로 합리적인 규범을 통해 법치주의로 나가겠다는 구상의 일부라고도 볼 수 있다.

그러나 북한이 일관되게 경제개방을 위한 합리적이고 법치주의적 정책을 펴고 있는 것은 아니다. 임동원 수석이 앞서 지적했던 것처럼 경제개방만이 살길이라는 개혁 개방파와 개혁 개방은 죽음으로의 길이라는 보수파와의 접전은 곳곳에서 발견되고, 이같은 갈등은 퇴행적인 형태로 반복적으로 표출된다.

북한이 98년 9월 헌법 개정 이후 보름여만에 곧바로 「노동신문」과 「근로자」 공동사설(98. 9. 17)을 통해 '자립적 민족경제 건설노선을 끝까지 견지하자'고 촉구한 것은 바로 개방에 대한 경계심을 드러낸 대목이라고 할 수 있다.

'자립적 민족경제 건설노선…' 이라는 사설은 세계경제의 위기, 아시아의 외환위기 상황을 차례로 짚으며 자립만이 살길이라고 강조한 것인데, 김정일체제 공식 출범 후 처음으로 제시된 경제 기본노선이라는 점에서 비상한 관심을 끌었다.

이 문건은 외형상 경제보다는 정치우선 논리를 견지하고 있고, 중공업 위주의 경제구조에 대한 강한 자부감을 표명하고 있다. 또 외환위기를 맞은 한국경제를 의식한 듯 "우리의 경제구조는 기형적인 대외의존, 수출주도형 경제구조에 비할 바 없이 우월하다"면서 남측 경제시스템에 대해 강한 거부감을 표출하고 있다.

곰곰히 읽어보면 "지난날의 기준에 구애됨이 없이 오늘의 조건에 맞게 사업을 효율적으로 전개해 나가야 한다"고 강조하고 있고, 경제사업에서 알맹이를 놓치지 말고 실제적인 이익이 나게 해야 한다는 주장도 하고 있다.

실리와 효율에 근거한 신축적인 경제정책을 추진할 것임을 밝힌 것이다. 또 김정일 위원장의 '교시'는 4번에 걸쳐 강조하면서도 김일성 주석의 교시는 한번도 언급하지 않은 게 이례적이다.

따라서 북한이 경제구조를 바꾸는 대대적인 헌법 '수술'을 한 뒤 보름만에 다시 '자립적 민족경제노선…'이라는 사설을 발표한 것은 실제 그같은 원리에 따라야 한다는 원칙을 강조한 것이라기보다도 개정 헌법에 대한 확대 해석을 조기에 차단하기 위한 제스처로 풀이된다.

북한이 헌법 개정 7개월만인 99년 4월 최고인민회의 10기 2차회의에서 '인민경제계획법'을 제정, "경제의 계획적 관리에서 그 어떤 분권화나 자유화도 허용하지 않으며, 국가의 중앙집권적 지도원칙을 변함없이 고수한다"고 밝힌 것도 현실사회에 나타나고 있는 계획경제의 동요를 막고 통제를 강화하기 위한 고육책으로 풀이된다.

이렇듯 북한이 개혁개방으로 가는 길은 상당히 멀고 험난할 것으로 보인다. 북한의 98년 헌법개정을 곧바로 개혁개방을 위한 전주곡으로 볼 수 없는 것은 바로 이 때문이다. 전향적인 법률이 나오면 그에 대한 안티 테제가 나와 속도를 늦추고, 다시 그것을 완화하는 움직임이 나타나는 끝없는 내부조정 과정을 통해서 북한의 개혁개방은 추진될 것이다.

따라서 북한 개혁개방의 속도와 폭, 북한이 변화해 가는 방향을 탐색하기 위해서는 북한이라는 현실 속에서 개정되고 제정되는 다양한 법률이 북한사회 내부에서 어떻게 운용되고 사람들의 의식을 어떻게 바꿔놓느냐에 대한 주의깊은 분석이 필요하다.

주석제 폐지는 깜짝쇼?

98년 9월 북한의 헌법 개정은 급작스럽게 이뤄졌다. 안기부의 방대한 대북정보 분석 파트는 물론 통일부, 외교부, 나아가 국내외 북한전문가들까지도 북한의 헌법 개정을 예상치 못했다.

98년 9월 5일 오전 9시경 북한중앙방송은 최고인민회의 10기 1차회의 의안으로, 사회주의 헌법 개정을 수정 보충함에 대하여, 국방위원장 추대건, 국가지도기관 선거 등 3개가 채택됐다고 전함으로써 헌법 개정을 공식화했다.

이 방송이 나오자 통일부는 물론 안기부도 우왕좌왕하기 시작했다. 필자를 비롯한 취재기자들도 예상치 못한 북한의 변화에 곤혹스러웠다. 기사를 어떻게 써야 할지 난감했기 때문이다. 북한헌법 개정이라는 전혀 의외의 안건이 최고인민회의 의제로 오른 데다가 예상했던 김정일 총비서의 주석직 승계에 대해서는 아무런 언급을 하지 않았다.

이날 오전 9시 30분 최고인민회의 개최에 대한 북한방송 전문이 입수되자마자 마자 서형래 정치부장에게 보고를 했다. 9월 5일은 토요일이어서 기사 마감이 평일보다 빨랐다. '김정일 주석시대의 북한 전망'이라는 전면기획을 한 페이지 마련해 놓고 스트레이트 뉴스 공간만을 비워둔 상태에서 빨리 대체기획을 해야 했다.

부랴부랴 김정일 주석 시대 관련 기획물은 전면 취소한 뒤 비상용으로 갖고 있던 전연세대 교수 최정호씨의 '20세기 회고록'이라는 기획물로 대체했다. 흔히 신문 제작과정에서는 마감시간이라는 절대절명의 시한 때문에 웃지 못할 일이 일어난다. 「문화일보」는 1

분만에 이렇게 기사를 바꿔 겨우 오보를 면했다. 당시 다른 석간신문은 미리 만들어 놓은 박스 기사를 그대로 실어 독자들을 어리둥절케 만들기도 했다.

지면은 긴급 대체했지만 북한 최고인민회의 의제를 어떻게 해석할 것인가가 문제였다.

북한문제 전문가인 김남식 선생에게 긴급하게 전화를 걸었다. 김선생은 해방전 충청도 지역에서 남로당 활동을 하다 분단 후 월북했고, 60년대 남파됐다 평범한 시민으로 돌아온 특이한 이력을 지닌 분이다. 해방정국의 남로당 활동이나 북한 노동당사를 평생 연구해 '북한의 변화추이와 진의를 정확히 파악해 내는 연구자'라는 평을 듣는다.

그는 필자로부터 최고인민회의 의제에 대한 설명을 들은 후 "북한이 국방위원장 추대건을 우선시한 것은 군을 국가기관보다 우선시하겠다는 의지를 드러낸 것"이라면서 "최고인민회의 의제에서 주석 선출문제가 빠진 것을 볼 때 북한은 주석제를 폐지하거나 유명무실한 직위로 만들 가능성이 높으며, 북한의 권력구조가 어떻게 변화되든 김정일 국방위원장 중심체제로 갈 것"이라고 예견했다.

그의 이같은 분석은 방송내용을 듣자마자 순간적으로 내린 것인데, 이후 북한의 움직임은 과연 그의 예상대로 전개됐다.

북한중앙방송이 9월 5일 최고인민회의 개최 사실을 보도하기 전까지 모든 신문 방송매체들은 김정일 당총비서겸 국방위원장이 주석직에 취임할 것이라는 예고기사를 다뤘다. 통일부나 안기부도 김정일 총비서가 국가주석직에 오를 것으로 예상했다.

그러나 최고인민회의 10기 1차 회의에서 김정일 총비서가 국방위원장직에 재추대되고 국가주석제가 폐지되자 대북정보 파트에 구멍이 뚫린 게 아니냐는 비판론이 제기됐다.

막강한 정보조직을 갖고 있는 안기부가 북한의 헌법개정 움직임조차 포착하지 못했다는 것은 커다란 실책이라는 문책론도 일부에서 제기됐다. 그러나 이에 대해 안기부 대북전략 파트의 한 당국자는 이렇게 말했다.

　북한의 방송매체들은 98년 6월 최고인민회의 소집을 발표하면서부터 주석직 승계문제를 대대적으로 선전해 왔고, 해외에서도 주석직 추대 움직임을 벌이기 시작했다. 황장엽 전북한노동당 비서는 97년 2월 망명한 뒤부터 김정일이 주석직에 취임하지 않을 가능성에 대한 소수의견을 내놓았다. 그러나 북한에서 보이는 징후들이 너무 분명해서 주석직 존속쪽으로 정세분석을 하게 됐다.

　북한의 모든 공식 매체들이 김정일 총비서의 주석직 승계를 당연시하고 있는 상황에서 주석직 폐지라는 보고서를 낼 수는 없었다는 게 안기부 당국자의 주장인 것이다.

　실제 북한은 98년 7월 최고인민회의 선거 이후부터 김정일 주석 추대 분위기를 돋구는데 열중했다. 북한의 방송매체에 따르면, 7월 23일 콩고에서 국가수반 추대 지지위원회가 결성된 데 이어 멕시코, 몽골, 우간다, 체코, 적도 기니, 러시아에서 김정일 국가수반 추대지지위원회가 만들어졌다. 해외에서 먼저 김정일 주석의 추대 운동을 벌이고 있다는 게 북한방송들의 한결같은 보도였다.

　통일부 당국자는 북한의 이같은 움직임에 대해 "해외의 추대위원회 결성 소식을 보도하는 것은 김정일 총비서가 전세계적으로 추앙받는 지도자인 것처럼 부각시킴으로써 대내적으로 김정일 주석의 국가주석 추대의 정당성을 선전하려는 의도로 풀이된다"고 설명했다.

　특히 박의춘 주러시아 북한대사는 7월 29일 "최고인민위원회가 김정일 총비서를 주석으로 추대할 것"이라고 밝히기도 했다.

　그러나 북한의 이같은 공식매체들의 보도와 박의춘 대사의 발언

주석 대신 국방위원장직을 택한 북한 최고지도자 김정일. 군고위간부들과 함께 군을 방문, 환담하고 있는 모습.

은 결국 빗나갔다. 북한 매체들의 주석 추대 움직임에 현혹되지 않고 김정일에 대해 본능적인 감각이 있는 황장엽씨만이 주석직 폐지를 맞춘 것이다.

정부는 당초 북한의 권력승계 시나리오를 세 가지로 예상, 대응책을 마련해 왔다.

첫째, 황장엽씨가 97년 2월 망명 직후부터 주장해온 주석제 폐지안이다. 황씨는 북한이 주석제를 폐지하는 대신 김영남 외교부장이 대외적 국가수반을 맡을 가능성이 높다고 밝힌 바 있다.

둘째, 중국의 당총비서·주석 이원화 시스템을 도입해 당은 김정일이 맡되 주석직은 테크노크라트에게 넘기는 안이다.

셋째, 주석제를 그대로 유지, 김정일이 추대 형식으로 주석직에 올라 북한 최고지도자가 되는 안이다.

정부에서는 이 가운데 북한이 중국 스타일로 권력구조를 개편하는 두 번째 안이 현실화할 가능성에 대해 검토해 왔으나 98년 7월 26일 최고인민회의 선거 이후 북한에서 '해외에서의 주석추대 환영 모임' 소식을 잇따라 전하는 것을 보면서 김정일의 주석승계 시나리오에 비중을 뒤왔다. 국내외의 대부분 북한문제 전문가들도 대개 김정일의 주석직 승계를 기정사실화 해온 게 사실이다.

김정일은 이 모든 예측을 비웃기라도 하듯 전격적으로 헌법 개정을 통해 주석직을 폐지했다.

북한의 주석직 폐지는 북한에도 많은 혼란을 가져온 것으로 밝혀졌다. 통일부에 따르면 북한 방송매체들은 98년 9월 5일 최고인민회의 개최 직전까지 '세계 각국의 김정일 주석 추대 움직임'에 대한 방송을 내보냈으나 주석직 폐지가 전격적으로 결정되자 이것을 홍보하는 방송을 뒤늦게 내보냈다.

이렇게 볼 때 북한의 헌법개정과 주석직 폐지는 김정일의 독특한 통치 스타일로 최고인민회의 전야에 급작스럽게 결정된 것이라는 정부 당국자들의 분석은 설득력을 지닌다. 북한의 정책담당자들이 헌법개정을 통한 주석제 폐지안과 주석제 유지안 두 가지를 동시에 김정일에게 올렸는데, 최고인민회의 개최일에 임박해서 김정일이 폐지쪽을 선택했을 가능성이 높다는 것이다.

외교부 관계자들에 따르면 베이징이나 베를린, 뉴욕에 파견된 북한 외교관들은 2~3년 전부터 극비리에 헌법 개정에 대비해 각국의 헌법과 권력구조에 대해 조사를 벌여왔다. 북한의 테크노크라트들은 김일성 주석 사후 변화가능성이 있는 권력구조 개편 예비작업을 일찍부터 준비해온 것이다.

그러나 98년 내내 북한에서는 헌법개정 움직임이 전혀 포착되지 않아 우리 정부에서는 그 가능성에 대해 비중을 두지 않았다. 북한은 전격적으로 헌법을 개정하면서 서문을 특별하게 마련, 김일성 주석을 '공화국의 영원한 주석'이라고 호칭, 현실적으로 국가주석직을 폐지할 것임을 공식천명했다.

김정일 국방위원장은 국방위원장직에 재추대됨으로써 '국방위원회'는 국가의 최고실권기구가 됐다. 또 황장엽씨의 예상대로 김영남 외교부장이 대외적으로 국가를 대표하는 최고인민회의 상임위원장(우리나라의 대통령)에 임명됐다.

김정일이 이처럼 권력구조를 개편한 이유는 번거롭고 골치아픈 외교업무나 내치문제에 개입하지 않고 군 중심으로 사회체제를 강화시켜나가겠다는 계산이 깔려 있는 것으로 보인다.

그러나 98년 10월 방북한 정주영 현대 명예회장을 김영남 최고인민회의 상임위원장이 접견한데 이어 김정일 국방위원장이 다시 만난 것은 북한의 실질적인 대표자가 김정일임을 확인시켜준 사례다. 또 필요한 경우 김정일 국방위원장이 외교무대 일선에 나서겠다는 의지의 표현이라고 봐도 무방할 듯하다.

김정일위원장은 당시 정주영 명예회장을 만난 자리에서 "최고인민회의 상임위원장을 만나면 되는 줄 알았는데, 김용순 아태평화위원회장이 재차 요청을 해 정 명예회장을 만나게 됐다"고 설명했다는 후문이다. 이에 따라 앞으로 남북정상회담이 실현된다면 김대중 대통령의 카운터 파트는 김영남이 아니라 김정일이라는 사실이 명확해졌다.

인민은 굶어도 인공위성은 쏜다

98년 8월 31일 정오, 동해를 향해 북한이 '인공위성'을 자력으로 쏘아올렸다는 방송이 나가면서부터 전세계는 충격속으로 빠져들었다.

세종로 정부 청사 통일부 기자실에 북한의 미확인 물체 발사 소식이 처음 전해진 것은 이날 오후 5시 경이었다. 모두들 한반도에너지개발기구(KEDO) 집행이사국인 한국과 미국, 일본, 유럽연합(EU)이 이날 북한 함남 금호지구에 건설되는 경수로 비용 분담에 대한 결의안을 통과시키는 문제에 대한 기획 박스를 쓰고난 다음이었다. 인공위성 발사소식이 발표된 직후 KEDO는 결의안 서명 행사 자체를 무기연기했다. 인공위성이 일본 상공을 날아갔다는 사실에 경악한 일본정부가 결의안 통과를 무기 연기시켰기 때문이다.

신문이나 방송은 물론 정부 당국자들도 우왕좌왕했다. 인공위성 쇼크는 심대하게 나타났다. 북한을 '만성적인 기아의 나라' 정도로 여기고 95년부터 시혜적인 입장에서 대북식량지원사업에 나섰던 우리나라의 경우 인공위성 쇼크는 한층 더 심했다. 미국과 일본도 경악했다. 동북아시아의 정세가 단번에 쇼크 국면으로 빠져든 것이다.

한·미·일 3국 언론은 문제의 발사체가 대포동 미사일 발사실험용 로켓이었느냐, 북한의 주장대로 인공위성이었느냐를 둘러싸고 연일 논란을 벌였다.

날벼락을 맞은 국방부는 북한의 인공위성 발사 사실이 보도된 직후인 9월 1일 '북한이 발사한 것은 신형 대포동 미사일'이라고 주장했고, 미국의 매들린 올브라이트 국무장관도 이날 "북한의 미사일 시험 발사는 매우 심각한 일"이라고 논평하면서 문제의 발사체를 미사일로 규정했다. 일본의 방위청장관도 "북한의 미사일 발사는 대단히 위험한 일이고 지극히 유감"이라고 밝혔다.

북한은 이러한 국제적 쇼크를 즐기기라도 하듯 연일 인공위성이 지구궤도를 안정적으로 돌고 있다는 방송을 내보냈다. 전국 각지에서는 인공위성을 자력으로 쏘아올린 축하모임이 열리고 있다는 소식도 연이어 보도했다.

더구나 북한에서 가장 공신력있는 '기관'으로 인정되는 외교부 대변인이 9월 4일 인공위성 발사 관련 성명을 발표하며 "우리가 인공위성 보유국이 되는 것은 당당한 자주권 행사"라고 주장하자 한·미·일 3국은 인공위성일 가능성도 있다고 판단, 조금씩 신중한 발언을 시작했다.

국내에서 문제의 발사체가 인공위성일 가능성이 높다고 가장 먼저 판단한 사람은 김대중 대통령이다. 외교부 당국자에 따르면, 김대통령은 북한이 발사체를 쏘아올린 뒤 3일째인 9월 3일, 기독교방송 권호경 사장과 단독 면담한 자리에서 이 발사체가 인공위성이라고 말한 것으로 알려졌다. 김대통령이 이처럼 인공위성 사실을 사전에 알았던 것으로 보아 미국은 31일 발사 당일에는 탄도 미사일로 오판했으나 곧바로 인공위성일 가능성이 크다고 보고, 이를 안기부에 통보해왔을 것으로 추정된다.

그러나 미국의 최종 입장이 나오기까지 2주일 정도 걸린 것을 감안할 때 안기부가 이처럼 정보를 선취한 것은 별도의 인적 채널을 통해 입수한 고급정보일 가능성도 높다. 이를 반증이라도 하듯 임동원 청와대 외교안보수석은 9월 6일 "북한이 발사한 것이 인공위성이란 발표가 사실일 가능성도 배제할 수 없다"는 애매한 말을 했다.

9월 9일 국방부는 공식논평을 통해 "북한이 발사했다고 주장한 인공위성을 우주궤도 상에서 발견할 수 없다"고 밝혀 문제의 발사체가 인공위성일 가능성도 배제하지 않고 있다는 것을 인정했다.

정부관리 가운데 가장 먼저 인공위성일 수 있다고 공식적으로 얘기한 사람은 홍순영 외교통상부장관이다. 9월 10일 워싱턴에서 가진 기자회견에서 "현재까지 한·미·일이 공유한 정보로는 북한이 발사한 것이 미사일보다는 인공위성일 가능성이 높다"고 분명히 말했다.

이종찬 안기부장도 9월 13일 청와대 출입기자단과의 오찬에서 "북한이 인공위성을 발사했으나 궤도 진입에는 실패한 것같다"며 다음과 같이 털어놨다.

로켓의 탄두에 무엇을 올려놓느냐에 따라 미사일이냐 인공위성이냐가 판가름나는데, 문제의 인공위성이 성공하려면 3단계 발사체가 초당 9$_1$km 이상의 속력이 되어야 대기권을 뚫고 궤도 진입을 할 수 있는데, 그게 실패했다. 대포동 미사일은 2단계다.

미국은 기본적으로 우리와 인식을 같이하고 있으나 보다 신중한 편이다. 좀더 궤도를 찾아보자는 입장이다. 정부는 북한이 2천년 경에야 위성 발사를 할 수 있을 것으로 보았다. 그러나 김정일 권력 승계 후 9·9절 등을 앞두고 조금 서두른 것같다. 북한의 인공위성은 러시아 학자들을 초빙해서 만든 것으로 파악하고 있다.

결국 북한의 인공위성 논란은 발사 보름만에 인공위성쪽으로 결론이 나게 된 것이다.

9월 14일 미국은 문제의 발사체가 인공위성임을 인정했다. 제임스 루빈 국무부 대변인은 정례 브리핑에서 "우리는 북한이 아주 작은 위성을 지구궤도에 올리려고 시도했으나 실패한 것으로 결론지었다"고 말했다.

북한 중앙TV에서 방영된
인공위성 '광명성 1호' 발사
순간의 장면.

　루빈 대변인은 한발 더 나아가 "북한은 이번 발사를 통해 보다 먼 거리의 지상목표물을 향해 탄두를 운반할 수 있는 능력을 보여주었으며, 우리는 이를 미국의 우방과 해당지역에 대한 위협으로 간주하고 있다"며 대북 협박도 잊지 않았다.

　미국정부의 발표가 나온 뒤 일본도 곧 입장을 발표했다. 야나이 순지(柳井 俊二) 외무성차관은 9월 14일 "처음에는 인공위성 가능성과 관련된 정보가 거의 없었으나 최근 들어 북한이 인공위성을 쏘아 올렸으나 실패했음을 시사하는 보도와 정보가 들어오고 있다"고 말했다. 이어 9월 16일 유엔 안전보장이사회는 안보리 의장 성명을 발표, "북한이 역내 국가에 사전 통고없이 로켓 추진체를 발사한데 유감을 표명한다"고 입장을 밝혔다.

　미국과 유엔이 대북 경고 제스처를 취한 뒤 우리나라의 국가안보회의 상임위원회도 9월 16일 "북한이 쏘아올린 것은 인공위성이며

북한 「노동신문」이 98년 8월 31일 발사한 인공위성 모형이라고 공개한 사진.

궤도 진입에는 실패한 것으로 판명났다"고 최종적으로 결론지었다.

그렇다면 북한은 왜 8월 31일 대낮에 동해를 향해 인공위성을 날렸을까. 가난하고 헐벗은 나라에 왜 인공위성이라는 상징물이 필요한 것일까.

98년의 동북아 정세, 북미관계를 고려해볼 때 북한이 굳이 무리를 해가면서까지 인공위성을 쏠 이유를 찾기는 쉽지 않다. 북한이 학수고대해온 경수로 사업의 한·미·일 3국간 비용분담 원칙이 확정되는 순간이었는데, 그것에 악영향을 줄 게 뻔한 로켓을 발사한다는 것은 그야말로 다 된 밥에 재뿌리는 격이기 때문이다. 그만큼 그 시점에서 인공위성 발사는 주변국들의 오해를 살 행동이었다.

그럼에도 불구하고 북한은 인공위성을 쏘았다. 왜 쏘았을까.

98년 9월 7일자 「노동신문」에는 북한이 왜 인공위성을 쏘았고, 인공위성은 어떤 역할을 하는가를 잘 설명해준다.

이 신문은 인공위성을 "북한의 과학자와 기술자들이 김정일 동지에게 바치는 충성의 선물"이라며, 인공위성을 김정일의 아호인 '광명성 1호'라고 명명했다. 이 신문은 또 "인공위성은 사회주의 강성대국 건설의 새로운 이정표"라고 평가했다.

북한의 인공위성은 김정일의 권력승계를 축하하기 위한 축포였던 셈이다. 인민의 굶주림 속에서도 강성대국을 과시하기 위해 허공으로 수억의 달러가 뿌려진 것이다. 인민의 희생 속에 피어난 강성대국의 꿈은 이렇듯 허망하게 우주속의 미아로 사라졌다.

그후 북한은 98년 11월 30일 김영남 최고인민회의 상임위원장 등 당정 간부들이 참석한 가운데 광명성 1호 발사에 공헌한 과학기술자 160명에게 국가표창과 학위·학직을 수여했다.

중앙방송은 98년 12월 1일자 방송에서 "우리의 과학자·기술자·노동자들은 공화국 창건 50돌을 앞두고 강력한 과학역량과 고도의 기술수단, 막대한 자금을 필요로 하는 운반 로켓트와 인공지구위성을 자체의 힘과 기술로 연구개발하여 성공적으로 발사했다"고 전했다.

이 방송은 이어 "이것은 주체조선의 국력을 과시하고 강성대국 건설위업 수행에 떨쳐 나선 우리 인민들에게 천 백배의 힘과 용기를 안겨주었다"고 덧붙였다.

북한 과학자 가운데 양광복 등 8명은 노력영웅 칭호를 받았고, 계훈봉 등 2명은 김일성 훈장, 이철송 등 5명은 김일성 청년영예상을 받았다.

이후 99년 4월 23일 북한은 인공위성을 쏜 진짜 이유를 공개했다.

김정일 국방위원장이 주민들의 굶주림에도 불구하고 수억 달러가 들어가는 인공위성을 쏜 진짜 이유는 새시대를 맞아 북한의 존엄성을 바깥세계에 알리기 위한 것이라는 설명이다.

이 날 평양방송은 '자주는 우리의 생명'이라는 제목의 프로그램에서 연초 김정일 국방위원장이 일꾼들에게 언급한 말을 재인용하면서, 인공위성을 쏘아올리는데 몇억 달러가 들어갔으며, 주민들의 식량난에도 불구하고 위성을 쏜 것은 나라의 존엄을 바깥세계에 알리기 위한 것임을 천명했다.

통일부에서 매주 발간하는 「북한동향」 431호(99. 4. 26)에 따르면, 이 방송에 인용된 김정일 국방위원장의 발언은 다음과 같다.

북한의 방송들이 김정일 국방위원장의 발언 내용을 뒤늦게나마 공개한 것은 이례적인 일이다.

적들은 우리가 인공지구위성을 쏘아올리는 데만도 몇 억 달러가 잘 들었을 것이라고 하는데 그것은 사실이다. 나는 그 돈이 해당 부문에 돌려지기를 바란다. 그것을 인민생활에 돌렸으면 얼마나 좋겠는가 하고 생각하였다.
나는 우리 인민들이 제대로 먹지도 못하고 남들처럼 잘 살지 못하는 것을 알면서도 나라와 민족의 존엄과 운명을 지켜내고 내일의 부강조국을 위하여 자금을 그 부문에 돌리는 것을 허락하였다.

김정일 국방위원장의 이같은 언급은 상당히 의미가 깊다. 우선 김정일 스스로 북한의 식량난이 아직도 심각하다는 것을 시인한 것이며, 그럼에도 불구하고 북한의 체제유지 및 존립을 위한 군사우선정책을 견지해 나가겠다는 것을 다시 한번 천명한 것이다.
통일부 추산에 따르면 1억 달러로 구매할 수 있는 식량(옥수수 기준)은 83만여 톤으로 북한 주민 전체가 3개월 가량 지탱할 수 있는 분량이다. 한 정부 당국자에 따르면 북한이 인공위성 발사에 들인 비용은 최소 3~4억 달러인 것으로 추산된다. 김정일은 체제의 자존심을 세우기 위해 주민 2천 2백만 명이 1년간 먹을 수 있는 식량을 하늘로 날린 셈이다.

'강성대국 건설론'의 허와 실

북한이 강성대국론을 처음 꺼낸 것은 「노동신문」 98년 8월 22일 정론을 통해서다. 북한이 인공위성 발사 1주일여를 앞두고 강성대국론을 제시했을 때 통일부나 안기부의 대북정책 담당자들은 강성대국론의 첫 실천 사례가 인공위성 발사로 이어질 것을 꿈에도 상상하지 못했다.

그러나 인공위성 발사 후 「노동신문」(98. 9. 7)이 "첫 인공지구위성은 사회주의 강성대국 건설의 새로운 이정표이자 과학자들이 김정일 동지에게 바치는 충성의 선물"이라고 밝혔을 때 경악했다.

북한의 강성대국론은 이처럼 인공위성 발사와 함께 충격적으로 다가왔다. 강성대국이란 단어가 과거에도 쓰인 전례는 있으나 이를 총체적인 슬로건으로 제시한 것은 김정일체제 출범을 앞두고 새롭게 나타난 변화다. 김정일은 94년 김일성 사후 '주체사상' 대신 '붉은 기 사상'을 전면에 내세우며 '고난의 행군정신'을 유훈통치시대의 캐치프레이즈로 내세워 왔다. 그러나 유훈통치시대를 공식 마감하고 자신의 시대를 개막할 즈음 '강성대국 건설'이라는 새로운 캐치프레이즈를 내세운 것이다.

통일부에서 발간하는 주간 「북한동향」 397호(98. 8. 22)에 따르면 「노동신문」은 '강성대국건설론'의 핵심을 다음 세 가지로 정리했다.

1. 주체의 강성대국 건설은 가장 신성하고도 위대한 애국애족 위업이다.

주체의 강성대국 건설은 위대한 장군님께서 선대 국가수반 앞에,

조국과 민족 앞에 다진 맹약이며, 조선을 이끌어 21세기를 찬란히 빛내이려는 담대한 설계도다.

2. 우리 민족이 헤쳐온 고난의 행군길은 실로 엄혹하기 그지없었다. 우리는 수령 중심의 강성대국론을 주장한다. 사회주의 강성대국 건설사는 곧 국가수반사이다. 사상의 강국을 만드는 것부터 시작하여 군대를 혁명의 기둥으로 튼튼히 세우고 그 위력으로 경제건설의 눈부신 비약을 일으키는 것이 장군님의 주체적인 강성대국 건설방식이다.

3. 민족의 강위성은 완강한 실천력에 있다. 일심단결은 강성대국 건설의 천하지대본이다. 주체사상으로 온 사회가 일색화하고 수령을 중심으로 혼연일체를 이룬 힘이야말로 우리 민족의 무한히 강성할 수 있는 최대 국력이다.

이 문건에서 나타나는 장황한 수식어를 빼버리고 뼈대만 추린다면 강성대국론은 김정일시대의 개막을 앞두고 주민들에게 희망과 용기를 주기 위해 마련된 정치적 캐치프레이즈다. 정치적으로는 김정일을 중심으로 단결하고, 경제적으로는 자력갱생방식으로 부강한 나라를 건설하며, 대외적으로는 어떤 예속도 허용하지 않는 자주적인 나라를 만들겠다는 구상이다. 새로운 것은 찾아볼 수 없는 추상적인 정치적 슬로건에 불과하지만, 그 첫 실천은 인공위성 발사로 나타나 전세계에 충격을 던진 것이다.

한편 99년 1월 제네바에서 개최된 4자회담 4차본회의에 참석한 북한대표 김경필은 강성대국론에 대한 우리 대표단의 질문에 대해 "그것은 고구려 광개토왕 시대를 상징하는 개념"이라고 대답했다.

김대중 대통령이 민족의 융성기를 상징하는 고구려 광개토왕 시대를 국민의 정부 캐치프레이즈로 사용하고 있듯 김정일 국방위원장이 광개토왕 시대를 염두에 두고 강성대국론을 주창한 것은 우연의 일치일까. 세기말의 남북한은 모두 고구려 광개토왕 시대를 지향하고 있다는 점에서 닮은 점이 있다.

III
김대중 · 김정일 시대의 한반도

YS와 DJ의 대북관

조기붕괴론에서 햇볕론까지

　김영삼 대통령의 대북정책과 김대중 대통령의 대북정책은 두 사람
의 정치 스타일만큼이나 뚜렷하게 대비된다. 김영삼 대통령은 정부
출범 초 "어느 동맹국도 민족보다 나을 수 없다"(93. 2. 25 대통령 취
임사)는 입장에서 미전향 장기수 이인모씨를 북송(93. 3. 19)하는 등
전향적인 정책을 취했지만, 대통령 재임기간 내내 대북압박론적 관
점에서 북한문제를 보았다.

　철학이 결여된 김영삼 대통령의 대북정책은 냄비끓듯한 국내여론
속에서 오락가락하다가 결국 흡수통일론으로 기울어 국제사회와 북
한 양측으로부터 모두 불신을 샀다. 이인모씨 송환에 대한 북한의
경직된 태도, 지미 카터 전 미국대통령 방북(94. 6)으로 돌파구가 마
련된 남북정상회담 직전에 김일성 주석이 사망하는 악재 등이 김영
삼 정부의 대북정책을 더욱 헤매게 한 것은 사실이다.

　엄밀히 말하자면 김영삼 정부가 일관된 대북정책을 갖고 있었는지
도 의문이다. 이같은 책임은 김영삼 대통령의 비전 결여에 일차적인
원인이 있지만, 냉전 이데올로기에 침윤된 보수세력과, 중심없이 오
락가락했던 지식인 사회에도 책임이 있다.

김영삼 대통령은 대북문제를 늘 국내정치의 연장선상에서 바라보았다. 94년 7월 북한의 김일성 주석 사망 후 불거진 조문 파동에 대한 대응법이나 95년 베이징 쌀회담을 통한 대북 쌀 15만톤 지원과정은 대통령이라는 최고지도자의 왜곡된 대북인식이 남북관계를 얼마나 잘못 이끌어갈 수 있는가를 단적으로 보여준 사례다.

김일성 주석 사망 후 발생한 조문파동 문제는 차치하더라도 베이징 쌀회담 때 청와대가 직접 선두에서 막후협상을 주도한 것은 '대북 문제는 통일부와 안기부가 전담한다'는 원칙을 스스로 무너뜨린 결과를 낳았다.

2억 달러에 상당하는 쌀 15만 톤을 북한에 무상지원하면서도 회담 회의록조차 남기지 않은 것은 사반세기에 걸친 남북회담사에 유례가 없는 일이라고 통일부 당국자들은 지적한다.

또 대북지원 쌀의 북송일을 지방선거일에 맞추기 위해 대북협상과정에서 무리를 한 점이나, 이홍구 당시 총리가 굳이 지방까지 내려가서 치사를 했던 것 모두가 김영삼 정부에서 대북문제는 국내정치 돌파용이었다는 것을 입증하는 사례다.

김영삼 대통령은 나아가 공식석상에서 돌발적으로 "북한은 언제 떨어질 지 모르는 고장난 비행기"로 규정해 청와대 외교안보수석실 관계자들을 긴장시킨 것이 한 두번이 아니다. 청와대 공보수석실이 김영삼 대통령 말씀에서 북한붕괴 관련 부분을 삭제해 달라는 협조 요청 전화를 각 언론사에 한 것은 물론 청와대 출입기자들이 대통령의 말 실수를 눈감아준 사례도 비일비재하다.

김영삼 대통령의 북한조기붕괴론적 인식은 96년과 97년 미국에서 소프트랜딩(soft-landing)론이 주류를 얻어나가면서 더 기승을 떨치기도 했다.

미국 하버드센터 니컬러스 에버스타트 연구원은 97년 3·4월 『포린어페어즈』에 기고한 「한반도 점진적 통일론은 환상(Hastening

Korean Reunification)」이란 논문에서 "동북아에서 유럽에 이르는 모든 관련국들은 한반도 통일은 빠르면 빠를수록 더 좋다는 점에 유념해야 한다"면서 "한반도 통일은 북한이 내부모순에 의해 스스로 붕괴하면서 갑작스레 이뤄질 가능성이 크기 때문에 이에 대비해야 한다"고 주장했다.

당시 이 논문은 한국의 통일정책이 점진적 통일론에 바탕을 두고 있으며, 독일식 흡수통일론을 공식적으로 경계하고 있다고 지적했다. 실제 통일부를 비롯한 행정부는 그런 차원에서 장기적인 대북정책을 수립했다고 해도 실제적인 정책은 김영삼 대통령의 북한조기붕괴론에 입각해 펼쳐져 왔던 게 부정할 수 없는 사실이다.

학계에서는 96년부터 북한의 붕괴를 멀지 않은 미래로 보면서 시점에 따라 통일비용이 어떻게 달라질 것인가를 수량화하는 작업이 진행됐으며, 분단비용보다는 통일비용이 더 싸다는 논의도 공개적으로 진행됐다.

김영삼 정부 당시 권오기 통일부총리는 통일부 관료들에게 통일비용이 분단비용보다 적게 든다는 것을 홍보할 것을 지시했다. 통일부는 통일비용에 대한 세미나, 정책자료를 펴내는데 역점을 뒀다. 당시 통일부의 한 당국자는 통일비용 논의가 필요하지 않다는 주장을 했다가 불필요한 오해를 산 적도 있다.

북한체제가 붕괴조짐을 보임에 따라 머지 않은 장래에 통일은 이뤄질 수 있고, 매도 먼저 맞는 게 낫듯이 통일을 하는게 분단을 유지하는 것보다 장기적으로 유리하다는 것이 정책의 기본방향이 됐다. 안기부는 이런 관점에서 황장엽 전노동당비서의 탈북망명(97. 2)을 대대적으로 홍보했고, 김경호, 최현실씨 일가 17명의 탈북(96. 12)을 대량탈북의 전주곡쯤으로 간주했다.

통일부에서는 '급변대비계획'을 급하게 마련했다. 북한 김정일 체제→반김정일 사회주의 정권 수립→사회주의 체제 붕괴라는 3단계

모델을 바탕으로 각 단계에 맞는 경제정책이 북한통합계획으로 마련됐다. 대량 탈북사태에 대비해 옌벤 인근이나 38선 주변에 탈북자 수용캠프를 만든다는 계획도 세워졌다.

그런 이유에서인지 김영삼 대통령은 재임기간 내내 북한과 불화를 빚었다. 북한방송들은 늘 김영삼 정부를 '○○○매국노 집단' '○○○ 도당'이라고 규정지으며 대화를 거부했다.

이런 정책은 종종 미국과의 불협화음을 자아내 외교 당국자들을 긴장시키기도 했다. 영국의 정보분석회사 옥스퍼드 애널리티카사는 96년 6월 세계은행(IBRD)에 제출한 보고서에서 "김영삼 대통령의 대북정책은 명백하게 일관성이 결여되어 있고, 한국의 부정적인 대북자세는 미국을 좌절시켜 왔다"고 평가했을 정도로 김영삼 정부의 대북정책은 국제적으로도 불신을 받았다. 클린턴 행정부는 과거 부시의 대북압박정책에서 탈피해 북한문제에 적극 개입함으로써 북한을 연착륙시키려는 정책을 취하고 있지만, 한국정부의 대북 적대적 태도 때문에 종종 마찰을 빚어왔다는 평가다.

그러나 김영삼 정부의 이같은 대북정책은 김대중 정부가 출범하면서 변화됐다. 김대중 대통령은 당선 직후부터 '햇볕정책'을 대북정책의 기본으로 삼겠다고 천명했다. 대선 직후 미국의 미래학자 엘빈 토플러 박사와의 대담에서 "새 정부는 대북 햇볕 정책을 추진할 것"이라면서 햇볕 정책의 개념을 다음과 같이 설명했다.(「로스앤젤리스 타임즈」, 97. 12. 29)

이 정책의 개념은 바람과 태양이 사람의 외투를 벗기는 경쟁을 다룬 옛날 우화에서 따온 것이다. 세차게 불어대는 바람은 그 사람으로 하여금 외투를 더욱 조이게 만들 뿐이지만 따뜻한 햇볕은 그가 자발적으로 외투를 벗게 만든다. 만약 북한의 개방을 위해 햇볕정책을 구사한다면 그들은 변할 것이다.

김대중 대통령은 인터뷰에서 중국과 소련의 개혁개방정책을 예로 들면서, 전자는 점진적으로 추진했기에 성공했고, 후자는 국민의 동의없이 급속하게 추진해 결국 실패했다는 것을 지적했다. 이 두 나라의 경험으로부터 "절대 급하게 움직이지 말라, 붕괴와 불안정을 피하라, 점진적 단계적으로 나가라, 가고자 하는 방향의 각 단계마다 국민들의 동의를 구하라"는 교훈을 얻었다는 것이다.

김대통령은 이같은 입장에서 대북정책을 하나하나 설명하고 추진해 나갔다. 그는 대북 햇볕론을 기본 바탕으로 하는 대북 3원칙을 대통령 취임식(98. 2. 25) 때 공개했다.

첫째, 북한의 어떠한 무력도발도 결코 용납하지 않겠다.

둘째, 북한을 해치거나 흡수할 생각이 없다.

셋째, 남북간의 화해와 협력을 가능한 분야부터 적극적으로 추진해 나가겠다.

북한의 도발도 용납하지 않겠지만, 북한을 흡수통일할 의지도 없다는 것을 천명하면서, 그 대신 가능한 분야에서부터 교류 협력을 해나겠다는 실용적인 접근법을 밝힌 것이다.

이같은 관점에서 김대중 정부는 처음부터 정치문제와 경제문제를 분리해서 접근했다. 그는 자신이 끊임없이 색깔 공세에 시달려온 탓인지 북한문제를 국내 정치 게임의 연장선상에서 보지 않고 경제논리로 접근했다.

외환사태 이후 국가 파산상태에 놓였던 한국경제의 대외 신인도를 높이기 위해서는 한반도 안정이 기본조건인데 이를 위해서는 북한과의 화해가 필요하다는 게 김대중 대통령의 기본 생각이었다.

또 조기통일은 가뜩이나 어려운 국내경제를 파국으로 이끌 가능성이 있기 때문에 남북의 장기적인 평화공존이 더 낫다는 인식이 김대중 정부 외교안보팀의 기본인식으로 자리잡았다. 말하자면 대북관이 북한붕괴론에서 남북한 장기공존론으로 변화한 것이다.

김대중 대통령의 통일외교안보정책 핵심참모인 임동원 외교안보수석은 정권 출범 초 청와대 출입기자들과의 오찬간담회(98. 3. 12)에서 김영삼 정부와 김대중 정부의 대북정책 차이점을 다음과 같이 설명하며 자신감을 드러냈다.

김영삼 정부 당시 북한은 우리 정부가 북한붕괴를 시도하고 있으며, 미국과 일본과의 관계 개선도 사실상 막고 있고, 조문 문제를 악용했다고 판단해 남북 당국간 대화 자체를 거부해 왔다.

그러나 현정부는 북한정권에 대한 붕괴의도가 없음을 분명히 했다. 미 일과의 관계 개선도 막지 않겠다. 다만 남북관계와 비슷하게 갔으면 좋겠다는 생각이다. 조문은 지난 정부 일이므로 전혀 관계가 없다. 따라서 남북대화에 걸림돌은 없다.

김대중 대통령은 통일이라는 것은 먼 미래의 일이고, 당장 필요한 것은 한반도의 평화정착이라는 얘기를 기회가 닿는대로 했다. 정경분리원칙에 따른 차분한 대북 접근의 필요성을 제기하면서 북한의 자생력을 인정하고 장기적인 평화공존의 불가피성을 강조하기 시작한 것이다. 또 중국과 대만이 정치적인 관계개선없이도 교류 협력을 강화해온 사례를 주목해봐야 한다는 얘기를 여러 차례 거론, 중국·대만 모델에 따라 남북관계를 진전시켜 나갈 방침임을 피력했다.

강인덕 통일부장관도 통일정책이라는 표현보다는 대북정책이라는 표현이 더 적절하다고 얘기할 정도로 김대중 시대 들어서서는 통일론, 통일정책이라는 말이 사라지고 있다.

김영삼 정부의 대북정책이 96년 동해안 잠수함 침투사건 처리 문제 등을 둘러싸고 미국과 때때로 불협화음을 벌였던 것과 달리 햇볕정책에 대한 주변국들의 지지는 비교적 일관되게 유지되고 있다. 특히 햇볕정책은 미국에서는 '선샤인정책(Sunshine Policy)', 일본에서는 '태양(太陽)정책', 중국에서는 '양광(陽光)정책'으로 불리며 자세하게 소개되고 있을 정도다.

94년 북미 제네바 핵합의 당시 미국측 협상주역이었던 로버트 갈루치 전국무부 핵대사는 「문화일보」와의 인터뷰(99. 4. 3)에서 김대중 정부의 햇볕정책에 대해 "햇볕정책이 북한의 행태에 변화를 가져왔다고는 확신할 수 없지만, 일단 김영삼 정부의 정책과 김대중 정부의 정책이 크게 다르다는 것은 북한이 알아차렸을 것으로 본다"면서 김영삼 정부 당시 대북협상을 둘러싼 한미 공조에 다음과 같은 문제가 있었다고 지적했다.

김영삼 정부의 대북정책 변경은 마치 자동차의 자동온도조절장치를 보는 것같았다. 미국이 유화적 타협 움직임을 보이면 김영삼 정부는 '더 단호하게 나가라'는 반응을 보였다. 반면 미국이 군사력을 강화하고 무기배치를 증대하겠다고 하면 '좀 참아달라'면서 아직도 협상의 여지가 있다고 강조했다. 김영삼 정부는 미국 입장을 기준으로 그 반대로 움직였던 것같다.

새 정부 출범 2주년을 즈음해 임동원 외교안보수석은 경실련 통일협회 강연(99. 2. 10)에서 김대중 정부의 대북관을 다음과 같이 설명했다.

첫째, 우리는 북한을 실패한 체제로 보지 않는다. 둘째, 그렇다고 조기에 붕괴될 것으로 보지는 않는다. 북한 붕괴 임박론은 그간 많이 주창되어 왔으나 맞지 않았다. 셋째, 북한은 이미 변화를 시작했다. 넷째, 그럼에도 불구하고 북한은 대남혁명전략을 여전히 포기하지 않고 있는데 문제가 있다.

임동원 수석은 이와 함께 "햇볕론으로 상징되는 김대중 대통령의 대북정책은 기존의 여러 정책 가운데 가장 현실적인 접근"이라면서 햇볕론 철학을 다시 한번 강조했다. 또 그는 "대북정책 모델에는, 첫째 봉쇄정책, 둘째 불개입정책, 셋째 포용정책이 있다"면서, 이 가운데 북한의 붕괴가 임박했다고 보는 사람은 봉쇄정책을 취할 것이고, 북한과 상관없이 우리끼리 잘 살면 될 것이라고 보는 사람들은 불개입정책을 취할 것이라고 말했다.

그러나 북한이라는 나라가 멀리 떨어져 있는 것도 아니고, 미사일과 핵을 개발해서 안보 위협을 가하는 상황에서 그저 내버려 둘 수는 없는 나라라는 점에서 불개입정책은 현실적으로 취할 수 없는 약점을 갖고 있다. 북한을 있는 그대로 내버려두자는 자유방임 이론은 지식인의 책상머리에서는 가능할 수 있겠지만 국민의 안전을 책임져야 하는 국가의 정책으로 채택될 경우 드러날 문제는 생각만 해도 아찔하다. 북한이 핵을 개발하든 미사일을 마구 쏘든, 간첩선을 내려보내든 그대로 내버려 둔다면 한반도 상황은 어찌될까.

따라서 북한을 적극적으로 변화시켜 정상국가로 만드는 방법이 비교적 덜 위험하고 현실적이라는 임동원 수석의 입장은 지극히 합리적이다.

이같은 정책에 따라 남북한의 긴장을 완화시키고, 현재 고통받는 문제를 먼저 풀겠다는 것, 북한이 변화하도록 돕겠다는 것, 그리고 통일은 먼 미래의 일로 생각하겠다는 김대중 대통령의 실사구시 대북관에서 나오는 현실적인 대북정책인 셈이다.

북한은 김대중 대통령이 당선된 뒤부터 취임 때까지 당선 사실에 대해 공개적으로 언급하지 않은 것은 물론 공식논평까지도 하지 않을 만큼 신중한 태도를 견지했다.

북한의 조선중앙통신(98. 2. 28)은 같은 날짜 「노동신문」을 인용해 김대통령의 취임사를 논평하면서 "무슨 일이나 출발이 중요하다"면서 북한 나름의 기대감을 표명했다. 또 "남조선에서 또다시 정권이나 교체되었을 뿐 북남관계 개선과 통일문제 해결에서 달라진 것이 없다는 후환이 생기지 않기를 기대한다"고 밝혀 김영삼 정부 때와 같은 전철을 밟지 말 것을 촉구했다.

이같은 기대는 김대통령의 취임 1개월, 6개월이 지나면서 "남조선의 민심은 대체로 실망과 우려를 표시하는 데로 흐르고 있다"며 간접적으로 실망감을 드러내기 시작했다. 그러나 김영삼 대통령에게는 직접적으로 이름을 거명하며 극렬한 비방중상을 했던 것과 달리 김대중 대통령에게는 재임 1년까지 직접 거명해서 비난하지는 않고 있다.

이것은 김대통령에 대한 기대감에 기인한 것이기도 하지만, 김대중 정부의 전향적인 대북정책에 대한 북한 나름의 화답이라고도 볼 수 있다. 북한은 김대중 정부 초기에 정경분리정책을 극력 비난했지만 점차 정경분리정책을 완전하게 실시할 것을 요구할 정도로 김대중 정부의 대북정책에 부응해 나오는 자세를 취했다.

비록 선전 차원에서 대북화해정책을 '뒤집어 놓은 반북대결정책'이라고 비판하고, 대북 햇볕정책을 '변형된 대북압살론'이라고 비난했지만, 98년 금강산이 남측에 개방되고, 각분야 인사의 방북이 급격히 늘어난 것은 북측이 김대중 정부의 대북정책에 호응했기 때문에 가능한 것이었다.

김대중 정부 초대 통일부장관 강인덕 인선 뒷얘기

대북문제 전문가인 강인덕 극동문제연구소장이 김대중 정부 초대 통일부장관으로 발탁된 것은 상당한 파격이었다.

98년 3월 3일 오전 10시 장관 인사가 발표된 직후 각 언론사에는 비상이 걸렸다. 강인덕 소장의 얼굴 사진과 프로필을 제대로 준비하지 않았기 때문이다. 「문화일보」는 청와대 출입기자인 이용식 차장이 공식발표보다 20분 정도 먼저 취재해 회사에 알려줘 기본적인 프로필은 쓸 수 있었다. 기사를 쓰면서도 뇌리를 떠나지 않았던 생각은 왜 70년대 박정희 대통령시절 안기부 북한국장을 지낸 강성 보수인사가 김대중 정부 초기 대북정책을 입안하는 초대 통일부장관으로 임명된 것일까 하는 것이었다.

당시 청와대에서는 박재규 경남대 총장을 최종 유력인사로 거론해 모두들 박총장 프로필을 준비하느라 여념이 없었다. 실제 경남대측에서도 총장이 통일부장관으로 가는 것에 대해 별 의심을 하지 않는 눈치였다.

김대중 대통령은 왜 강인덕 소장을 장관으로 임명한 것일까. 이에 대해 청와대의 한 관계자는 필자와의 인터뷰(98. 3. 4)에서 이렇게 말했다.

김대중 대통령은 당초 임동원 아태평화재단 사무총장을 통일부장관에 임명하려 했으나 내각 인선을 최종적으로 결정하면서 임동원 총장에게 "내가 긴히 통일부장관으로 쓰고 싶은 사람이 있으니 양해해 달라"는 말씀을 하셨다고 해요.

자신을 합리적 보수주의자라고
설명하는 강인덕 전 통일부장관.
현실주의에 입각한
대북포용정책을 펼쳤다는
평을 받았다.

　대통령은 원래 통일부장관으로 임총장이나 박재규 극동문제연구소
장을 염두에 두었던 것같은데, 최종적으로 강인덕 소장을 택했지요.
　임총장은 원래 통일부차관까지 지낸 분이기 때문에 차관급인 외
교안보수석을 맡는 것은 격에 맞지 않지만, 형식상의 지위를 떠나
대통령의 의중을 가장 잘 아는 인사가 지근거리에서 외교안보정책
을 총괄하기 위해서는 임총장을 외교안보수석으로 두는 게 낫다고
김대통령은 판단한 것이라고 봅니다.

　임동원 총장이 초대 외교안보수석으로 임명된 것은 그렇다 치더
라도 왜 언론에 오르 내리던 박재규 총장에서 강인덕 소장으로 방
향이 전환됐는지에 대해서는 여전히 미지수다. 여기에는 측근들의
존안자료보다는 대통령 자신의 판단이 더 컸던 것으로 보인다.
　실제 강인덕 장관은 조각 발표가 있던 98년 3월 3일 통일부 출
입기자단과 가진 첫 기자회견에서 "김대통령과 특별한 친분관계가
있었던 것은 아니고, 아태재단 강좌에 한 두 차례 출강한 적이 있
고, 3~4년 전 점심을 함께 하면서 통일문제에 대한 소신을 말씀드

린 적이 있다"고 밝혔다. 또 장관 임명통보도 취임 당일 오전 7시 30분 경에 받았다고 털어놓았다.

조각 발표 직전까지 그의 이름이 언론에 전혀 언급되지 않은 점에 미뤄볼 때 강인덕 장관 인사는 철저하게 김대통령 자신의 판단에 따른 것이라고 볼 수 있다. 주위의 추천을 받지 않은 독자 인사인만큼 김대통령은 강인덕 장관에 대한 세간의 평에 대해 아주 심려를 한 것으로 보인다.

박선숙 청와대 부대변인겸 공보기획비서관은 "김대통령은 강인덕 장관의 활동에 아주 만족스럽게 생각하시는 것같아요. 강장관에 대한 신문기사나 방송이 나올 때마다 '내가 사람 하나 잘봤지' 하는 말씀을 자주 하셨습니다"고 말했다.

강인덕 장관은 자신의 성향 때문에 취임 초부터 시달렸다. 진보적 인사들은 김대중 정부가 강인덕같은 대북 압박론자, 강경 보수론자를 통일부장관에 임명할 수 있느냐고 연일 문제제기를 했다.

특히 경제정의실천연합 통일협회, 한국기독교사회문제연구원, 학술단체협의회 등 18개 진보단체들은 98년 3월 7일 경실련 강당에 모여 공동기자회견을 갖고 "중앙정보부에 몸담았고, KBS 사회교육방송에서 매일 공격적인 대북 발언을 해온 인물이 통일부 장관을 맡는 것은 부적절하다"는 내용의 성명서를 발표했다.

진보단체들이 유독 통일부장관 인선을 문제삼은 것은 김대중 정부의 대북정책에 거는 기대가 그만큼 컸기 때문이다. 김영삼 정부 초기 진보적인 사회학자인 한완상씨를 통일부총리로 임명한 사실을 기억하는 인사들은 김대중 대통령이 보수층의 이반을 우려해 지나치게 몸을 사리는 게 아니냐는 우려의 눈길을 보내기도 했다.

북한은 북한대로 강장관을 '국민의 정부의 흑점'이라고 연일 비난의 고삐를 늦추지 않았다. 또 강인덕 장관이 있는 한 남북대화를 하지 않겠다고 으름장을 놓기도 했다. 98년 3월 3일자「노동신문」은 '흑점은 가셔져야 한다' 제목의 논평기사에서 "북남관계 개선과 통일에 이롭지 못한 인물이 남조선 새 정권의 통일 주관 부서에 들어앉아 북과 남에 일고 있는 화해와 통일의 기류에 역행하는 괴이한 일"이라면서 "우리의 대화 일방인 남조선 새 정권의 통일 주관 부서에 환영할 수 없는 인물이 기용된데 대해 우려와 실망을 금할 수 없다"고 지적했다. 「노동신문」은 또 강장관을 '퇴물' '반통일분자'로 묘사하며 연일 강인덕 비판에 열을 올렸다.

반면 강장관과 동고동락해온 북한 출신 실향민 친구들은 "도대체 뭘 바라고 김대중 밑에 들어갔느냐"면서 비판한 것으로 알려졌다.

강장관은 이렇듯 진보진영은 물론 그가 몸담고 있던 보수진영으로부터도 축복보다는 우려와 의혹의 시선을 받으며 가볍지 않은 발걸음을 통일부로 옮겼다.

강장관은 자신에 대한 주위의 시선이 곱지 않다는 것을 의식한 듯 98년 3월 3일 취임 기자회견에서 "보수와 진보의 차이는 변화하는 정세에 어떻게 적응하느냐에 달려 있다"면서 실사구시(實事求是)적 관점에서 대북정책을 펴겠다고 밝혔다. 또 냉전적 상황에서는 보수, 진보냐 하는 색깔논쟁이 있을 수 있겠으나 이데올로기 대결이 종식되고 남북간 체제경쟁이 종결된 상황에서 보수-진보논쟁은 무의미하다고 일침을 놓았다. 보수냐 진보냐 하는 색깔 논쟁에서 벗어나 현실주의적 관점에서 북한을 변화시키는 정책을 펴겠다는 게 강장관의 소신인 셈이다.

강장관은 자신이 통일부 장관으로 낙점된 계기와 관련해 "북한문제, 공산주의 연구를 일생의 본업으로 삼다보니 현시점에서 대통령께서 생각하시는 통일 구상을 실천하는데 내가 필요한 것이 아닌가 추측된다"고 밝혔다.

실제 색깔논쟁에 시달려 왔던 김대통령이 강인덕 장관을 발탁한 것은 탁월한 판단이라는 게 일반적이다. 대북문제만큼 보수-진보세력의 의견이 명확히 구분되는 분야도 없는데, 북한 출신인데다 박정희 대통령 때부터 중앙정보부(현 국가정보원)에 몸담으며 대북문제 전문가로 활동해온 강장관은 안성마춤이라는 것이다.

국민회의 이상수 의원은「문화일보」정치부 기자들과의 간담회(99. 2. 22)에서 "보수주의자가 펼치는 개혁이 진보주의자가 펼치는 개혁보다 안정감있게 추진된다"면서 강인덕 통일부장관과 박상천 법무부장관을 대표적인 예로 꼽았다.

실제 강인덕 장관이 부임후 펼쳐온 남북경협활성화조치, 대북지원창구 다원화 조치, 현대의 금강산관광 및 개발사업 승인, 보수-진보단체 인사들과의 연쇄토론회 등은 대북문제에 대한 전문성과 함께 업무에 대한 자신감이 있었기 때문에 가능했다는 게 일반적인 평가다.

그는 98년 4월 베이징 남북 차관급회담 때는 10여일간 매일 삼청동 남북회담사무국에 출근하며 회담 상황을 진두 지휘하는 야전사령관 역할을 했다. 역대 통일부장관들이 회담 결과를 보고만 받은 것에 비춰볼 때 상당히 파격적인 행보라 할 수 있다.

금강산 사업에 대해 현대측과 통일그룹이 경합이 붙었을 때도 "현단계의 남북 현실에서 기업이 같은 사업에 대해 경쟁적으로 진출하는 것은 바람직하지 않다"면서 과감하게 통일그룹을 주저앉히는 결단성도 발휘했다. 통일그룹에 대해 일면 불이익을 준 감도 없지 않지만, 그에 대한 정치적 책임은 자신이 지겠다는 게 강장관의 소신이었다.

더구나 진보단체 인사들과도 거침없이 정책토론을 펼쳐 김대중 정부의 대북정책에 대해 논쟁하고 설득하는 일도 직접 했다. 역대 장관들은 엄두에도 내지 못한 일이다.

특히 강장관은 경실련의 정책 세미나에 참석, 이영희 한양대 명예교수, 이장희 한국외국어대 교수 등 진보진영 인사들과 대북정책 토론회(98. 6. 20)를 갖고 뒷풀이 자리에서는 민주화실천가족협의회(민가협) 어머니들과 막걸리를 함께 하며 시국을 논하는 열린 대화를 할 정도의 소탈한 인물이기도 하다.

강장관은 강직한 성품의 인물이라는 게 주변의 평이다. 78년 중앙정보부를 떠난 이후 20년간 자신의 집에 극동문제연구소를 차려 놓고 북한문제 및 공산권 연구의 외길을 걸어 왔다. 정릉에 위치한 강장관의 자택 바로 옆의 양옥집에 차려진 극동문제연구소에는 그가 평생 사재를 투자해 모아 놓은 2만권 이상의 장서와 자료가 빼곡하게 들어차 있다.

그는 이곳에서 글도 쓰고 연구도 하고, 외국에서 찾아온 연구자들도 만났다. 중앙정보부를 떠난후 20년간 정권이 바뀔 때마다 여당에서 국회의원 출마 권유를 했지만 그때마다 유혹을 뿌리쳤다.

평양이 고향인 그는 평양고보 재학 시절 정당 사회단체 연석회의 참석차 입북한 김구 선생을 만난 적이 있다. 당시 김구 선생을 안내하여 평양고보를 찾은 사람은 후에 북한의 주석이 된 김일성인데, 강장관은 이 사실을 70년대 남북조절위 위원으로 방북했을 때 김일성 주석에게 공개했다는 얘기를 기자들에게 전하기도 했다.

강장관은 통일부 기자들과의 오찬간담회(98. 3. 9) 자리에서 북에 두고온 누님이 있다며 다음과 같이 회고했다.

70년대 남북조절위원회 시절 북한에 올라가니 북한에서 내 누님을 만나라고 해. 그래서 내가 말했지. "나는 남북대화하러 왔지 내 누님 만나러 오지 않았다. 1천만 이산가족들이 한숨을 쉬고 있는데 어찌 나 혼자만 여기서 누님을 만나겠나." 그랬더니 그이들이 "그러면 비공식으로 아무도 몰래 만나라"고 넌지시 얘기를 해. 그것도 거절했어.

나중에 이산가족들이 다 함께 만날 때 그때 만나겠다고. 지금 살아 계시면 77세나 78세가 될 텐데 생사 여부는 확인하지 못하고 있지. 전쟁 때 우리 가족은 모두 내려왔는데, 그 누님은 그곳에서 출가를 해서 임신중이어서 우리 가족과 함께 못왔지.

19세 때 평양을 떠났다는 강장관은 50년대부터 공산주의 연구를 시작했으며, 개인적으로 『사상계』의 영향을 많이 받았다고 한다. 61년 중앙정보부 창설 때 북한분석관으로 입사한 뒤 65년 북한과장을 지냈고, 이후 줄곧 북한 분석 파트에서 일했다. 사무관 시절 박정희대통령에게 대북문제 브리핑을 워낙 탁월하게 해서 박대통령의 사랑을 한몸에 받았다고 한다. 박대통령의 총애로 안기부 사무관에서 과장, 과장에서 국장으로의 진급도 빨랐다.

그가 78년 중앙정보부를 그만둔 것은 일설에 알려진 것처럼 현대아파트 특혜분양사건 때문이 아니라 김재규 당시 중앙정보부장과의 불화 때문이라고 강장관은 취임기자회견에서 해명한 적이 있다. 그리고 한 해 뒤 박정희 대통령은 김재규의 총탄에 맞아 절명했다.

강인덕 장관은 99년 5월 24일 김대중 정부 2기 내각 출범 때 통일부장관직을 임동원 외교안보수석에게 인계하고 통일부를 떠났다.

국가안보회의 신설 논란

'햇볕론'의 전도사로 불리는 임동원
청와대 외교안보수석.
99년 5월 24일 통일부장관이 됐다.

김대중 정부가 출범한 뒤 가장 달라진 게 국내정치에 대한 고려 속에서 진행됐던 대북정책이 제자리를 찾게 됐다는 점이다.

아태평화재단 사무총장 시절부터 김대중 대통령과 교감을 맞춰온 임동원 외교안보수석은 청와대 입성 직후부터 정부내 통일외교안보 관련 최고협의체인 통일안보정책조정회의에 칼날을 들이댔다.

문민정부 당시 김영삼 대통령의 지시에 의해 급조된 임의기구인 통일안보정책조정회의를 합법적인 기구로 만들겠다는 구상을 실천해 나갔다. 그러나 해프닝이 없지 않았다. 대통령직 인수위원회에서는 통일안보정책조정회의를 폐지하려 했으나, 정권 출범 후 이 회의체의 필요성이 인식되자 통일안보정책조정회의의 틀은 그대로 유지하되, 이름만 바꿔 외형적으로는 헌법에 보장된 대통령 자문기구인 국가안보회의 밑에 두려 했다. 이래서 결정된 명칭이 기존의 명칭에서 '통일'을 떼어낸 '안보정책조정회의'였다.

박지원 청와대 대변인은 98년 3월 5일 정례 브리핑에서 "법적

근거가 없다고 지적받아 오던 통일안보정책조정회의를 폐지하지 않고, 대통령 자문기구인 국가안전보장회의의 하부기구로 합법적 지위를 부여해 존치키로 했다"면서, 명칭은 안보정책조정회의라고 밝혔다.

김대중 정부 출범 직후인 3월 7일 강인덕 통일부장관과 박정수 외교통상부장관, 천용택 국방부장관, 이종찬 안기부장, 정해주 국무조정실장, 임동원 외교안보수석 등은 안보정책조정회의라는 어정쩡한 이름의 첫 회의를 했다.

그러나 이 어정쩡한 명칭은 곧바로 변경됐다. 필자가 〈통일〉 떼어낸 안보정책조정회의'라는 제목의 취재수첩(「문화일보」98년 3월 9일자)을 쓴 바로 그날이다.

필자는 이 취재수첩에서 "당초 김대중 대통령은 통일안보정책조정회의를 불법적인 편의기구라며 폐지하겠다고 했으나 '통일'만을 삭제한 채 그대로 존치시켰다. 더구나 안보정책조정회의는 국가안

김대중정부 출범후 통일안보정책조정회의가 국가안보회의 상임위원회로 바뀌면서 구성원들이 한 자리에 모였다.

전보장회의의 산하기구라는 법적인 근거까지 둠으로써 더 강화시켰다"고 지적했다.

필자는 또 "통일을 떼어낸 안보정책조정회의가 과거 조정회의의 문제점인 장관들간의 힘겨루기, 즉흥적인 대북정책결정을 피할 수 있는 조정장치가 있느냐 하는 점"이라고 비판했다.

그런데 바로 이 날 오후 임동원 수석은 브리핑을 자청, 국가안보회의 상설기구화 방침을 발표하면서 국가안보회의 전체기구표까지 공개했다. 대통령이 참석하는 국가안보회의는 분기별로 개최하되, 국가안보와 관련된 일상적인 부서간 정책 협의는 국가안보회의 상임위원회에서 다루겠다고 밝혔다.

이와 함께 상임위를 보좌하는 실무 조정위와 정세평가위를 신설하고, 국가안보회의 관련 전체 사무는 사무처를 신설, 외교안보수석이 총괄하겠다고 밝혔다. 겉은 복잡하지만, 핵심은 말많고 탈많은 안보정책조정회의를 국가안보회의 상임위원회로 변경시키고 합법적인 기구로 만들겠다는 내용이다.

「문화일보」는 청와대와 세종로청사 등에 낮 12시 30분 전후에 배달되기 때문에 당시 임동원 수석은 신문을 보고 국가안보회의 상설화 방침 발표 일정을 앞당겼을 가능성이 높다.

이런 이유로 필자는 '취재수첩'을 판갈이하는 '초유'의 경험을 하게 됐다. 「문화일보」는 석간이지만 일부지역에서는 조간으로 배달되기 때문에 지방의 조간 독자들을 위해 임동원 수석의 변화된 의지를 가미해 새롭게 취재수첩을 썼다.

이번의 제목은 '안보회의 명칭 변경의 허실(虛實)'로 달았다. 취재수첩의 내용도 다음과 같이 바뀌었다.

임동원 수석은 안보조정회의가 통일안보정책조정회의의 재판(再版)이라는 지적이 있자 9일 오후 이것을 국가안보회의 6인상임위원회로 하겠다고 발표했다. 그러나 문제는 통일안보조정회의에서 통일을 떼어내 안보조정회의로 바꾸고, 이것을 다시 여론에 밀려 국가안보회의 6인상임위로 변화시켰다고 해서 과거 조정회의의 문제점을 피할 수 있겠느냐는 점이다.

실제 김영삼 정부 때 통일안보정책조정회의는 150여 차례 열렸지만, 외교안보수석과 통일원장관, 외무부장관, 안기부장간의 힘겨루기와 알력 때문에 말싸움이 많았던 것으로 알려졌다. 더욱이 안기부장은 대북정보를 이 회의에 내놓지 않고 대통령에게 직접 보고해 말썽을 일으키는 경우가 많았다.

김영삼 정부 말기 모 외무부장관은 회의 자리에서는 통일부의 보고사항에 동의하다가 막상 부에 돌아가서는 딴소리를 해 통일부장관은 입버릇처럼 "○○○ 외무부장관은 메뚜기 대가리냐"는 비난성 발언을 했다는 얘기도 있다.

따라서 외교안보정책을 총괄 조정해야 하는 외교안보수석으로서는 통일안보정책조정회의를 어떻게든 수술해야 하는 게 첫 과제였다.

수술방안에 대한 부처별 의견은 상이했다. 통일부측에서는 내각의 총괄 조정기능을 강화할 수 있도록 기존의 통일관계장관회의를 강화하자는 안을 내놓았고, 청와대측에서는 청와대가 직접 관장할 수 있는 회의체를 선호했다.

대통령직인수위원회가 활동했던 98년 2월 당시 통일부에서는 「국가안전보장회의 모델의 문제 검토」「헌법적 측면에서의 (국가안보회의) 검토 의견」이라는 내부보고서까지 만들어 청와대의 독주에 비판적인 견해를 보이기도 했다.

당시 통일부가 마련한 「국가안보회의 문제 검토」 보고서는 다음과 같다.

미국의 국가안보회의는 국가안보와 연관된 국내 외교·국방정책의 통합에 관해 대통령에게 조언을 하는 것이 기본임무이며, 외교수단의 연장으로서의 군사력 행사문제를 논의하는 것이 주요기능이다. 이에 따라 국무부와 국방부, 중앙정보국 출신의 방대한 인력(155명)을 보유하고 있다.

그러나 이를 모방하여 국가안보문제에 관한 대통령 자문기구로서 헌법기구인 국가안보회의(91조)를 통일외교안보정책에 관한 총괄 조정기구로 만드는 것은 부적절하다.

첫째, 국가안보를 다루는 기구에서 통일문제를 다루는 것은 위헌적인 요소가 있다. 통일문제에 관한 대통령자문기구로는 민주평화통일자문회의가 있기 때문이다.

둘째, 정책적 관점에서도 대북 안보문제를 다루는 기관에서 남북관계 개선 등이 주 관심사인 통일문제를 다루는 것은 부적절하다.

셋째, 방대한 인력의 조직을 신설해 대통령 직속기관화하는 것은 작은 정부, 작은 청와대를 구현하려는 의지에 배치된다.

넷째, 새로운 기구를 설치하면 문제가 해결될 것으로 보는 식의 '제도적 접근' 방식은 위험하다.

다섯째, 대북정책을 통치 차원에서 직접 좌우하기보다는 내각 자체의 총괄 조정기능을 정상화하는 것이 긴요하다.

「헌법적 측면에서의 검토의견」이라는 문건에서는 "국가안전보장회의가 통일정책에 관해 대통령의 자문에 응하거나 협의, 결정하는 것은 '위헌' 이다"라고까지 강도높게 지적했다.

그러나 이같은 통일부의 주장은 '소수의견' 으로 치부됐고, 결국 98년 3월 정권 출범 후 우여곡절을 거쳐 국가안보회의로 낙착됐다. 김대중 대통령은 출범 후 다른 부처에 대해서는 불만을 표시하면서도 임동원 수석이 이끄는 외교안보팀, 국가안보회의 시스템에 대해서는 만족감을 표시했다. 여기에는 임동원 수석의 치밀한 성격, 조직적 사고가 큰 장점으로 작용한 것이라고 정부 당국자들은 밝혔다.

임동원 수석이 기존의 청와대 비서 라인인 외교안보수석실과 국가안보회의 사무처를 균형있게 이끄는 능력을 지닌 덕분이라는 것이다.

이것은 뒤짚어 얘기하면 국가안보회의 시스템 운영은 임동원 수석이 있기 때문에 가능하다는 분석도 가능하다. 임동원 수석이 없는 상태에서는 외교안보 조직 운영에 불협화음이 생겨날 가능성이 있다는 우려가 정부 일각에서 나온 것도 바로 이 때문이다.

99년 5월 24일 개각으로 임동원 수석은 통일부장관이 됐다. 신임 외교안보수석은 군사정전위원회 수석대표를 역임한 황원탁 전 파나마 대사가 임명됐다. 임동원 수석을 보좌했던 박용옥 국가안보회의 사무차장도 99년 5월 25일 차관인사 때 국방부차관으로 임명되면서 국가안보회의를 떠났다. 국가안보회의 운영과 외교안보비서실 조직 운영이 본격적인 시험대에 오르게 됐다.

한가지 흥미로운 점은 말 많고 탈 많았던 국가안보회의 상임위원회 신설논란은 이 위원회가 정상 궤도에 진입하기 시작할 무렵 국회 국방위원회에서 불거져 나왔다는 것이다. 자민련 이동복 의원이 98년 5월 11일 국회 국방위원회 여야 간사 접촉 때 이의를 제기하고 나섰다. 여당측 간사인 이동복의원은 "청와대 외교안보수석이 국가안보회의 사무처장을 맡으면 비서실 기능이 비대화하고, 청와대의 행정부 통제 기능 또한 강화된다"고 주장, 국가안전보장회의법 개정에 찬성할 수 없다고 했다.

국가안전보장회의법 개정안은 논란 끝에 98년 5월 15일 국회에서 통과됐다.

이동복의원이 국가안전보장회의법 개정에 반대했던 것은 기본적으로 외교안보통인 그의 판단에 따른 것이겠지만, 그가 91년 남북 기본합의서 체결을 위한 남북 고위급협상 때부터 임동원 수석과 '앙숙지간'이라는 점도 배제할 수 없는 듯하다.

당시 임동원 수석은 통일부 차관으로, 이동복의원은 안기부장 특보 자격으로 남북 고위급회담에 참석했는데, 두 사람의 불화는 결국 '훈령조작사건'으로 표출됐고, 두 사람은 아직도 이 사건의 상처를 치유하지 못하고 있다.

　임동원 수석이 청와대에 입성한 뒤 이동복의원은 상임위원회를 통일외교통상위에서 국방위로 옮겼다. 물론 까마귀 날자 배 떨어진 격이겠지만, 두 사람은 되도록 부딪치지 않으려 했다가 다시 국방위에 상정된 국가안전보장회의법으로 정면 대결을 했던 셈이다.

　임동원 수석은 당시 이동복의원의 반대로 '안전보장회의법' 개정이 논란을 빚고 있다는 언론보도에 대해 "자민련과 정책협의가 끝난 사항인데, 이동복의원의 발언을 침소봉대해 오히려 문제"라면서 불편한 심기를 드러낸 바 있다.

김대중시대 남북 고수들의 첫 격돌

베이징 남북차관급회담 막전막후

98년 4월 베이징에서 개최된 남북차관급회담은 김대중 정부 들어 처음으로 남북 당국자들이 만난 자리라는 점에서 안팎의 관심을 끌었다. 특이 이 회담은 94년 7월 남북정상회담을 위한 실무접촉이 김일성 북한 주석의 사망으로 중단된지 3년 9개월만에 마련된 대좌라는 점에서 주목을 받았다.

이 회담은 98년 4월 4일 북측이 전격적으로 제의함에 따라 성사된 것이지만, 비료 지원과 이산가족 상봉문제에 대한 남북 양측의 이견 때문에 합의에 이르지 못하고 결국 결렬로 마감됐다. 하지만 아무 성과가 없었던 것은 아니다.

남북 양측 모두 상대방을 탐색할 수 있는 더할 나위없는 기회였기 때문이다. 남측에게 이 회담은 김대중 정부 출범에 따라 새롭게 수립한 대북정책을 현장에서 점검해볼 수 있는 기회였고, 북측에게는 97년 10월 김정일 노동당 총비서체제가 출범한 후 처음으로 가진 당국간 대화였다는 점에서 의미가 있다. 말하자면 남쪽에서는 김대중 정부, 북쪽에서는 김정일 총비서체제가 출범하면서 남북의 고수들이 첫 격돌한 자리였다.

이 회담은 북한이 4월 4일 남북 차관급(북측은 부부장급이라는 표현을 씀) 회담을 제의해 옴으로써 시작됐다. 북한적십자회 이성호 위원장 대리 명의로 온 전화통지문에서 북측은 "우리는 남측 통일부 성원들이 지난 3월 말 베이징에서 제의한 바 있는 북과 남 사이의 비료문제 등 서로 관심사로 되는 문제들을 협의하기 위해 우리측에서 부부장(차관)급을 단장으로 하는 5명의 대표단을 오는 4월 11일 종전대로 베이징에 내보낼 것"이라면서 "귀측의 상응하는 조치를 기대한다"고 밝혔다.

이에 대해 남측은 이틀 후인 4월 6일 오후 판문점 남북적십자 상설연락사무소 직통전화를 통해 "오는 4월 11일 통일부차관을 수석대표로 하는 5명의 대표단을 내보내겠다"고 통보했다. 남측은 북측이 회담장소로 지정한 베이징을 가급적 판문점이나 한반도내 장소로 하자는 수정 제의를 했으나 두 세번의 전통문이 오간 끝에 회의 장소는 '베이징 차이나월드 호텔'로 낙착됐다.

남측은 '남북 당국간 대화'라는 점에서 한반도 내에서 회담을 해야한다는 주장이었으나, 북측은 한사코 베이징을 주장, 관철시킨 것이다. 북한이 판문점을 거부하는 이유는 96년 4월 북측이 판문점에서 군사정전위를 철수시킨 후 판문점을 한반도 분쟁의 장으로 부각시키려는 전략에 따른 것으로 볼 수 있다.

정부는 '남북대화는 판문점에서 개최해야 한다'는 원칙을 버린 것은 아니지만, 모처럼 마련된 자리인만큼 회담 장소라는 형식 때문에 거부하는 것은 좋지 않다는 판단에 따라 베이징을 수락했다. 남북 양측이 베이징을 택한 것은 본회담 이외에 다양한 막후접촉을 부담없이 할 수 있기 때문이기도 하다.

이와 관련 강인덕 통일부장관은 "당국회담은 물론 판문점에서 하는 것이 가장 바람직하지만, 판문점 회담장에 앉으면 남측 대표나 북측 대표나 모두 등 뒤의 당국을 생각하고, 폐쇄회로 TV로 녹화되는 것을 의식하기 때문에 강경해지고 정치적 발언을 하지 않을 수 없다"고 밝힌 바 있다.

베이징은 이런 정치적 부담이 적기 때문에 자유로운 실무접촉을 할 수 있다는 장점이 있다는 것이다. 이런 이유로 남북당국간 만남은 당분간 베이징에서 개최될 가능성이 높다. 남북차관급회담은 이렇듯 북측의 제안에 따라 베이징에서 개최됐지만, 그 배후에는 앞의 전통문에서 북측이 밝힌 것처럼 남북간의 막후접촉이 있었다.

강인덕 장관은 회담 시작에 앞서 중앙 일간지 편집국장과의 만찬 자리(98. 4. 10)에서 "이번 남북 차관급회담은 막후협상에 의해 성사된 것"이라면서 "지난 3월 베이징에서 개최된 남북적십자 5차 접촉 때 당국회담에 대한 친서를 북측에 전했다"고 털어났다. 남북 당국간 막후협상이 필요하다는 얘기는 강인덕 장관은 물론 이종찬 안기부장도 여러 차례 거듭했던 것이지만, 현실적으로 막후 채널이 가동된 것은 김대중정부 들어 이번이 처음이다.

뒷 얘기는 이렇다.

김순권 경북대 교수가 98년 1월 말 북한을 방문했을 때 김교수는 "북한이 남한으로부터 비료지원을 받는다면 곡식 생산이 엄청나게 늘어날 것"이라고 말했고, 이에 따라 북측은 김교수를 통해 남측에 20만톤의 비료 지원을 해달라고 요청했다. 이에 대해 남측은 98년 3월 베이징 5차 적십자 접촉 때 북측이 당국간 회담을 제의해오면 거기에서 비료지원문제를 논의하겠다고 밝혔고, 강인덕 장관의 친서까지 북측에게 전달한 것이다.

북측이 앞의 전통문에서 "남측 통일부 성원들이 지난 3월 말 베이징에서 제의한 바 있는"이라는 표현을 쓴 것은 바로 이런 상황을 염두에 둔 것이다. 즉 명분을 중시하는 북측은 이 회담이 어디까지나 자신들이 제의하는 것이 아니라 남측이 비료를 주겠다고 해서 나온 것이라는 점을 부각시킨 것이다. 실제 이것은 회담이 개최된 이후 북측 대표들이 수미일관하게 반복한 주요 논점이기도 하다.

이후 정부는 회담 기일이 촉박한 만큼 연일 남북회담 사무국을 중심으로 회담 의제와 전략 조율을 위한 회의에 착수했다. 회담 사무국은 특히 과거 남북회담에 참여했던 '원로'들이 참여하는 '시뮬레이션 회담'도 개최해 북한의 회담 전략에 대한 대응책도 마련했다.

정부는 기본적으로 비료지원에 대한 원칙을 밝힌 후 비료의 지원량과 시기를 이산가족 상봉, 특사 교환, 경제공동위원회 가동 문제를 연계시켜 의제화한다는 '병행전략'을 마련했다. 비료 지원량은 북한 요청대로 받아들이되 지원 시기를 이산가족, 특사교환문제와 연결시켜 제안하고, 경제공동위원회도 설치해 남북경협에 대한 세부적인 논의를 하겠다고 밝혔다.

이 회담에 참석한 남측대표단은 정세현 통일부차관을 수석대표로 조건식 청와대 통일비서관, 김동근 농림부 국장, 손인교 남북회담 사무국 기획부장, 서영교 통일부 국장 등이다.

정세현 차관은 95년 베이징 쌀회담 때 청와대 통일비서관 자격으로 참석했던 경력이 있으며, 조건식 통일비서관은 통일부 교류협력국장을 지낸 대북경협 전문가다. 김동근 농림부 국장은 주미대사관 농무관, 농림부 농업정책국장으로 근무해 온 농업협상 전문가이고, 손인교 기획부장은 회담사무국 연락부장과 통일부 제2정책관을 역임한 남북대화 전략기획가이다. 서영교 국장은 70년대부터 남북대화 업무에 깊숙이 관여해온 대북문제 베터랑이다.

반면 북한은 남측대표단이 4월 10일 베이징에 도착한 후 대표단 명단을 통보해 왔다. 남측 대표단의 면면을 분석한 후 고심 끝에 인원을 선발했다는 흔적이 역력하다.

수석대표인 전금철 정무원 책임참사는 95년 베이징 쌀회담 때 대외경제협력추진위 고문 직함으로 북측 단장을 지냈던 인물이다. 김일성대 정치경제학 박사답게 차분하고 논리적으로 얘기를 풀어가는 사람으로 정평이 나 있다. 그는 72년 남북조절위 북측 대변인을 맡은 이후 4반세기 동안 남북대화 업무에 종사해온 대화일꾼이다. 70년대 남북대화에 모두 관여했으며, 85년 남북 국회회담을 위한 예비회담 북측 대표단장, 92년 남북고위급회담 화해공동위 북측 위원장으로 활약했다. 아태평화위 부위원장, 조국평화통일위원회 부위원장, 대외경제협력추진위 고문 등 공식 직함만도 대여섯개가 넘는다.

이성덕 대표는 정무원 대외경제위 국장 직함을 갖고 나왔는데, 베이징 쌀회담 대표였으며, 96년 4월 미국 조지워싱턴대에서 열린 '한반도경제협력회의'에 참석해 국제사회에도 꽤 알려진 인물이다.

흥미로운 점은 북측 대표 가운데 이창호, 김성림, 이치훈 3인이 광명성경제연합회 소속 인물이라는 점이다. 김정일 노동당 총비서의 아호를 딴 광명성경제연합회는 형식상으로는 정무원 산하단체이지만 실질적으로는 김정일 노동당 총비서가 직접 관장하는 대외무역 및 남북경협기구로 알려져 있다. 그만큼 실세들이 이번 회담에 참석했다는 것이다.

김성림 대표는 90년 남북고위급회담 수행기자였으며, 베이징 남북적십자 접촉 북측 대표로도 활동했다. 이창훈 대표는 금수산무역공사 등 북한의 대외무역 파트에서 일해온 인물이다. 이치훈 대표는 대외경제위원회 국장을 지낸후 지난해 12월부터 광명성 경제연합회 중국주재대표부 대표로 베이징에 거주하고 있어 대북진출을 꾀하는 우리 기업인들의 단골 협상창구이기도 하다.

통일부가 마련한 인사 파일에는 전금철 정무원 참사와 이성덕 대외경제위 국장, 김성림 광명성경제연합회 실장 등 3인이 들어 있어 문제가 없었는데, 이치훈 대표와 이창훈 대표가 처음 공개되는 이들이어서 긴장했다. 이치훈은 비료전문가로 알려졌다.

남북 양측은 4월 11일부터 18일까지 7박8일간 베이징 차이나월드 호텔에서 세번의 전체회의와 네번의 수석대표 접촉을 가졌다. 남측

정세현 수석대표는 11일 밝힌 기조연설에서 북측의 식량난 타개를 위한 농약, 비료, 종자, 농기구 지원, 판문점 이산가족 면회소 설치 및 이산가족 생사 확인을 위한 우편물교환소 설치와 이산가족의 상봉 및 고향방문 실시, 남북기본합의서에 합의된 분야별 공동위원회 가동, 남북 최고당국자들이 지명하는 특사 교환을 제의했다.

또 "비료지원은 북측이 남북관계 개선을 위한 상응조치가 있어야 가능하다"고 밝혀 비료지원과 이산가족문제를 연계시켜나갈 것을 분명히 했다.

이에 대해 북측 전금철 수석대표는 기조연설에서 "남측이 비료를 지원해주겠다고 해서 이 자리에 나왔다"면서 의제는 비료지원과 북남 관심사로 하되 의제 토의순서는 비료지원을 우선하자고 밝혔다. 전대표는 또 "어떠한 부대조건도 없는 지원이 북남 화해를 도모하고 북남대화을 여는데 기여할 것"이라고 밝혀 무상지원을 염두에 두고 있음을 분명히 했다.

이같은 양측 수석대표의 기조발언은 베이징 차관급회담이 결코 순탄치 못할 것임을 드러내주기에 충분했다. 남측은 비료지원—이산가족 연계 입장을 분명히 한 반면 북측은 선비료지원 후이산가족 논의라는 단계론을 주장했기 때문이다.

이후 남북 양측은 8일간 피말리는 협상과 절충을 거듭했다. 최종 국면에서 남측은 "북측이 이산가족면회소 설치 시기를 확정하고 이를 위한 적십자회담을 받아들일 경우 비료지원을 시작하겠다"고 제안했으나 북측은 "비료지원을 시작하면 자연스레 이산가족면회소 설치를 위한 논의를 하겠다"고 맞서 결국 '결렬'이라는 파국을 맞게 됐다.

전금철 수석대표는 18일 오전 기자회견에서 "남측이 비료지원을 해준다면서 내세운 정치적 부대조건은 대단히 엄혹하다"면서 "더이상 회담을 진행시키는 것은 의미가 없다"고 선언했다. 그는 또 "우

98년 4월 남북 베이징 차관급 회담은 김대중정부 출범 후 처음으로
열린 남북당국간 회담이라는 점에서 주목을 받았지만, 비료지원 조건을
둘러싼 남북간 이견으로 결렬됐다. 왼쪽은 남측 수석대표인 정세현
통일부 차관, 오른쪽은 북측 수석대표인 전금철 정무원 책임참사.

리는 비료가 필요하지만 국가의 자주권과 바꿀 생각은 없다"는 '명
언'을 남기고 회의장을 떠났다.

그는 이산가족면회소 설치 시기를 확정해 달라는 남측의 요구를
'정치적 부대조건'이자 내정간섭이라고 해석, 국가자주권과 비료를
바꾸지 않겠다는 말을 한 것으로 풀이된다. 북측에게 이산가족문제
는 그만큼 부담스럽고 풀기 어려운 난제인 게 확인된 셈이다.

차관급 회담이 결렬된 데 대해 여러가지 해석이 제시되고 있다.
우선 이 회담은 3년 9개월만에 재개된 것인만큼 남북 양측에게 서로
물러설 수 없는 중요한 회담이기 때문에 양측의 기세 싸움이 거셀
수밖에 없었다는 분석이다. 남측은 이번 회담이 새 정부의 '실사구
시 대북정책'의 첫 실험장인 만큼 북측에게 새 정부의 대화원칙을
명확히 주지시켜 주겠다는 의지를 분명히 했다. 설혹 회담이 결과없

이 끝나더라도 새 정부는 결코 북측에게 대화를 구걸하거나 강요하지 않겠다는 의지를 보여주겠다는 게 남측대표단의 한결같은 의사였다.

김대중 대통령이 이 회담에 앞서 내린 유일한 지침도 "대화를 강요하거나 구걸하지 말라"였던 것으로 알려졌다. 따라서 남측은 처음부터 북측에게 원칙없이 양보하거나 무조건적으로 비료를 지원할 수 없었다. 북측에게도 이 회담은 김일성 주석 사후 권력을 이어받은 김정일 총비서의 지도력과 권위를 입증해 보여야 하는 자리였다. 북측이 회담 시작 때부터 "이번 회담에 우리가 나온 것은 남측에 대한 아량이자 선물"이라고 주장했던 것은 이런 맥락에서 볼 수 있다. '선물'을 준만큼 어떻게 해서라도 비료를 지원받아야 한다는 게 이들의 논리였다.

그러나 며칠간 압박하면 남측이 과거처럼 두 손 들고 양보를 할 것이라는 북측의 예상과 달리 남측이 일관되게 원칙적 입장을 지키자 돌연 회담 결렬을 선언한 것이다. 이렇듯 이 회담은 '비료와 이산가족의 전쟁'이었다 해도 과언이 아니다. 남북 양측은 모두 물러설 수 없는 지점에서 회담을 결렬시킬 수밖에 없었던 것이다.

이 회담의 특징은 북한 대표들이 적극적인 '대남언론공세'를 폈다는 점이다. 이것은 베이징 남북적십자 접촉이나 제네바 4자회담 본회담 때 북측대표들이 보였던 모습과는 전혀 다르다. 우선 북측대표단은 원래 예정숙소였던 베이징 트레이더스 호텔 예약을 취소하고 한국 취재진이 머무는 징런(京倫)호텔로 옮겨 회담기간중 내내 한국 취재진들을 접촉했다. 남측대표단이 차이나월드 호텔에 머무는 관계로 한국 취재진들은 남측대표들보다 북측대표들을 더 자주 접하게 됐다.

북측대표들은 호텔 아침식사 시간에 식당에 어슬렁거리면서 한국 취재진을 기다렸고, 때로는 로비에서도 적극적으로 '접촉 공세'를 폈다. 또 한국 취재진들이 북측대표단을 어떻게 묘사하고 회담 방향에 대해 어떻게 쓰고 있는지에 대해 항상 촉각을 곤두세웠다. 그만큼 베이징 차관급회담은 앞으로 크고 작은 회담에 나오는 북한대표들과 관계자들을 남측 취재진들이 어떻게 만나고 취재할 것이냐에 대한 문제를 제기해준 회담으로 볼 수 있다.

취재기자로서는 북한대표들을 남한대표들과 똑같이 '취재' 해서 기사를 쓸 수 있는 아주 특이한 경험을 하게 된 것도 사실이다. 베이징 출장을 온 일본 요미우리 신문 기자는 "북한대표들은 그간 일본 신문을 통해 자신들의 주요 입장이나 회담전략을 알렸는데, 이번에는 한국 취재진들만을 상대해 의아스럽다"고 말했다. 북한대표단이 한국 취재진들의 숙소로 거처를 옮길 정도로까지 한국 취재진들에게 적극적인 자세를 보인 이유는 확인돼지 않았지만, 한국의 신문과 방송들에게 자신들의 입장을 적극 홍보함으로써 비료를 지원받는데 유리한 국면을 조성하려 한 것으로 보인다.

북한대표들은 한국 신문 방송에 대한 의존도가 심했고, 한국의 신문과 방송을 통해 남측대표단의 면면과 회담전략을 읽으려 했다. 이것은 북측이 이번 회담에 대해 정확한 정보나 구체적인 전략을 갖고 나오지 않았다는 것을 반증하는 대목이기도 하다. 전금철 수석대표는 두 차례의 기자회견에서 똑같이 기존의 정치적 입장만을 반복하려 들었을 뿐 회담을 진전시키기 위한 구체적인 방안을 제시하지 않았다. 며칠간 목청 높여 원론적 주장을 하면 적당히 남측대표들이 물러설 것이고, 남측 언론들도 그런 방향으로 나갈 것이라는 과거 경험에 매달려 있는 것같았다.

이 회담에는 한반도 문제에 대한 미국, 일본, 유럽 각국의 관심을 반영하듯 수많은 취재진들이 몰려왔다. 한국 취재진은 물론이고 일본 신문·방송들의 서울 주재 특파원들은 모두 활동지를 베이징으로 옮겼을 정도다. 취재경쟁도 치열했다. 북한대표들에게 누가 먼저 회담에 대한 입장을 듣느냐에 초점이 모아져 있어서 일부 취재진들은 베이징 특파원과 일본의 신문·방송팀과 역할분담을 해서 각대표들을 따라붙었을 정도다.

북한대표들은 취재진들에게 많은 얘기를 했고, 개인적인 견해들도 밝혔다. 특히 김성림 대표는 '북한대표단의 대변인'을 자임하면서 한국과 일본 취재진들을 만났다. 필자 또한 김성림 대표나 이성덕 대표를 호텔 로비나 식당에서 번번이 접촉하며 북한대표단의 회담전략을 취재해 기사를 썼다. 비록 제한된 조건에서나마 북한 사람들을 직접 취재하고 토론할 수 있었다는 것은 진기한 체험이었다.

이 때문에 필자는 서울로 돌아온 뒤 동료 기자들로부터 "북한을 이롭게 하는 기사를 썼다" "남측의 회담전략을 북측에게 알려줬다"는 모함을 받아 곤욕을 치르기도 했다. 물론 이것은 냉전적 사고가 체질화된 기자들이 북한 사람 접촉 자체를 금기시함으로써 발생한 해프닝이기도 하다.

금강산 관광길이 98년 11월 열린 이후 북한에 가거나 북한 사람을 만나는 것이 이제 일상적인 일로 됐다. 북한은 더이상 멀고먼 '금단의 땅'이 아니고 북한 사람들 또한 더이상 '외계인'이 아니다. 베이징 차관급 회담은 김대중 정부 출범 후 남북간의 첫 대좌였다는 점에서 의미를 찾을 수 있겠지만, 취재진들에게는 남북 화해시대에 북한인들을 어떻게 취재하고 어떤 관점에서 기사를 쓸 것인지에 대한 새로운 입장을 정립해야 한다는 점을 자각하게 한 자리였다는 점에서도 각별한 의미가 있다.

대북식량지원 논쟁
대북지원 무용론에서 무조건 지원론까지

96년 5월 「문화일보」 통일안보팀은 김영삼 정부 대북정책의 난맥상을 진단하기 위해 집중시리즈 '흔들리는 대북정책'을 연재한 적이 있었다.

자존심 강한 김영삼 대통령이 외교안보 분야에서 그렇게 자근자근 난타당한 것이 영 속상했던 탓인지 시리즈를 시작하자마자 반향이 왔다. 당시 통일부와 외무부, 국방부, 안기부 핵심실무자들이 「문화일보」 정치부장과 통일안보팀을 초청, 외교안보정책의 조정과정에 대한 간담회를 개최했다.

그것은 상당히 파격적인 자리였으며, 참석자들도 언론과 이런 식으로 만나 대화하는 것은 처음이라고 했다. 3시간여의 진지한 토론 끝에 서로 아주 유익한 자리였다며 재회를 약속했다. 핵심 당국자들은 대북정책에 대한 오해를 풀기 위해 이 모임을 만들었지만, 결국 문화일보팀이 이들을 비판하는 자리가 되고 말았다. 그러나 문화일보팀의 비판에 대해 자신들도 수용할 부분이 있음을 인정했고, 양측은 오히려 상호 신뢰를 깊게 하는데 도움이 됐다.

그때 가장 논란이 됐던 것이 대북식량지원 문제였다. 대북식량지원에 대해 어떤 원칙을 가져야 하는지, 준다면 어느 정도의 식량을 어떤 조건으로 줄 것인지의 문제, 그리고 대북 식량지원을 거부할 경우 어떤 원칙하에 그런 입장을 견지해야 하는지 모든 것이 분명하지 않고 그때그때 정황에 따라 정부정책이 춤추고 있었기 때문이다.

당시 우리는 정부의 대북정책결정자들이 대북 식량지원에 대해 어떤 생각을 갖고 있는지에 대해서도 조사를 했다.

무조건 지원해야 한다는 인도적 지원론, 식량지원을 북한 개방의 지렛대로 삼아야 한다는 변화유도론, 식량지원을 4자회담의 유인책으로 삼아야 한다는 4자회담 연계론, 식량을 지원하되 북한의 군축, 체제선전비 감축을 요구해야 한다는 식량·군축연계론까지 다양했다.

이 가운데 매년 일정량의 식량을 지원해 주되 이를 대북정책의 지렛대로 사용해야 한다는 입장을 가진 사람이 가장 많았다. 김영삼 정부는 95년 15만톤 쌀 지원 이후 발생한 인공기 게양사건, 삼선 비너스호 억류사건 등의 후유증으로 96년부터 식량지원에 소극적이었다.

당시 김영삼 정부는 대북 식량지원과 관련 북한 당국이 우리 정부에 직접 요청해야 하고, 이를 위한 회담은 한반도 내에서 개최되어야 하며, 북한은 남한 비방을 중지해야 가능하다는 '대북지원 3대원칙'을 고수해 왔다. 당연히 남북관계는 경화됐고, 정부 차원의 대북 식량지원은 중단됐다.

설상가상으로 96년 말 강릉에서 좌초한 북한잠수함에서 미국 버지니아 소재 메노니트 선교회에서 지원한 통조림의 상표가 김영삼 정부 말기인 97년 10월 뒤늦게 공개되자 대소동이 일어났다. 대북지원 식량이 군용으로 전용된 첫 사례를 두고 한·미 양국의 보수진영에서는 대북지원 무용론까지 등장했다.

98년 2월 김대중 정부가 들어서면서부터 이같은 강성기류는 상당히 완화됐다. 북한에 매년 일정량의 식량을 지원해야 한다는 견해가 지배적으로 됐다. 김영삼 대통령의 재임기간에는 정책 실무자들이

대한적십자사가
북한의 식량증산을
돕기 위해 지원하는
비료가 선적되고 있다.
한적은 99년부터
식량지원보다는
비료지원에 치중하고
있다.

대북 식량지원의 필요성을 인정하고 있었다 해도 그것을 정책화할
수 없었지만, 햇볕론을 일관된 대북정책으로 제시한 김대중 대통령
이 집권하면서부터 대북식량지원에 대한 정부내 이견이 사라진 것이
다. 조건이라면 북한이 이에 상응하는 성의를 보여야 한다는 게 유
일한 조건이었다.

정부 차원의 대북지원이 김영삼 정부에서 김대중 정부로 전환되면
서부터 긍정적으로 고려된 것과 달리 민간 차원에서는 북한의 수해
피해가 시작된 95년부터 적십자를 창구로 대북식량지원 활동이 지속
적으로 전개됐다.

95년부터 97년 5월까지는 대한적십자사가 국제적십자사연맹
(IFRC)으로 기탁하는 형식의 간접지원이었다면, 97년 5월 남북 베이
징 적십자 접촉 이후부터는 직접지원으로 형식이 바뀌었다.

대한적십자사에 따르면 IFRC를 통한 대북 간접지원액은 총 39억 7천만원(496만 달러)였다. 구체적인 전달물품은, 옥수수 4천 980톤, 밀가루 3천 664톤, 분유 94톤, 감자 1천 9백톤, 라면 10만개, 식용유 18만 6천 624병, 담요 1만매, 양말 3만 5천 켤레, 무·배추종자 11.2톤 등이다.

반면 97년 5월 남북적십자 베이징 합의에 따라 직접 전달된 지원액은 1차(97. 6~7) 75억 7천만원(옥수수 기준 5만 3천 841톤), 2차(97. 8~10) 83억 8천만원(옥수수 기준 5만 2천 888톤과 비료 8백톤), 3차(97. 11~98. 12) 272억 5천만원(옥수수 기준 9만 4천톤과 소 1천 1마리, 젖소 2백두 등)이다. 1차에서 3차까지 총 472억원(4천 321만 달러)어치의 식량 및 구호품이 지원된 셈인데, 이해하기 쉽게 옥수수 기준으로 환산하면 27만톤 상당이다.

한적 차원의 대규모 지원사업은 3차로 사실상 마무리됐다. 97년말 외환위기가 터진 이후 각 민간단체 및 개인들의 대북식량지원용 성금이 줄어든 데다가 99년 2월 10일 정부가 '민간단체의 대북 직접 지원 허용조치'를 발표, 각 민간단체들이 직접 북한에 지원작업을 벌이기 시작했기 때문이다.

흥미로운 점은 95년 12월 이후 98년 12월까지 민간 차원의 대북지원에 가장 앞장 선 단체가 종교단체라는 점이다. 기독교와 천주교, 불교, 원불교 등이 북녘동포 구호 차원에서 가장 앞장서서 성금과 구호품을 기탁했다. 물론 정주영 현대 명예회장이 금강산관광 개발사업에 앞서 북측에 기증한 총 144억 4천 7백만원어치 상당의 옥수수 5만톤과 소 1천 1마리가 이 기간중 대북지원 제1위를 차지했지만, 시민사회의 대북지원은 종교계가 가장 앞장선 셈이다.

반면 외국과 같은 '자선사업가' 전통이 전무한 탓인지 정주영 명예회장 이외에 개인 기탁자는 드물었다. 명사 가운데는 지휘자 정명훈씨가 8천만원, 홍일식 고려대 총장이 1천만원, 옥수수박사 김순권 경북대 교수가 1천만원을 기증했을 뿐이다.

개인 및 단체별 대북지원현황(95. 9~98. 12)

순위	단체(개인)	지원액(단위 : 억원)
1	정주영 현대 명예회장	144.47
2	천주교민족화해위원회	42.81
3	우리민족서로돕기운동	39.41
4	한국기독교북한동포 후원연합회	36.14
5	겨레사랑북녘동포돕기	35.35
6	전국경제인연합회	18.00
7	예장(통합) 총회	8.70
8	한국천주교 중앙협의회	7.50
9	한국선명회	6.70
10	의약품지원본부	6.55
11	민족화합불교추진위원회	6.40
12	남북어린이어깨동무	6.14
13	북녘동포돕기운동전국본부	5.00
14	한기총 북한동포돕기위원회	4.20
15	한국로타리 현총재단	3.92
16	세계기독교통일신령협회	3.05
17	한국국제기아대책기구	2.82
18	국제라이온스한국연합회	2.68
19	인천시민모임준비위원회	2.57
20	우리민족서로돕기 불교운동본부	2.63
21	조계종 총무원	2.63
22	한국네슬레	2.50
23	한국이웃사랑회	2.50
24	사랑의쌀나누기운동	2.08
25	삼육국제개발구호기구	2.06
26	건국대학교	2.05

27	정의구현사제단	2.04
28	21세기통일봉사단	1.81
29	천주교주교회의 사회복지위원회	1.78
30	부천시흥시민운동본부	1.65

* 자료 : 통일부 인도지원국

대북지원에 대한 일반 여론은 김대중 정부가 출범하면서 상당히 호전되고 있다.

김영삼 정부 때에는 이른바 조건부 지원론이 주류였는데, 김대중 정부 출범 후부터는 인도적 차원의 무조건 지원쪽으로 여론이 이동하고 있다.

김영삼 정부 말기인 97년 7년 통일부가 조사한 여론조사에 따르면 응답자의 72.3%는 '남북관계의 현실을 보아가며 지원해야 한다'고 밝혀 국민들의 대다수는 조건부 대북지원이 바람직하다는 의견을 갖고 있는 것으로 나타났다. 식량지원의 조건으로는 남측에서 물품을 전달했다는 것이 명기되거나 북한이 4자회담, 남북대화에 호응할 경우를 들었다.

반면 무조건 지원해야 한다는 18.9%였고, 지원할 필요가 없다는 의견도 8.7%가 나왔다.

무조건 지원론자들은 '북한은 우리의 동포이고, 남북관계 개선을 위해서는 우리가 먼저 대승적 차원에서 나서야 한다'는 입장을 갖고 있는 사람들이 대부분이다. 지원을 거부하는 여론은 주로 지원품이 군량미로 전용될 가능성이 있고, 북한이 무력도발 의지를 버리지 않고 있기 때문이라고 지적했다.

이같은 여론은 김대중 정부 출범 1년만에 많이 변화했다. 민족화해협력범국민협의회(98. 12. 7) 여론조사에 따르면 정부의 인도적 대북지원에 대해 응답자의 19.6%는 전적으로 찬성, 59.4%는 대체로 찬성, 15.8%는 대체로 반대, 4.0%는 전적으로 반대하는 것으로 나타났다. 응답자의 79.1%가 지원을 해야 한다는 입장이고, 반대는 19.8%에 머물렀다. 민간 차원의 대북식량지원에 대해서는 10.1%가 가능한 모든 것을 지원해야 한다, 74.8%가 적당한 범위 내에서 지원해야 한다고 응답, 84.9%가 대북식량지원에 긍정적인 반응을 나타냈다. 반면 가급적 북한에 지원하지 말아야 한다 11.9%, 절대지원하면 안된다 3.1%로 나타나 반대론자는 15.0%에 머물렀다.

김영삼 정부 말기의 국민여론과 김대중 정부 출범 후의 그것이 상당히 변화한 것을 발견할 수 있다. 즉 지원의 조건을 중시하는 신중론에서 인도적 지원 자체를 중시하는 지원론쪽으로 중심 이동이 시작된 것이다.

북한의 연평균 곡물 생산량은 4백만톤 안팎이고, 수요량은 최소 480만톤에서 최대 640만톤 수준이다. 아무리 절약한다고 해도 매년 1백만톤이 부족하다.

98년 3월 북한 큰물피해대책위원회는 북한의 식량 소요량은 482만톤, 공업용·사료용까지 포함할 경우 784만톤이라고 공식발표한 바 있다. 이와 달리 우리 정부는 정상 배급시 식용소요량 518만톤을 포함 총 소요량은 연간 640만톤이 될 것으로 추정하고 있다. 세계식량계획(WFP)과 식량농업기구(FAO)는 북한의 최소 소요량을 484만톤으로 잡고 있다.

WFP, FAO의 방북조사(98. 10. 10~27)에 따르면 북한의 99년 수확예상량은 348만톤으로 추정됐고, 우리 정부는 99년 북한 수확량을 388만톤으로 추계한 바 있다.

숫자상의 부족분을 넣고 빼는 것은 상당히 복잡하지만, 어찌 됐거나 1백만톤 이상이 매년 부족한 상태다. 과거 소련·동유럽 사회주의체제가 존속할 무렵 북한은 이 부족량을 사회주의 국가와의 교역으로 메꾸어 왔지만, 형제국가들이 사라지고 경제도 붕괴되어 곡물을 수입하지 못할 지경이 됐다. 설상가상으로 약탈식 농업이 지속된 결과 북한 농토의 지력은 날로 떨어져 약간의 기상이변만 생겨도 천재지변에 버금갈 정도의 흉작이 되는 게 현실이다.

중국 정부가 정확히 밝히기를 꺼려해서 국제적인 통계치는 나와 있지 않지만, 중국은 음으로 양으로 매년 1백만톤 이상의 곡물을 북한에 들여보내는 것으로 한미 양국은 추정하고 있다. 여기에는 전통적인 혈맹국가인 중국이 북한을 위해 무상지원하는 부분, 상업적으로 교역되는 부분이 모두 포함된 것이지만, 넓은 틀에서는 동북아의 패권을 유지하려는 중국이 대북 영향력을 지속하기 위해 전략적 측면에서 지원하는 것이라고 봐도 무방할 듯하다.

정부일각에서 매년 20~30만톤의 곡물을 '평화를 위한 식량(food for the peace)'이라는 이름으로 지원해야 한다는 의견이 제시되는 것도 바로 이 때문이다. 피를 나눈 형제도 아닌 중국이 매년 북한에 지원하는데, 말로는 동포를 얘기하는 남측이 국민여론, 정책적 우선순위에 밀려 대북지원에 냉담한 자세를 취할 경우 그 결과는 불보듯 뻔하기 때문이다.

물론 남이나 북이나 실정법이 통용되는 국가인 이상 일방적인 시혜는 어렵다. 정부 차원의 식량지원이 지속적으로 진행되지 못하는 이유가 여기에 있다. 국민들의 세금으로 운영되는 게 정부인 만큼 세금이 쓰이는 이유에 대해 국민들에게 납득할 만한 설명이 필요하기 때문이다. 그러나 일단 '대북식량지원기금' 형태로 펀드를 조성해 매년 일정량을 지원한다면 그 자체가 대북 지렛대가 되고 남북화해의 가교가 될 수 있다.

민간의 역할도 중요하다. 민간이 먼저 나서서 대북지원의 필요성을 설득할 때 정부가 가장 신경을 쓰는 여론도 새롭게 형성될 수 있기 때문이다. 북한체제의 결함에 의해 한 시대 한 지역에 살고 있는 세대 전체가 치명적인 타격을 입게 되는 것은 문제다.

그것도 인간의 노력에 의해 피할 수 있는 기아 때문에 한 세대가 불구가 된다면 그 결과가 낳을 파장은 엄청나기 때문이다. 북한에 지원한 일정량의 곡물이 군용으로 전용되고, 또 일부는 부패한 관료에 의해 장마당으로 빼돌려지더라도 식량지원은 하는 것이 낫다. 그 일부만이 북한의 굶주리는 주민들에게 전달될지라도 안하는 것보다는 낫다.

강인덕 통일부장관은 신라호텔에서 열린 능률협회 초청 강연(99. 4. 16)에서 대북식량지원에 대해 다음과 같이 발언을 해 주목을 끌었다.

우리가 북한에 지원하는 식량이 군용미로 전환한다 하더라도 우리가 그것을 막을 수는 없다. 우리가 지원하는 식량이 절반 이상 군부로 간다고 해도 지원하는 게 옳다고 본다.

그간 우리가 북한에 식량을 지원하는 것을 주민들은 몰랐으나 이제는 알고 있다. 남한 동포들로부터 온다는 것을 북한 동포들이 알기 시작했다는 것은 상당한 의미를 지닌다. 남한 동포들에 대한 북한 동포들의 증오심이 사라지도록 만드는 계기가 될 수 있기 때문이다. 북한 주민들의 증오심이 사라질 때 북한의 전투역량은 그만큼 줄어든다. 우리가 군부 전용 가능성을 무릅쓰고라도 대북 식량지원을 해야 하는 것은 이 때문이다.

과거 김영삼 정부 때 대북 지원식량의 군용미 전용 가능성에 대해서 정부 당국자들간에 치열한 논쟁이 있었던 것을 생각해볼 때 금석지감을 느끼게 하는 대목이다. 대북 지원식량의 군용 가능성은 이제 정부에서조차 더 이상 논란이 되지 않고 있다. 이제 우리가 해야 할 일은 식량을 필요로 하는 이들에게 식량을 지원하는 일 바로 그것이다.

체제공존의 첫실험장 북한경수로

97년 8월 19일 함경남도 금호지구에서 한반도에너지개발기구 (KEDO) 대표단과 남북 관계자들이 참석한 가운데 개최된 경수로 착공식은 남북이 새로운 공존단계로 접어들었음을 드러내주는 상징적 행사다.

94년 불거진 북핵 문제를 해결하기 위해 3년여간의 외교적 교섭 끝에 개최된 착공식은 남북관계가 반목과 대결의 시대에서 교류와 공존의 시대로 전이하고 있음을 드러내주는 행사이기도 했다.

이 착공식에서 스티븐 보스워스 KEDO 사무총장(현 주한미국대사)은 "경수로 부지 착공은 북미 제네바 핵합의 이후 3년에 걸친 한·미·일 3국의 약속 이행을 의미하는 것이며 (남·북·미 관계의) 새로운 시작"이라는 의미있는 연설을 했다.

우리 정부 대표자격으로 착공식에 참석한 장선섭 경수로기획단장은 "경수로 사업을 통해 한반도의 평화와 안정이 달성될 수 있을 것"이라면서 "분단 이후 처음으로 경험하게 되는 남북 건설인력간의 노력을 통해 하나의 민족으로 화해와 협력의 장이 열리게 되길 기대한다"고 연설했다.

북한측 대표인 허종 순회대사는 "북미 양국이 경수로를 통한 핵문

북한 함경남도 금호지구 경수로 현장에서 남한의 한국전력 본사로 보내온 편지. 경수로건설이 시작되면서 비록 제한적이지만 남북간 우편 업무도 시작됐다.

제 해결방도에 합의한 이래 북한은 핵동결 약속을 지키기 위해 노력해왔다"면서 "KEDO가 예정대로 2003년까지 1천 메가와트급 원자로 2기를 제공해주기 바란다"고 밝혔다.

빌 클린턴 미국대통령은 폴 클리브랜드 KEDO 대사가 읽은 메시지에서 "북한과 미국은 (제네바) 기본합의문을 통해 한반도 긴장완화를 위한 큰 발걸음을 내디뎠다"고 강조하면서 "역사적인 경수로 착공식은 수십년에 걸친 한반도의 긴장과 적대감을 해소시킬 것"이라고 전망했다.

북한측 대표와 한·미·일 3국 대표의 연설에 이어 기념 발파, 경수로사업 설명, 현장시찰 순서로 진행된 이 날 착공행사는 저녁 금호지구에서 경수로 착공식을 기념하는 리셉션으로서 마무리됐다. 함경남도의 한적한 항구인 신포와 야산지대인 금호지구는 10년 후 현대적인 원자력발전소 도시로 변모될 것으로 보인다.

남북한 대표와 미국대표의 연설에서처럼 이 날 개최된 경수로 착공식을 기점으로 94년 북미 양측간에 체결된 제네바 합의가 본격적인 실천단계로 접어들게 됐다.

94년 10월 북미 제네바 핵합의에 이어 95년 5월 북미 콸라룸푸르 준고위급회담에서 경수로사업의 기본 구상이 그려진 뒤 KEDO

와 북한의 지루한 줄다리기 끝에 본격적인 공사에 착수하게 된 것이다.

경수로공사는 제네바 합의에 따라 시작되는 것이라는 점에서 지난 반세기간 유지되어온 정전체제가 항구적인 평화체제로 이행하기 위한 과도기적 단계로서 이른바 '제네바체제'로 진입했음을 드러내주는 것이기도 하다. 동시에 이 행사는 동유럽·소련블럭 붕괴후 탈냉전 시대로 진입한 후 북한과 미국이 새로운 관계 설정을 시도한 끝에 나온 첫 구체적인 산물이라고도 볼 수 있다.

경수로공사는 김정일시대 한반도 문제의 해법 찾기 측면에서도 시사하는 바가 많다. 남북대화에 자신감을 가졌던 김일성 주석과 달리 김정일 국방위원장은 가급적 한국과의 직접 협상을 피하려는 경향을 보이고 있기 때문에 이른바 'KEDO식 해법'은 향후 북한문제 풀이 방식으로 선호될 가능성도 높기 때문이다.

경수로는 형식적으로 KEDO가 제공하는 것이지만, 실질적으로 한국이 북한에 제공하는 것이라는 점에서 이 공사는 향후 남북관계를 실질적인 협력관계로 변화시키는 데 큰 역할을 하는 실험장이 될 것으로 보인다.

경수로가 완공될 때까지 향후 10여년간 남북간 교류와 접촉은 상당한 규모로 이뤄지기 때문에 경제적 파급효과도 엄청나고, 이 과정을 통해 남북간의 정치적 신뢰회복도 가능할 것이기 때문이다.

경수로 총건설액 46억 달러 가운데 우리측이 부담해야 하는 비용은 총액의 70%인 32억 2천만 달러, 원화로 환산하면 3조 5천 420억 원이다. 반면 일본측은 10억 달러를 부담하고 나머지 부족분 3억 8천만 달러는 미국의 지도적 역할하에 조달키로 했다.

북한은 경수로가 완공된 지 3년 후부터 17년에 걸쳐 무이자 분할 상환하게 된다. 정부는 이 비용을 조달하기 위해 전기료에 가산금을 2~3% 부과키로 결정했다.

경수로사업은 이처럼 우리 국민 모두가 일종의 남북평화기금 형식으로 부담하게 됐지만 외환위기 후 위청거리는 국민경제에 큰 파급효과를 낳을 것으로 예상되고 있다. 에너지경제연구원과 경수로기획단에 따르면 향후 10년에 걸쳐 진행될 경수로 건설은 국내생산 유발액이 4조 642억원, 부가가치 유발액은 1조 9천 97억원으로 추정됐다. 또 약 10년에 걸쳐 1천만 명 정도의 노동력이 소요되어 국내 고용창출에도 기여를 할 것으로 보인다.

우리측 부담비용의 대부분은 주계약자인 한국전력공사를 통해 국내시장에 환류됨으로써 내수를 확대시켜 건설 경기를 활성화하는 계기로도 작용할 수 있을 것이다. 한편 금호지구에 건설되는 경수로는 한국표준형이 처음으로 수출되는 것이라는 점에서 우리 원자력 기술이 국제무대에 진출할 수 있는 계기가 될 것이라는 기대도 높다.

경수로공사가 개시됨에 따라 분단 50년간 꽁꽁 막혀있던 남북의 각종 채널도 복원되고 있다. 우선 금호지구와 남한 전지역간에 우편, 전화 서비스가 개시됐다. 민간 차원의 우편, 전화 서비스는 분단 50년만에 처음 시작되는 일이다.

비록 금호지구라는 지역적 한계는 있지만 금호지구와 남한 전지역을 대상으로 가동되는 우편·전화 서비스는 앞으로 북한의 전지역으로 확대될 경우 어떤 시스템이 필요한지를 예비하게 하는 '실험적 교류'가 된다는 점에서 크나큰 상징성을 갖고 있다.

금호지구에서 남한 각지로 편지를 보낼 경우 'Seoul Korea+국내 주소 및 수신인 이름'을 쓰면 되고, 국내에서 금호지구로 보낼 때에는 'KEDO Kumho+근로자 소속 및 이름'을 쓰면 된다. 이와 함께 외환은행 출장소도 금호지구에 개설됨으로써 남북간에 외환 서비스도 시작됐다.

남북 뱃길도 열렸다. 매주 울산에서 신포로 경수로공사에 투입될 물자가 이동하며, 근로자들도 이 뱃길을 이용해 이동하고 있다.

금호지구에서 남북한과 미국, 일본, 유럽연합 대표들이 참석한 가운데
경수로공사 착공식이 열리고 있다.

더욱 의미심장한 일은 우리측 근로자들이 매일 위성수신장치를 통해 국내 케이블 방송 및 위성방송 20개 채널을 즐길 수 있다는 점이다. 비록 몸은 북한에 있지만 한국에서처럼 프로야구 경기나 프로축구 경기를 하나도 빠짐없이 시청할 수 있게 된 것이다.

정부가 경수로공사 현장을 '국내사업장'으로 규정, 북한 파견 기술자들에게 국내에서와 똑같은 산업재해 의료보험 혜택 등을 적용하고 있다는 점도 중요한 대목이다. 말하자면 금호지구는 더 이상 북한이 아니라 북한에 존재하는 한국의 '사업장'이 된 것이다.

경수로공사 시작 후 남북 근로자들간의 문화와 관습의 차이로 불필요한 긴장이 발생하기도 했다. 97년 9월 30일 금호지구 우리측 근로자 임시숙소에서 김정일 국방위원장 사진이 게재된 「노동신문」이 훼손된 채 발견되자 북측이 공식사과를 요구하며 북측 근로자 30명을 일방적으로 현장에서 철수시킨 일이 있었다.

남측 근로자들에게 보고난 신문은 아무렇게나 버릴 수 있는 소모

품이지만, 북측에서는 김정일 위원장 사진이 게재됐을 경우 신문을 접는 것도 금지될 정도로 귀하게 모시기 때문에 사건이 의외로 커진 것이다.

사건 발생 후 북측은 경수로 현장에 공안요원까지 배치하고 신포 양화항에 정박중인 우리측 바지선의 물품 통관도 거부하는 등 강경조치를 취했다. 이에 대해 KEDO측은 96년 7월 북측과 체결한 '특권면제 및 영사보호 의정서' 조항을 근거로 들면서 "KEDO 계약자 인원에게 북한의 관습을 따르도록 요구하거나 정치사회적 의무를 부과해서는 안된다"고 주장, 북한의 사과를 받아냈다.

결국 이 사건은 KEDO측이 북측으로부터 재발방지를 약속받는 선에서 마무리, 발생 6일만에 해결됐고, 10월 6일부터는 남북 근로자들이 함께 공사를 재개할 수 있었다. 남북 근로자들은 이 사건 후

참고 ▌ 북미 제네바 기본합의

미국이 북한의 생존을 보장해 주는 대신 북한의 핵개발 동결을 약속받는 형식으로 94년 10월 제네바에서 체결된 합의.

제네바 합의의 핵심내용은, 첫째 북한은 모든 핵 관련 시설을 동결하는 대신 미국은 1천 메가와트 경수로 2기와 대체에너지(연간 중유 50만톤)를 공급하고, 둘째 북미간의 정치적 경제적 관계를 정상화, 궁극적으로 대사급으로 격상시킨다. 셋째 미국은 북한에 대한 핵공격을 하지 않는 대신 북한은 비핵화를 위한 모든 국제적 의무를 계속 이행하고 남북대화를 계속한다는 것이다.

이 가운데 경수로 건설은 첫번째 합의 이행을 위해 KEDO가 제공하는 것이다. 북한은 경수로 건설의 대가로 영변의 5메가와트 원자로 사용후 연료봉 8천개에 대한 봉인작업을 마쳤으며, 미국은 북한의 핵 동결조치에 대한 대가로 95년 15만톤, 96년 50만톤, 97년 50만톤, 98년 50만톤의 중유를 공급했다.

매사에 조심을 해서 이후 별다른 충돌은 없었다는게 경수로 기획단 측의 설명이다.

북측 근로자들은 초기에 남측 인사들을 경계했으나 공사현장에서 머리를 맞대고 일을 하는 회수가 늘어나면서부터 친구처럼 지내게 됐고, 때때로 필요한 약(예컨대 빈대, 파리를 잡는데 필요한 뿌리는 모기약, 감기약 등)을 부탁할 정도라고 관계자는 전하고 있다.

북한 당국도 당초 우리 근로자들의 외출을 일체 허용하지 않았으나 김일성 주석 휴양지가 있는 마전지구를 우리 근로자들의 휴양지로 개방할 정도로 성의를 표하고 있다.

경수로는 이처럼 냉랭한 남북관계를 해빙시키는 역할을 하고 있다. 경수로공사가 본격적으로 진행되면서 남북간의 인적 협력범위는 훨씬 커질 것으로 보인다. 북한 경수로를 운영할 기술자 2백여 명을 우리가 교육시키고, 완공 후 10년 이상은 우리 기술진에 의해 경수로가 관리되어야 하기 때문이다.

경수로를 짓는 과정뿐만 아니라 그것을 운영하는 과정에는 남북의 기술력과 노동력이 상시적으로 투입되어야 한다. 경수로는 이래 저래 남북이 상호신뢰와 평화공존의 원칙을 습득하게 되는 실험장이 될 것이다.

'경수로 비용, 전기료 3% 인상 통해 조달' 특종보도 뒷 얘기

북한 함경남도 금호지구에서 경수로 공사를 착공한 지 만 1년이 되기 시작하면서 정부 당국자들은 도대체 어디서 재원을 마련할 것인가의 문제를 두고 고민에 빠지기 시작했다. 97년 8월 19일 역사적인 경수로 착공식이 있은 후 한국과 미국, 일본 등 한반도에너지개발기구(KEDO) 집행이사국은 경수로 재원분담을 위해 지루한 협상을 계속했다. 거듭되는 난상토론 끝에 우리 정부는 경수로 총 건설액 46억 달러의 70%인 32억 2천만 달러, 원화로 환산하면 3조 5천 420억원을 부담키로 했고, 일본측은 10억 달러, 나머지 부족분 3억 8천만 달러는 미국의 지도적 역할하에 조달키로 했다.

이같은 분담금 협상이 마무리되어갈 즈음인 98년 8월 26일 "경수로 비용 매년 5천억원을 전기료 2~3% 인상을 통해 조달한다"는 기사를 「문화일보」 1면 머릿기사로 썼다. 또 3면에 '가계부에 떠넘긴 평화유지비'라는 제목의 박스 기사를 썼다.

99년부터 지출하게 될 북한 경수로 비용의 분담액 조달을 위해 전기료를 2~3% 인상, 인상분을 사용하고 부족분은 정부보유 한전 주식에 대한 배당금을 대폭 상향 조정해 충당하는 방안을 잠정 확정한 것이라는 기사였다.

한전의 97년 전기료 수입이 13조 1천 161억원, 96년의 경우 11조 5천 787억원임을 감안해볼 때 전기료를 2~3% 인상할 경우 매년 2천 6백억원~3천 9백억원이 조달된다. 여기에 모라자는 액수는 정부 보유의 한전 주식(전체량의 58%)의 배당금을 일반 주주와 같은 수준으로 받을 경우 2천억원이 조달되기 때문에 총 5천억원을 매년 조달할 수 있다는 계산이다. 정부는 그간 공기업의 재정자립을 돕는다는 차원에서 한전 주식 액면가의 1~3%만을 받아왔으나 이것을 일반 주주처럼 10%대로 인상할 경우 문제가 없다는 것.

여기서 한발 더 나아가「문화일보」기사에서는 "정부는 당초 경수로 국채 발행이나 남북교류협력기금에서 조달하는 방안을 검토했으나 예산 당국과의 협의과정에서 배제됐다"고 마무리지었다.

기사가 나간 후 통일부가 발칵 뒤집혔다. 도대체 어디서 대외비 문서가 유출됐는지 찾기 위해서였다. 통일부는 98년 8월 초부터 재정경제부, 산업자원부, 경수로기획단측과 재원조달안 협상을 해오고 있었는데, 최종적으로 마련된 정부안과 우리 기사가 너무나 똑같다는 게 통일부 당국자의 지적이었다. 기사가 나간 직후 각부처는 자체 보안감사는 물론 안기부 보안감사까지 받았다.

경수로 전담기구인 경수로기획단측은 더더군다나 좌불안석이었다. 기사 게재일로부터 10여일간 필자를 만나지 않은 것은 물론 전화통화도 하지 않았다는 게 유일한 석명거리였다.

전기료 인상을 통해 경수로 비용을 부담할 방침이라는 기사가 나자 정작 경수로 주계약자인 한전측은 "정말 우리의 전기료를 올려서 조달하게 되는 것이냐"라는 문의전화가 왔다.

이 날 오후 통일부 대변인은 「문화일보」1면 기사와 관련, 정부의 입장은 아직 확정된 것이 없음"이라는 간단한 해명자료를 냈다. 정작 수 차례 실무회의를 거쳐 정부안을 확정해 놓고도 여론의 화살이 두렵자 두 손으로 하늘을 가리기로 작정한 것이다.

대변인의 이같은 해명은 경쟁지들의 위안거리로 작용해 다른 신문들은 하나도 우리 기사를 받지 않았다.

특종기사를 아무도 받지 않아 섭섭했지만, 이튿날인 8월 27일 추가 취재한 것을 또 '심층취재' 기사로 썼다. 북한 경수로 건설 분담금 대책이 발등의 불로 떨어진 상황에서 정부 관련부처 관계자들과 한전 관계자들이 9월 초 대책회의를 갖고 구체안을 확정한다는 기사였다.

통일부 고위당국자의 말을 재차 인용, 경수로 비용조달을 위해 "전기료 인상, 국공채 발행, 특별세 부과, 차관도입 방안을 검토하고 있는데, 전기료 인상이 가장 유력하다"면서 "현재 각 방안이 갖고 있는 장단점에 대해 각부처의 의견을 최종 조율중"이라고 썼다.

여기에 한전 관계자의 말도 인용해 "전국민이 사용하는 전기사용료 중 일부를 경수로로 투자하려면 북한 경수로 건설이 전국민들에게 그만큼 중요한 사업이라는 것을 납득시키는 공청회라도 열어 의견을 수렴해야 한다"는 제언도 붙였다.

그래도 다른 신문, 방송들은 묵묵부답이었다. 정부의 공식적이고 확정적인 입장이 아니라는 이유에서였다.

그 다음날인 8월 28일 이번에는 취재수첩으로 썼다. 정부가 북한 경수로 건설비용을 전기료를 통해 인상하려면 그것이 통일비용이자 평화분담금의 성격을 지닌만큼 공론화 과정을 거쳐야 하고, 국민들에게 납득할 만한 설명을 해야 한다는 취지였다.

실제「문화일보」기사 때문에 경수로기획단과 한국전력 실무진들은 힘있는 관련부처들로부터 질책을 받았다. 이른바 대외비 문건을 유출시켜 언론 플레이를 했다는 게 질책의 이유였다고 한 관계자는 전했다.

이후 8월 31일 북한이 인공위성을 발사하는 바람에 이 날 예정됐던 한반도에너지개발기구(KEDO) 집행이사국의 비용분담 결의안이 무기연기되면서「문화일보」의 특종기사는 후속기사를 쓰지 못했다. 일본정부가 98년 연말까지 경수로 비용분담안 서명을 거부했기 때문이다.

당시 정치부 데스크였던 이용식 차장은 "특종도 운명이 있는 것

인데 북한이 협조를 하지 않아 기사가 죽을 수밖에 없다"고 아쉬워
하면서도 "그러나 경수로 사업이 계속되는 한 이 문제는 본질에 속
하는 것이므로 머지 않아 다시 제기될 것이고, 그때 특종은 다시
살아날 것"이라고 필자를 격려해 줬다.

그후 98년 11월 18일 KEDO 집행이사회에서 경수로 비용분담안
이 최종 채택됐고, 이어 98년 12월 3일과 99년 1월 8일 정부와 여
당이 당정회의를 통해 전기료에 3%의 부과금을 가산하는 방식으
로 경수로사업비를 전액 조달하겠다고 결정했다.

당시 국민회의 박광태 제2정책조정실장은 당정회의 후 기자들과
만나 "경수로 비용조달을 위해 전기료에 3%의 부과금을 가산키로
했다"면서 "이같은 방침은 3% 상당의 전기료 인상효과가 있겠지
만, 저소득층과 중소기업을 최대한 배려하기 위해 계층별, 소득별
로 요율을 차등 적용하겠다"고 밝혔다.

「문화일보」의 특종보도는 결국 북한의 방해(?)로 인해 지연되다
가 기사 작성 5개월만에 입증된 것이다. 통일부를 출입하는 다른
신문사와 방송사 기자들은 뒤늦은 특종확인을 축하해 줬다. 경수로
비용 특종이 확인되기까지 아쉬움도 있었지만 보람도 컸다.

우선 아쉬운 점은 경수로 비용조달은 통일안보 분야의 문제이기
때문에 국민들에게 미리 알리고 여론을 수렴할 필요가 없다는 고
압적인 생각을 하는 관료들이 아직 많이 있다는 점이다. 이 때문에
공청회는커녕 여론조사 한번 하지 않고 정부안이 그대로 강행됐고,
여당은 타당한 대안을 성의있게 제시하지도 못했다. 「문화일보」가
남보다 앞서 문제의식을 갖고 오랜 시간 추적해서 보도한 것은 바
로 국민 모두가 부담하니만큼 공론화해야 한다는 필요성 때문이다.

대북정책이 밀실에서 결정되고 추진되는 시대는 지났다. 국가보
안상의 문제가 발생하지 않는다면 다소 번거롭더라도 국민에게 공
개하는 과정을 통해 여론을 수렴해야 한다. 더우기 국민 모두에게

부담을 안기는 일은 더욱 그렇다.

이것이 과거의 정부 잘못을 되풀이 하지 않는 길이고, 국민 모두는 남북관계의 변화, 나아가 통일에 대비하는 훈련과정이기도 하다.

전기료 3% 인상은 가구당 매달 평균 5~6백원, 1년에 6~7천원 정도 부담하는 효과를 가져올 것으로 추정된다. 민주적인 정부라면 한 가구가 매월 부담하는 이 정도의 경수로 비용이 한반도의 평화 유지금이 될 수 있다는 사실을 국민들이 납득할 때까지 설득력있게 설명해야 한다.

그러나 이 보도과정에서 우리 정부 관료들에게 국민은 여전히 통치의 대상일 뿐이라는 사실을 다시금 확인하면서 씁쓸했다.

의미있는 발견도 있었다. 아직도 익명을 유지해야 할 한 인사가 경수로 비용조달 방안 결정의 문제점을 짚어주면서 후속기사를 쓸 수 있도록 여러 가지 제보를 해주었기 때문이다. 나중에 그분을 만나보니 40대의 가장이었다.

"어떻게 20, 30대 젊은이처럼 용기있는 제보를 하셨어요"라고 물었더니 그는 이렇게 답했다.

"정부가 마인드를 바꾸지 않는 한 우리 사회가 좋아질 수 없어요. 더구나 북한에 관련된 정부 결정은 국민들에게 샅샅이 알려야 남북 화해에도 도움이 된다는 생각이 들었습니다. 그런 점에서 경수로 비용을 전기료 인상을 통해 조달한다고 보도하면서 이 문제의 공론화 필요성을 제기한 「문화일보」의 기사에 저도 고무됐습니다."

판문점은 우리에게 무엇인가

정주영 현대 명예회장이 98년 6월 판문점을 통한 첫 북한방문 길에 나선 이후 판문점이 다시금 분주해지고 있다.

첼리스트 정명화씨가 판문점 중립국감독위 스위스군 주둔지에서 평화의 음악회를 가졌는가 하면, 강인덕 통일부장관이 국제적인 투자전문가들을 대상으로 한 한반도 평화문제 강연회도 판문점 지역에서 개최됐다. 모두 98년 한 해 동안 열린 일이다.

정부는 판문점 교류를 위한 사전 정지작업으로 제2의 자유의 다리인 통일대교를 98년 6월 15일 개통했으며, 7월 9일에는 자유의 집을 증축, 새롭게 단장했다.

임진각에서 판문점에 이르는 자유의 다리를 대신하는 통일대교는 건설교통부가 총사업비 762억원을 들여 지난 93년 착공한 뒤 4년 6개월만에 완공됐다. 통일대교는 9백m의 6차선 도로다. 비록 이곳부터는 유엔사 관할지역이어서 일반인 출입은 통제되고, 이곳을 통과하려면 유엔사측에 미리 연락을 해야 하지만 남북교류시대를 대비해 만들어진 사회간접자본이라는 데서 의미가 있다.

기존의 자유의 다리는 목조인 관계로 대형 차량이 지나다니기 어렵기 때문에 '역사의 유물'로 존치되게 되며, 남북 연결 철도 복원

한반도 분단의 상흔이 그대로 남아있는 판문점. 취재진들의 취재경쟁이 심한 곳중의 하나지만, 일반인들에게는 여전히 자유로이 갈 수 없는 머나먼 땅이다.

계획에 따라 경의선 철도노선 통과지로 활용될 예정이라고 건설교통부는 밝혔다. 정주영 현대 명예회장은 98년 6월 16일 방북 때 소 5백마리를 실은 트럭과 함께 이 다리를 맨 처음 건너 북한으로 갔다.

군사분계선 남쪽지역 최북단에 위치한 자유의 집은 분단 이래 국내외 인사들이 방문, 분단의 한을 풀고 통일의 염원을 기렸던 장소로, 이번 증축을 계기로 본격적인 남북교류의 관문으로 활용될 전망이다.

자유의 집은 남북연락사무소와 남북적십자 연락사무소가 입주, 남북간의 일상적인 연락 업무를 하는 것 이외에도 남북 우편물 교환에 대비해 교환소가 마련되어 있으며, 이산가족 면회소도 있다. 지난 96년 1월부터 공사에 돌입, 1년 8개월만에 완공된 신자유의 집은 현대식 4층 건물이며, 과거 자유의 집 상징물인 팔각정은 새 건물 오른쪽 뒤편으로 자리를 옮겼다.

판문점으로 가는 길은 넓혀졌고, 자유의 집도 이렇게 새롭게 단장
됐지만 판문점은 여전히 우리 땅이 아니다. 김훈 중위 의문사 사건
이 발생해도 정확한 조사를 우리 정부 마음대로 할 수 없었던 데서
도 단적으로 입증됐지만, 이곳은 유엔사가 관할하는 땅이다.

케네스 퀴노네스 전미 국무부 북한담당관이 공개했듯 유엔사 소속
미군들은 판문점 중립국 감독위 회의실에서 북한 군인들과 수시로
피자와 맥주파티를 가질 정도로 자유로운 곳이기도 하지만, 남북 군
인들간에는 보이지 않는 대립과 긴장으로 피가 마르는 땅이 바로 이
곳이다.

우리가 판문점으로 지칭하는 곳은 대개 판문점공동경비구역인데,
이곳은 남북의 허리를 자른 비무장지대(DMZ) 내에서 유일하게 철
조망과 지뢰가 없는 곳으로 동서 8백m, 남북 4백m에 달하는 장방
형의 지역이다. 널문리라는 이름의 평범한 시골마을이었던 이곳이
남북분단의 상징지역이 된 것은 53년 이곳에서 휴전협정이 체결됐기
때문이다. 휴전협정의 한 대상인 중국측을 위해 널문리라는 순한글
지명이 판문점이라는 한자 지명으로 바뀌게 된 것이다.

이곳을 통과하면 북으로, 또 남으로 갈 수 있다. 이 때문에 남북
의 군사분계선을 마주보고 선 북측의 인민군과 남측의 유엔사 경비
병들은 하루 종일 서로를 응시하며 감시의 눈초리를 보내고 있다.
북한에게도 판문점은 정치적인 선전의 중심지여서 매년 8·15 때면
판문점 북측지역 통일각 앞에서 통일대축전을 가질 정도다.

서울에서 불과 60km 밖에 떨어지지 않은 이곳은 이후 반세기가
가깝도록 한민족의 분열과 대립의 땅으로 존재해 왔다. 빌 클린턴
미국대통령은 이곳을 방문했을 때 "지구상에서 가장 무시무시한 지
역"이라고 평한 바 있다.

그러나 98년 6월을 기점으로 이제 판문점에도 봄이 오고 있다. 정
주영 명예회장의 쇠고집으로 열린 판문점의 남북대로로 처음에는 정

주영 명예회장이 갔고, 그 다음에 1천 1마리의 소가 갔고, 그리고 한국제 자동차가 50여대 들어갔다.

91년 유엔군 수석대표로 한국 장성이 임명된 것에 항의해 판문점 대화를 거부해왔던 북한이 정주영 명예회장의 판문점 통과를 계기로 7년만에 다시 장성급 대화를 갖기로 합의, 판문점의 대화 채널이 다시 가동되기 시작했다.

98년 6월 23일 유엔연합사—북한 장성급회담이 다시 개최된 이래 양측은 수시로 회동하고 있다. 더구나 98년 7월 3일 북한 잠수정이 강릉으로 침투했을 때 발견된 시신 9구가 판문점을 통해 송환됐다. 유엔사 대령과 북한군 대좌가 군사정전위 비서장급 회담을 갖고 송환에 합의한 것이다.

이후 장성급회담은 잠수정 침투 문제를 둘러싼 입씨름으로 몇 달간 공전됐지만, 99년 2월 '컴퓨터의 2000년 인식오류문제, 이른바 Y2k문제로 인한 남북간 군사충돌 위험을 막기 위한 방안'을 의제로 재개됐다. 양측은 표면상으로는 Y2k 문제에 대한 공동보조 필요성에 대해 의견을 모으고 후속 협의를 계속키로 했다고 발표했지만, 내심 어떤 형식으로든 대화를 재개해야 한다는데 더 관심을 가진 것으로 알려졌다.

장성급 회담이 더욱 진전되며 대화가 무르익고 북한의 자세가 연성화하면 판문점은 그야말로 남북 화해의 길목으로 거듭날 수 있을 것이다. 동서 베를린의 관문이었던 체크포인트 찰리와 같이 남북교류의 접점지대가 될 것이다.

그러나 북한은 아직도 판문점을 열지 않고 있다. 북한 중앙방송 (98. 6. 19)이 "판문점은 우리가 적들과 총구를 맞대고 있는 최전초선이고 가장 첨예한 대결점"이라고 평한 것처럼, 판문점은 아직도 한반도 냉전의 상흔이 곳곳에 남아 있는 분단과 분열의 땅이다.

유엔사-북한 장성급 대화 재가동에 얽힌 얘기

북한과 관련된 보도는 언론계 내에서 항상 많은 논란을 불러 일으키고 있다. 북한이 우리에게 얼마나 미묘한 존재인가를 보여주는 것이기도 하고, 언론계 내에서도 북한에 대한 입장이 천차만별이라는 것을 보여주는 대목이기도 하다. 그러나 최근 북한도 변하고 남북관계도 변하면서 이에 대한 취재 및 보도관행도 바뀌어야 한다는 반성이 젊은 기자들 사이에서 나오고 있다.

그 좋은 사례가 「문화일보」의 유엔사-북한 장성급 대화 재가동에 얽힌 이야기이다. 이른바 국익을 앞세워 제대로 브리핑도 해주지 않으면서 '포괄적 엠바고'를 걸어버리면 그 부분에 대해서는 아무리 취재를 해도 쓸 수 없고, 국민들에게 알릴 수 없게 되어 있는 것이 언론계 관행이다.

물론 언론과 정부당국자들과의 약속, 또 언론인끼리의 약속은 지켜야 하겠지만 상황이 애매한 경우가 많다. 또 국익을 보는 시각도 정부 당국자가 다르고, 언론이 다르고, 독자가 다를 수 있다는 점에서 보다 진지하고 신중한 판단과 새로운 관행이 요구된다.

91년 북한이 일방적으로 군사정전위 대화를 거부한 뒤 만 7년간 판문점은 일체의 공식 대화통로가 막힌 단절의 땅이었지만, 98년 6월 정주영 현대 명예회장의 방북과 동시에 유엔사와 북한군간의 판문점 장성급 대화가 열리면서 숨통이 트이게 됐다.

이 창구는 남북간의 물밑대화와 접촉 속에서 이뤄졌다. 북한이 지속적으로 요구해온 미국과 북한의 장성급 채널을 사실상 허용해주는 대신 정주영 명예회장의 판문점을 통한 방북을 성사시키기 위한 남북 물밑대화를 벌여온 것이다.

98년 3, 4월 내내 정주영 현대 명예회장의 판문점을 통한 방북이 된다 안된다 말도 많았다. 그러던 즈음 5월 하순 결정적으로 정부의 한 당국자가 "판문점에 군사대화가 열리는 조건으로 정주영 회장의 판문점 방북이 허용될 것같다"는 제보를 해줬다.

이것은 상당히 의미있는 얘기였다. 두 협상은 서로 다른 문제지만 동전의 양면처럼 동시에 진행됐다는 점에서 북한 군부의 변화가능성, 곧 북한 체제의 변화가능성을 시사해준다. 그후 이 문제에 대한 추가 취재가 상당히 진행되어 많은 새로운 사실들을 알게 됐다.

그러나 그 직후 청와대 임동원 외교안보수석이 비슷한 얘기를 포괄적으로 한 뒤 오프더 레코드를 요청했고, 뒤늦게 알았지만 국방부에서는 판문점 군사 대화 자체를 '포괄적 엠바고'로 하고 있었다. 「문화일보」의 경우 국방부가 사회부 소속이고, 다른 외교안보 부처는 정치부 소속이어서 가끔 엠바고 요청 사실이 제대로 전달되지 않는 경우도 있다. 임 수석의 발언은 '정보보고' 형태로 정치부 파일에 올려져 있었다.

필자와 외교부 출입인 공영운 기자는 이보다 훨씬 구체적 사실들을 많이 알게 됐다. 통일안보팀장이면서 청와대 출입기자였던 이용식 차장은 고심 끝에 오프더 레코드를 요청했던 부분을 최대한 비켜감으로써 언론인으로서 '신의'를 존중하면서 남북관계의 의미있는 변화의 흐름을 전달하는 기사를 만들기로 결심했다.

결국 이 기사는 필자와 공영운 기자 이름으로 「문화일보」 5월 27일자 1면 머리기사로 보도됐다.

김대중 정부의 적극적인 대북정책 추진 결과 6월 초 남북관계가 중대한 전환을 맞게 될 것으로 전망되는데, 그 핵심은 판문점을 대화와 교류의 장으로 정상화하는 방안을 추진중이라는 보도였다.

주요한 내용은 우리 정부가 북한측이 요구하고 있는 북미 장성급 대화채널을 사실상 허용해 주되 북측이 난색을 표명하는 정주영 현대 명예회장의 판문점 방북길을 열게 함으로써 판문점을 대화와 교류의 장으로 만든다는 구상이었다.

특히 91년 유엔사가 군정위 수석대표에 한국군 차기문 중장을 임명한 이후 북측이 거부해온 유엔사-북한군간의 장성급 대화를 복원하기 위해 우리 정부는 유엔사측 수석대표를 미군이 맡도록 양보하되 회담 형식은 기존의 군사정전위원회 틀을 그대로 유지한다는 것이 판문점 군사대화 재개의 핵심 내용이었다.

기사는 엠바고를 깨는 부담을 덜기 위해 '물타기식'으로 썼는데, 「문화일보」 1면 담당 편집자인 한형민 기자가 핵심을 간파하고 제목을 '판문점 군사대화 복원, 정부 북미 장성급회담 용인 방침'으로 굵직하게 뽑는 바람에 5월 27일 오후 청와대, 외교부, 국방부 기자실에 비상이 걸렸다.

각부처 기자단은 전체회의를 소집하는 등 민감한 반응을 보였다. 당초 청와대와 국방부에서는 이 사실이 '발표 때까지 엠바고'였는데 「문화일보」가 이것을 깼다는 게 기자단 회의 소집의 이유였다.

청와대를 출입하는 이용식 차장은 이 때문에 기자실 1주일 출입정지 처분을 받았고, 외교부 출입기자는 출입정지 3주, 국방부 출입기자는 3개월 정지를 받았다.

문제는 필자가 출입하는 통일부 기자실 회의였다. 통일부 기자단은 당초 이 보도가 엠바고였다는 사실을 인지하지 못하고 있다가 청와대, 외교부, 국방부기자단의 통보를 받은 상황이었다. 통일부 기자단은 간담회 형식의 비공식 기자단 회의에서 "통일부와 직접적 관계는 없는 사안이지만 타 부서에서 엠바고가 걸렸던 내용을 통일부 기자가 보도한 것은 유감"이라는 결정을 내렸고, 징벌은 기자단 오후 간식 비용을 내는 것으로 매겨졌다. 문제가 의외로 간단히 마무리됐다고 생각했다.

그러나 '물'을 먹은 데 대한 화가 풀리지 않았던 타신문과 통신, 방송의 청와대, 외교부 선배들이 통일부 기자들에게 분풀이를 한 탓인지, 통일부 출입기자들은 다음날인 5월 28일 오전 회의를 또 소집했다. 당시에는 필자가 통일부 기자단의 간사였기 때문에 임시로 연합통신 기자가 회의를 진행했다.

문제의 기사가 타부처에서 엠바고로 걸려 있는 사항이라는 것을 알고도 교묘하게 보도했기 때문에 책임을 져야 한다는 의견이 나왔고, 일부에서는 27일 회의에서 일단 유감을 표시했기 때문에 일사부재리 원칙에 따라 두 번 회의를 하는 것은 부적절하다는 의견도 있었다.

민감한 사안을 놓고 기자단 회의가 열리면 늘 그렇듯 한 사안에 대한 객관적 평가도 평가지만, 기자 개인에 대한 평소의 감정도 복잡하게 뒤얽히게 된다. 보도됐던 기사가 타부처 엠바고였다는 사실을 몰랐던 대부분의 기자들이 이제와서 「문화일보」 기사에 대해 감내라 팥내라 하는 자세가 마땅치 않았지만 여하튼 도의적으로는 책임을 져야 한다는 생각이 들었다.

회의 결론은 간사로서 도의적 책임을 지고 '간사직에서 물러나는 것'으로 마무리지어졌다. '중앙부처 최초의 여기자 간사'라는 얘기를 들으며 1년 동안 가지고 있던 간사직에서 '불명예 퇴진'하기는 했지만 오히려 후련했다.

북미 장성급 대화 재가동과 정주영 명예회장 판문점 통과문제를 협의하는 물밑접촉의 현장을 시원하게 국민들에게 알리지는 못했지만, 많은 제약과 견제 속에서 「문화일보」 외교안보팀이 그 정도라도 첫 보도할 수 있었던 것은 이러한 우여곡절 끝에 가능했다.

그러나 이 보도를 둘러싼 언론계 내부의 논란은 앞으로 북한 보도를 하는데 있어서 많은 부분이 개선되어야 한다는 점을 보여 줬다.

특히 정부관리의 편견이나 기자사회의 이기심 때문에 남북관계 전반을 해치고 국민의 알권리를 훼손하거나 왜곡 하는 것이야말로 국익에 반하고 남북관계 발전도 해치는 일이기 때문이다.

IV
세기말 남북한 사람들의 자화상

정주영의 북한을 향한 꿈

현대 총수의 자리에서 물러난 정주영 명예회장의 북한을 향한 발
길이 분주해지기 시작한 것은 97년 말이다.

97년 12월 김대중 후보가 대통령에 당선되자마자 베이징 라인을
가동시켜 대북협상을 시작하더니 98년 6월 동생과 아들들, 정성들여
키운 소 5백마리를 이끌고 방북한데 이어 98년 11월 18일 9백여 관
광객들과 함께 역사적인 금강산 유람길에 올랐다.

99년부터는 금강산개발사업을 비롯해 서해공단 조성을 위한 작업
에 매진하고 있다. 대북사업의 일선에 선 까닭인지 여든 살을 넘긴
노인이라고 보기 힘들 정도로 건강하다. 무릎 관절 외에 건강은 정
상이라는 게 측근들의 전언이다.

84세의 '청년' 정주영이 북한이라는 최대의 벤처상품에 배팅할 수
있었던 힘은 어디서 나온 것일까. 정 명예회장의 대북 프로젝트는
10여년에 걸친 준비와 좌절 끝에 이뤄진 결실이다. 그는 늘 입버릇
처럼 "금강산 개발은 마지막 남은 내 소원"이라고 강조해 왔는데,
그 소원이 이제 이뤄지기 시작한 것이다. "남북이 함께 도우며 잘
사는 것이 바로 통일"이라는 한 기업인의 생각은 이제 구상의 단계
를 넘어서 실현단계로 들어섰다.

정 명예회장의 대북 행보가 시작된 것은 89년 허담 조국평화통일위원장의 초대로 북한을 방문하면서부터다. 89년 1월 도쿄에서 베이징을 통해 방북, 평양에서 김일성 주석 등 고위급 인사들을 잇따라 만나 경제협력 및 금강산개발 의향서를 체결했다.

당시 첫 방북 때 고향 통천을 방문한 정 명예회장은 작은 어머니에게 입고 있던 와이셔츠를 내밀며 "깨끗하게 빨아서 저기 걸어둬요. 다음에 와서 입게"라는 말을 남기고 고향집을 나섰다고 그의 자서전 『이 세상에 태어나서』에 밝힌 바 있다. 곧 다시 고향으로 돌아가 금강산개발사업을 시작할 수 있으리라고 믿고 있었기 때문이다.

그러나 남북관계의 급속한 진전을 원치 않았던 보수세력의 방해공작으로 후속작업을 진행하기 어려웠다. 설상가상으로 정 명예회장의 92년 대선 출마 후유증으로 인해 현대는 김영삼 정부와 시종일관 불편한 관계여서 대북사업을 재추진하기가 여의치 않았다.

정 명예회장은 김영삼 전대통령 재임시 여러 차례에 걸쳐 방북을 요청했었지만 김전대통령은 단호하게 불허했다. 김영삼 정부 5년간 정 명예회장은 소떼를 몰고 북행할 그날을 꿈꾸며 서산농장의 소를 키웠다. 금강산 개발을 곧바로 추진하지 못한 것을 천추의 한으로 안은 채 그는 서산농장에서 미래를 향한 꿈을 키운 것이다.

그런 시련과 좌절 끝에 97년 말 김대중 후보가 대통령에 당선되자 그는 다시 움직이기 시작했다. 새 정부의 전향적인 대북정책을 예상하고 묵혀두었던 '미완의 프로젝트' 서류를 다시 꺼냈다.

2월 베이징에서 시작한 북측과의 마라톤 협상 끝에 정 명예회장은 98년 6월 16일 드디어 금단의 땅 판문점 군사분계선을 넘어 북으로의 대장정을 떠났다. 1천만 이산가족은 물론 남북문제에 관심있는 전세계인들이 긴장했다.

그는 판문점에서 밝힌 방북 소감에서 "어린 시절 무작정 서울을 찾아 달려온 이 길, 판문점을 통해 고향을 찾아 가게 되어 무척 기

「노동신문」 98년 10월 31일자에 실림 김정일 북한국방위원장과 정주영
현대명예회장 일가의 기념촬영 사진.

쁘다"면서 "이번 방문이 단지 한 개인의 고향 방문이 아니라 부디
남북간의 화해와 평화를 이루는 환경의 초석이 되기를 진심으로 기
원한다"고 밝혔다.

　정 명예회장이 이 날 군사분계선을 넘는 장면은 냉전의 고도(孤
島) 한반도에도 화해의 훈풍이 불고 올 것을 예감케 했다. 정 명예
회장은 "군사분계선을 통과하는 것은 분단된 민족이 하나로 나아가
는 상징"이라는 신념에 따라 판문점의 군사분계선을 두 발로 넘어
북으로 갔다.

　1천만 이산가족의 아픔을 뒤로 하고 자신만이 동생과 아들과 함께
방북하는게 마음에 걸렸기 때문인지, 그는 자신의 방북이 개인의 고
향방문으로 비추이는 것을 원치 않았다. 자신의 방북 행보가 남북간
화해의 초석이 되길 바란다는 그의 인사말에는 실향민들에 대한 따
뜻한 배려가 담겨 있다.

89년 1차 방북 당시에는 친근한 고향 군민들에게 이렇다할 인사 치레도 못했지만, 이번에는 일찌감치 고향 통천군민들에게 옥수수 5만톤을 선사했고, 서산농장에서 정성들여 키운 소 5백마리를 '고향'에 대한 보답의 의미로 함께 싣고 떠났다.

정 명예회장은 98년 초부터 북한돕기운동에도 적극 나섰다. 현대계열사 차원에서 북한식량보내기운동을 벌였다. '슈퍼 옥수수박사' 김순권 경북대 교수가 지난 4월 만든 국제옥수수재단에도 선뜻 5억원을 희사, 북한 식량난을 구조적으로 해결하기 위한 작업에 참여하고 있다.

98년 6월 초 정 명예회장이 북한방문 의사를 밝히면서 내건 조건 또한 정부 당국자들은 물론 북측을 놀라게 했다. "현대자동차에서 만든 다이너스티 승용차를 타고 판문점을 통해 북으로 가겠다" "서산농장에서 직접 키운 소 5백마리를 판문점을 통해 데리고 가겠다" 는 그의 제안에 대해 남북 당국 모두 놀랐다는 후문이다.

정부 당국자들은 판문점 통과가 실현되면 좋겠지만 너무 목표치가 높다고 판단했다. 북측은 '굴러들어온 노다지(소 1천마리)'를 받겠다 는 의지를 보이면서도 '판문점' 통과 문제 때문에 아주 곤혹스러워 했기 때문이다.

이종찬 안기부장은 기자들과 만난 자리에서 "정주영 현대 명예회장이 소를 몰고 판문점을 통해 가겠다는 아이디어를 낸 것은 참으로 놀라운 일"이라면서 "역시 기업 마인드가 있는 분이기 때문에 그런 기발한 발상을 한 것같다"고 밝힌 적이 있다.

금강산 관광협상이 예상치 못한 악재들로 인해 난항에 부딪치자 정 명예회장은 98년 10월 27일 재차 방북길에 나섰다. 당초 3박4일 일정으로 북행길에 나섰지만 김정일 북한 국방위원장 면담관계로 하루를 더 늦춰 10월 31일 서울로 돌아왔다. 정 명예회장은 재방북 때 김정일위원장과 만나 현대의 금강산관광과 공단 조성사업 등 대북 프로젝트에 대해 대화를 나눴다.

정 명예회장은 김위원장이 국방위원장체제를 출범시키고 난 뒤 처음으로 만난 남측 인사라는 점에서도 주목을 끌었다. 김위원장은 정 명예회장 일행이 묵고 있는 평양 백화원초대소를 직접 방문, 정 명예회장 일행을 맞았다.

외부인사와의 공식적인 면담이나 대중연설을 극도로 기피하는 김정일이 정 명예회장 일행을 만난 것은 지극히 이례적인 일이어서 국내외 언론의 관심을 끌었다.

현대 일행이 방북할 때 정부 일각에서는 김정일이 정 명예회장을 만나주지 않을 것이라는 비관적인 전망을 한 것도 이 때문이다.

통일부에 따르면 김일성 주석 사후 김정일이 외부인사를 접견한 것은 IO여 차례에 지나지 않는다. 이 가운데 남한 인사로는 고 문익환 목사의 부인 박용길 장로가 95년 7월 8일 잠시 만난 것 외에는 처음이다.

정 명예회장은 당초 김용순 아태평화위원장으로부터 김정일 면담 약속을 받고 방북했지만, 방북 마지막 날인 29일까지 일정이 잡히지 않았다. 현대도 현대였지만 김용순 위원장 등 북측 관계자들이 더 속을 끓인 것 같다. 하루만 더 방북기간을 연장해 달라고 아태측이 요청했다. 이어 IO월 30일 저녁 IO시 경 북측으로부터 "준비를 하라"는 연락을 받고 백화원초대소를 떠날 채비를 했는데, 그로부터 30분 후 김정일 국방위원장이 직접 초대소로 왔다. 그때 김정일 위원장은 "김용순 위원장이 자꾸 채근을 해서 이렇게 왔다. 지방에 현지지도 갔다가 늦게 돌아오게 돼서 미안하다"고 먼저 얘기를 꺼낸 후 사업 얘기를 진행시켰다.

또 현대가 추진하는 금강산관광사업이 왜 늦어지느냐고 김용순 위원장에게 채근했고, 현대의 대북공단 조성사업도 잘 되도록 하라는 지시를 내렸다. 북한의 최고지도자가 승인을 해줌으로써 금강산관광의 장애요인이 됐던 북쪽의 불명확한 입장은 말끔히 가신 것이다.

정몽헌 현대회장은 판문점 기자회견(98. 10. 31)에서 김정일에 대한 인물평을 해달라는 질문에 다음과 같이 답했다.

면담시간이 길지도 짧지도 않아 뭐라 말할 수는 없다. 김국방위원장이 우리측과 사진을 찍었는데, 처음에는 가운데 섰다가 다음에는 정 명예회장을 가운데로 모셨다. 괜찮다고 했으나 본인이 굳이 양보해 웃사람을 공경하는 마음이 강하다고 생각했다.

처음 면담 통보시에는 김국방위원장 사무실을 면담장소로 생각했으나 직접 숙소로 찾아와, 그는 정 명예회장이 나이 드셔서 직접 와야겠다고 생각했다고 말했다.

실제 김정일 위원장은 30여분간 담화를 한 뒤 정 명예회장 가족과 사진을 찍었다. 사진을 찍을 때 정 명예회장을 가운데로 모셨고, 손도 꼭 잡고 찍었다고 해서 뒤에 화제가 되기도 했다. 정 명예회장은 귀환 후 판문점 기자회견에서 이런 김정일 국방위원장을 "예의가 바르고 효성이 깊은 분"이라고 표현했고, 꼭 '장군님'이라는 호칭을 써서 눈길을 끌기도 했다.

이후 금강산관광사업 추진은 일사천리로 진행되어 98년 11월 18일 역사적인 금강산관광 뱃길이 처음으로 열리게 됐다. 금강산관광이 김대중 정부 출범 원년에 실현될 수 있으리라고 기대했던 사람은 거의 없었다. 금강산관광에 대한 남북논의가 진행되는 것에 대해서도 실현되겠느냐는 회의론자들이 많았다. 그러나 정 명예회장이 뚝심으로 밀어부친 금강산관광은 98년 11월 18일 시작됐다.

그 날 동해항 현장에서 정 명예회장은 금강산관광 소감을 묻는 기자들의 질문에 "통일로 가는 길을 함께 가게 돼 기쁘다"고 짧막한 대답을 했다.

'정주영, 현대건설 명예회장, 1915년 11월 25일생'이라는 관광증명서를 가슴에 달고 배에 오른 그의 표정은 담담했다. 이 날 동해항 터미널 앞에서 진행된 현대금강호 첫 출항 기념식 때 검은색 오버코트에 중절모를 쓴 그는 수많은 보도진에 둘러싸여 후래쉬 세례를 받으면서도 침착하게 한발 한발 내딛었다. 환영나온 인파에 대한 답례로 손을 흔들며 금강호로 향했다. 그의 곁에는 동생인 정세영 현대자동차 명예회장, 아들인 정몽구 현대정공 회장이 함께 했다. 금강호가 동해항을 떠나던 때 9백여 관광객들은 감격의 눈물을 흘렸다. 배가 군사분계선을 넘을 때도 "오래 살다보니 이런 때도 오는구나" 하며 눈물을 흘린 실향노인들이 여럿 있었다.

이들은 분단 50년만에 처음으로 금강산 뱃길을 열어준 정 명예회장에게 고마움을 느꼈던지, 그가 관광객들과 함께 있을 때마다 아낌없는 박수로 답례했다. 11월 18일부터 22일까지 4박5일간 이어진 금강산 뱃길 관광 중 정 명예회장은 현대금강호의 만다린룸과 금강산 자락에 위치한 북한의 김정숙초대소를 오가며 묵었다.

김정숙초대소는 금강산 지역에 있는 북한의 영빈관이다. 건립된지 20, 30년은 족히 넘을만한 회색빛의 우중충한 건물이다. 북한 최고 지도자 김정일의 생모인 김정숙 이름을 붙일만큼 북한인사들은 이 건물에 대해 상당히 자부심을 갖고 있다.

김정숙초대소에서는 북한의 방종삼 금강산국제관광총회사 사장 등과 만나 금강산관광 문제 등을 협의한 것으로 알려졌다. 물론 그의 이번 북행은 비공식방문이라는 점에서 공식적인 의제는 없었다는 게 현대 관계자들의 설명이다.

정 명예회장의 금강산 방문길에 그림자 호위를 한 사람은 그의 여동생 정희영씨다. 대재벌가의 사모님이라기보다 수수한 여느 할머니를 연상시키는 정여사는 4박5일간 보이지 않게 정 명예회장의 음식을 챙겼다. 냉면을 즐겨 먹는 정 명예회장의 식성을 고려해 손수 고아 만든 육수를 가져온 것은 물론 메밀냉면까지 준비, 오빠의 여행길 식사를 전담했다.

지난 I, 2차 방북 때 "냉면만 실컷 먹었다"고 대답할 정도로 냉면 애호가인 정 명예회장은 이번 금강산 유람길에서도 이런 동생의 따뜻한 배려 속에서 냉면을 즐겼다. 또 김정숙초대소에서도 각별하게 신경을 쓴 수많은 '코스 음식'보다도 냉면을 찾았다고 한 관계자는 전했다.

정희영 여사는 9백여 관광객들이 4박5일간 먹을 김치와 깍두기, 총각김치, 구이 김까지 준비해올 정도로 이번 금강산관광에 많은 신경을 썼다. 그의 손길이 닿은 김치는 특히 맛이 좋아 관광객들로부터 인기를 끌었다.

98년 IO월 I4일 현대금강호 시운항 때에는 쌀 한 섬으로 각종 떡을 만들고, 직접 담근 김치를 준비해와 관계자들을 놀라게 했다는 후문이다.

정 명예회장 역시 정여사가 만든 음식을 즐겨 찾는다고 한다. 정 명예회장은 늘 "희영이의 음식 솜씨는 우리 어머니에게서 물려받은 것"이라고 자랑을 한다는 게 주변사람들의 얘기다. 만물상 등정길에 만난 정희영 여사는 "금강산 관광길을 떠나기에 앞서 꿈에서 어머니와 할머니를 세 번이나 봤다"고 소개하면서, 그의 목에 걸린 어머지 사진을 보여줬다.

여권사진 크기의 빛바랜 사진에는 젊은 시절의 어머니 모습이 들어 있었다. 그 어머니의 골격과 눈매는 정 명예회장의 젊은 시절 눈매 그대로다.

정 명예회장은 4박5일간 장전항에서 온정리로 이동한 뒤 김정숙초대소에 머물며 온천욕을 하며 '금강산의 휴식'을 즐겼다. 관광객들과 함께 금강산 자락을 둘러보지는 않았다. 다만 북측에서 특별히 마련해준 벤츠 승용차편으로 구룡폭포 진입로 부분과 해금강지역을 답사했을 뿐이다.

이미 98년 6월 첫 방북 때 북측인사들의 상세한 안내를 받으며 금강산 유람을 마친 탓인지 관광에 크게 신경을 쓰지 않았다는 게 관계자들의 후문이다.

정 명예회장은 매일 현대 계동 사옥에 마련된 회장실에 출근, 현대가 벌이는 금강산개발사업, 서해안공단조성사업이 튼실하게 뿌리내리게 하기 위한 구상에 집중적으로 몰두하고 있다. 98년 말에는 평생을 조국근대화에 바친 공로로 산업보국대상도 받았다.

70년대 정 명예회장의 전성기 때보다도 더 바쁘고 분주한 것같다는 게 주변인사들의 평이다. 그런만큼 그의 북한사업은 "자수성가한 기업가가 만년에 자신을 낳아준 고향을 찾아 보답한다"는 차원에서 나온 결단이라기보다 21세기를 향한 원대한 사업을 펼치기 위해 내린 결정이라고 보는 게 타당할 듯하다.

정 명예회장의 북한을 향한 꿈은 21세기를 앞둔 시점에서 노 기업가가 벌이는 인생 최후의 야심적 투자인 것이다.

한반도 슈퍼 옥수수 개발하려는
김순권박사의 구상

사람들은 그를 '슈퍼 옥수수' 박사라고 부른다. '슈퍼 옥수수'란 김순권 경북대 석좌교수가 평생 연구하며 만들어내려고 하는 이른바 '이상향의 옥수수'다. 말하자면 현재 그것은 존재하지 않지만 주변 환경과 병충해에 강할 뿐만 아니라, 알갱이가 굵고 많은 미래의 옥수수 총칭 개념일 뿐이다.

김순권 교수가 나이지리아의 오지에서 아프리카 풍토에 맞는 슈퍼 옥수수를 개발해내기 위해 구슬땀을 흘릴 때 국내에서 그를 주목한 사람은 많지 않다. 해방되던 해 경남 울산에서 태어나 경북대 농학과를 졸업한 뒤 수원 농촌진흥청 작물시험장에서 농업연구사로 일할 때만 해도 그는 평범한 농업연구원에 불과했다.

70년대 후반 옥수수 경작을 통해 아프리카의 기아문제를 해결하겠다는 다소 황당해 보이는 꿈을 안고 나이지리아로 떠날 때도 주변에서는 그를 돈키호테적인 농학자 정도로 보았다. 옥수수 보급을 위해 떠나는 곳이 왜 하필 나이지리아냐는 주변의 질문에 "하나님이 계시하신대로 떠난다"는 말을 남겼기 때문이다.

그의 인생이 달라지기 시작한 것은 95년 북한의 식량난을 해결할

슈퍼옥수수 박사로 불리는 김순권 경북대 교수는 한반도 토양에 맞는 옥수수를 개발해 북한의 식량난을 해결하는 것은 물론 남한의 대외식량의존도도 바로 잡겠다는 야심을 갖고 있다.

수 있는 한반도 슈퍼 옥수수를 개발해 내겠다는 야심으로 17년간의 아프리카 생활을 청산하고 귀국하면서부터다. 30, 40대 한창 일할 나이를 아프리카에서 인도주의 사업에 보낸 그는 지천명의 나이에 접어들면서 북한을 새롭게 발견하기 시작한 것이다. 그는 이때도 "하나님이 계시하셔서 돌아오게 됐다"고 설명했다.

떠날 때도 하나님의 계시였고, 올 때도 하나님의 계시가 있었다는 얘기를 일반인들이 액면 그대로 받아들이기는 쉽지 않다. 하지만 그가 아주 독실한 기독교신자라는 점을 감안하면 수긍이 간다. 그는 늘 "중요한 결단의 순간마다 하나님이 계시를 내려서 그대로 따를 뿐"이라고 태연하게 말한다.

'하나님의 계시'라는 대목은 김순권 박사가 벌이는 대북사업을 이해하기 위한 키워드이기도 하다. 이 대목을 대수롭지 않게 생각하는 사람들은 종종 그를 '비정상적 돈키호테' 정도로 치부해버리고, 그의 행적에 대해서도 의심의 눈길로 본다. 하지만 그의 이같은 언술을 일단 액면 그대로 받아들이면 그의 행동을 이해할 수 있는 길이 열린다.

그는 70년대 자신이 농업진흥청 연구원과 함께 개발한 옥수수 종자를 북한에 전하고, 북한 토양에 맞는 새로운 슈퍼 옥수수를 개발, 기아에서부터 북한을 구하겠다는 일념으로 오랜 외국생활을 청산하고 국내에 들어왔다.

95년 귀국, 모교인 경북대 석좌교수로 지내면서부터 북한에 갈 계획을 세웠다. 길은 좀처럼 열리지 않았다. 김영삼 정부는 95년 쌀 15만톤을 무상으로 북한에 지원한 뒤 삼선비너스호 억류사건, 인공기 게양사건 등 악재가 터지자 일반인들의 방북 자체를 허용하지 않았다.

실의에 빠진 채 지내다 김영삼 정부 말기인 97년 5월 청와대에 다시 탄원서를 냈다. 다행히 청와대와 안기부에서 김순권 박사의 대북사업에 관심을 갖기 시작하면서 방북의 길이 열리기 시작했다. 김순권 박사에 대해서는 북한측에서도 워낙 많은 관심을 보여 당시 이미 초청장을 보냈을 정도다.

김순권 박사는 이때부터 김영삼 정부 말기에서 김대중 정부 출범이라는 정권교체기의 북풍 바람에 휩싸이게 됐다. 이른바 '판문점 총격요청사건'으로 이름붙은 장석중·오정은·한성기 3인방의 대북모의에 얽혀들게 됐기 때문이다.

판문점 총격요청사건의 진실이 밝혀지기 위해서는 시간이 더 필요할 것이다. 김순권 박사는 필자와의 인터뷰(「문화일보」99. 2. 10)에서 자신이 곁에서 본 사건의 진상에 대해 이렇게 설명했다.

김영삼 대통령 재임 당시인 97년 5월경 북한 옥수수 재배현황을 살펴보기 위해 방북을 하겠다고 청와대에 탄원서를 낸 일이 있는데, 그때 오정은 청와대 비서관이 그 일을 담당했다. 후에 안기부측에서 장석중씨를 연결시켜 주었다. 장씨는 97년 12월 전후해 한성기씨 등과 대통령선거일인 12월 18일 직전 북측에서 판문점 시위를 해주면 12월 20일 경 나의 방북을 성사시켜 주겠다고 약속한 것으로 안다. 북한은 당시 내 방북을 성사시키기 위해 갖은 노력을 다했기 때문에 여기에 관심을 보였다.

그런데 이 일은 내가 12월 15일 국민회의에 입당하면서 틀어졌다. 그때 장씨는 당시 내게 "강냉이 박사가 쓸데없는 일을 해서 모든 일이 망가졌다"고 불평을 한 바 있다. 대통령 선거가 끝나자 장씨는 "김박사가 선견지명이 있었다"면서 다시 방북사업을 하자고 왔는데, 그때 장씨를 방북 안내자 삼아 99년 1월 3일 북한에 가게 됐다.

판문점 총격요청사건이 비록 모의에 그쳤을 뿐 실행되지 않은 사건이고 실체적 진실이 밝혀지려면 시간이 더 필요하겠지만, 김순권 박사가 그 한가운데 놓여 있었던 사람인 것만은 확실하다. 하지만 진짜 자신의 국민회의 입당 때문에 일이 틀어진 것인지, 아니면 북측에서 요구한 조건이 너무 컸기 때문인지 현재로서는 알 수 없는 일이다.

그는 결국 김영삼 정부 말기에 방북을 추진하다 새 정부 출범 직전인 99년 1월 방북을 실현, 김대중 대통령 당선자 진영의 대북의지를 북한에 전달, 결과적으로 98년 4월 열리는 남북 베이징 비료회담의 가교역할을 했다. 또 정주영 현대 명예회장의 고향인 통천도 방문, 현대측이 대북사업을 본격화할 수 있도록 분위기를 조성하는데 기여하기도 했다.

98년 베이징 남북차관급 회담이 개최되기까지의 과정에 대해 김순권 박사는 필자와의 인터뷰에서 다음과 같이 설명했다.(99. 2. 9)

98년 1월 1차 방북 때 북측의 안병수 조평통 부위원장, 강덕순 아태평화위원회 참사 등을 만나 남측으로부터 20만톤 정도의 비료를 지원받으면 옥수수 1백만톤을 생산할 수 있다고 말했더니 남측을 만나겠다고 했다. 귀국한 뒤 2월 5일 당시 김대중(金大中) 대통령 당선자를 일산 자택으로 방문, 북한의 의지를 전달했고, 상호 연락과정을 거쳐 회담이 열렸다.

김순권 박사가 다리를 놓은 98년 4월 베이징 차관급회담은 남북 양측의 조건 차이 때문에 결렬됐지만, 현대의 대북사업 길은 활짝 열렸다. 현대측은 98년 초부터 대북사업을 재개하기 위해 분주하게 움직였지만 실제 북한 내부에서 정주영 명예회장의 방북, 나아가 현대의 대북사업에 대해 어떻게 생각하는지를 알 수 없었기 때문에 그의 전언은 상당히 유효했던 것같다. 정주영 명예회장은 김순권박사가 98년 3월 출범시킨 국제옥수수재단에 5억원을 희사했고, 그 스스로 이 재단의 명예회장으로 추대됐다. 김순권 박사는 현대와의 인연에 대해 다음과 같이 설명했다.

98년 1월 첫 방북 때 장석중씨와 함께 통천을 방문, 정주영 현대 명예회장의 숙모 비디오를 찍어와 정 명예회장에게 보여줬는데, 당시 정 명예회장은 비디오를 본 뒤 방북의사를 굳혔던 것같다. 나는 98년 5월 재방북 때 현대의 의지를 북측에 전달, 결과적으로 정 명예회장의 방북이 실현되는 가교역할을 한 게 사실이다.
북측이 금강산관광사업에 대해 결정을 내리지 못할 때 "관광비용을 받으면 비료라도 구입할 수 있는데 왜 하지 않느냐"며 북측이 생각을 바꾸도록 압력을 가한 적은 있지만, 구체적으로 관여한 것은 없다. 나는 옥수수에만 관심이 있을 뿐이다.

총풍사건이 마무리되지 않은 상황속에서도 김순권 교수는 대북 옥수수사업을 진행하고 있다. 정권교체기라는 민감한 시기에 권력핵심층을 움직여 남북을 오가며 옥수수사업을 시작한 그에 대한 세인들의 시선이 곱지 않은 것은 이같은 관계 때문이다. 그에 대한 정치적 논란도 여전하다. 한나라당측은 여전히 그에 대한 비난의 고삐를 늦추지 않고 있다.

하지만 그런 오해는 세월만이 치유해줄 수 있다고 보고 그는 크게 신경을 쓰지 않는 눈치다. 그는 "남북의 옥수수를 교배한 슈퍼 옥수수를 개발해 북한을 식량난에서 벗어나게 하겠다는 게 내 대북구상의 전부"라면서 "나는 정치인도 아니고 대북사업가도 아니기 때문에 세간의 평에 대해 관심이 없다"고 밝혔다. 오히려 98년 처음으로 북한 83개 마을에서 시범재배한 수원 19호를 99년에는 1천개 마을로 확산해 파종하겠다는 의지를 보이고 있다.

갖은 어려움에도 불구하고 그가 98년 북한의 83개 마을에서 재배한 '수원 19호'에 대해 북한은 대만족을 하고 있다고 한다. 김순권 박사와 만나는 북한 농업과학원의 인사들이 줄줄이 승진됐고, 그가 옥수수를 시험재배하는 지역은 당일꾼들의 순례지가 됐다는 것이다.

실제 북한은 80년대 나이지리아에서 아프리카 토양에 맞는 옥수수를 개발한 김순권 박사를 납치하려고 했고, 90년대에는 그가 개발에 참여한 옥수수 종자 '수원 19호'를 농촌진흥청에서 빼내기 위해 간첩까지 남파한 적이 있다. 간첩들의 대남 확보목록에 '슈퍼 옥수수 종자'가 포함되어 있을 정도였다는 것을 감안해볼 때 김순권 박사에 대해 북한이 어떤 생각을 갖고 있는지는 미루어 짐작할 수 있다.

김박사는 "98년 북한땅에 뿌리내린 수원 19호를 북한에서는 '강냉이19호' 줄여서 '강19호'라고 부르며 애지중지하고 있다"면서 "강19호는 남북을 화해시키는 평화의 옥수수가 될 것"이라고 말했다. 북한 토양에 맞는 슈퍼 옥수수가 개발되면 북한을 식량난에서 해방시키는 것은 물론 식량자급률이 25%에 불과한 남한에도 엄청난 도움이 될 것이기 때문에 한반도 토양에 맞는 옥수수 개발은 결국 한반도의 항구적 식량자급을 위한 첫 걸음일 수 있다는 게 김순권 박사의 주장이다.

우리나라가 일본, 대만에 이어 세계 옥수수의 3대 수입국 가운데 하나이고, 전체 수입곡물 가운데 옥수수가 차지하는 비중이 65%에 달한다는 것, 그리고 우리의 옥수수 자급률이 0.9%에 불과하다는 것을 감안해볼 때 김박사의 한반도 슈퍼 옥수수 개발구상은 단순히 북한만을 위한 게 아니라 남북의 공생을 위한 첫걸음일 수 있다.

이산가족 문제의 해법

정주영 현대 명예회장이 98년 6월 16일 동생들과 아들들을 데리고 판문점을 통해 첫방북하는 모습은 수많은 이산가족과 실향민들에게 희망과 절망감을 동시에 안겨주었다. 그의 방북은 기업 차원에서 보면 금강산 개발을 위한 것이지만, 이산가족 차원에서 보면 고향방문이기 때문이다.

성공한 기업가인 그는 북한에 엄청난 선물을 하면서 당당하게 형제, 아들과 함께 북녘 고향에 갈 수 있지만, 이렇다할 게 없는 평범한 이산가족들은 북녘땅만 바라보다 한많은 세상을 떠나고 있는게 우리의 현실이다. 정 명예회장이 방북하던 날, 그와 함께 북으로 가는 소떼 트럭을 부여잡고 "차라리 소였으면 좋겠다"고 흐느꼈던 한 실향민의 절규는 가슴을 아프게 한다.

남북 단독정부가 수립된지 반세기가 지나도록 역대 정권은 모두 출범 초 이산가족문제를 최우선으로 해결하겠다는 의지를 천명했다. 북측 또한 형식적이나마 이산가족 문제는 해결되어야 한다는 입장을 밝혀왔다.

그러나 98년 4월 베이징 차관급회담에서 전금철 북측 수석대표가 "이산가족 문제는 인도적인 문제인 동시에 정치적 문제"라고 말했던 것처럼 북측은 이산가족 상봉이 몰고올 파장에 대해 두려움을 갖고 있는 게 현실이다. 이산가족 문제를 해결하기 위해서는 인내력과 치밀한 전략이 요구되는 것은 바로 이 때문이다.

김대중 정부는 98년 출범 초부터 이산가족문제를 '1백대 국정과제' 중의 하나로 선정해 최우선적으로 해결하겠다고 천명했다. 남북 경제협력과 인도적 식량지원을 적극 추진해 북한이 이산가족 문제해결을 위한 마당으로 나오게끔 하겠다는 정책을 추진하고 있다.

베이징 남북 차관급회담에서 우리측이 다른 모든 조건에 앞서서 이산가족면회소와 우편물교환소 설치를 제안한 것은 바로 이런 이유 때문이다. 그러나 북측은 이산가족 면회소 설치문제에 대한 명확한 입장을 밝히지 않아 결국 회담은 결렬됐다. 북측이 비료까지도 포기하면서 .이산가족 문제에 대해 이렇듯 난색을 보이는 것은 이산가족 상봉이 북한체제 와해에 영향을 미칠 것이라는 우려 때문이다.

황장엽 전북한노동당 비서와 함께 동반 탈북한 김덕홍 전여광무역회사 총사장은 "내가 평양에 있을 때 재미 이산가족을 상봉하게 해준 적이 있다"면서 "북한 사회안전부에 자신이 살았던 북한 주소와 가족관계만 밝히면 바로 이산가족 소재를 확인할 수 있다"고 밝힌 바 있다. 황장엽씨에 따르면, 북한에는 이산가족 상봉을 위한 자료가 노동당 차원에서 특수관리되고 있다. 재북인들의 원적지, 현재 주소, 재남가족의 상황이 모두 기록된 자료가 마련되어 있기 때문에 일주일 정도면 어떤 사람도 찾아낼 수 있다는 주장이다.

실제 강인덕 통일부장관은 지난 70년대 남북조절위 남측대표로 북한에 갔을 때 북측인사들이 그의 누나를 만나게 해주겠다고 했지만 거절한 적이 있다고 한다. 북측의 이같은 제의는 남측인사 가운데서도 유력한 인사의 이산가족들은 언제나 동원 가능한 상태에 있다는 것을 암시하는 대목이기도 하다. 강장관은 "당시 나는 남북대화를 하러왔지 혼자 가족 만나러오지 않았다고 정중하게 거절했다"고 공개했다.

김덕홍씨는 북한에 있을 때 재미교포들을 상대로 이산가족 장사를 했다고 밝힌 적이 있다. 이산가족인 재미교포들을 평양으로 불러들여 재북가족과 상봉, 일주일간 고려호텔에서 함께 살게 해주고 몇만 달러 받는 사업을 벌였다는 것이다. 물론 이것은 상대가 재미교포이기 때문에 가능한 측면도 있다. 국내의 이산가족은 남북의 정치여건상 가족을 만난다는 이유로 합법적으로 방북을 하기 어렵기 때문이다.

예외도 있다. 98년 9월 서울에서 중소기업을 하는 이모씨가 경협사업을 한다는 목적으로 방북승인을 받아 평양에 간 뒤 동생을 만난사실이 통일부에 보고된 적이 있다. 방북 초청장을 발급해준 측은아태평화위원회인데, 형식적으로는 '경협'으로 방북 목적을 밝혔지만, 실제 재북가족을 만나도록 편의를 봐주기 위해 방북을 허용한첫 케이스다.

남북한 토양에 맞는 슈퍼 옥수수 개발을 위해 북한을 드나들고 있는 김순권 교수도 98년 7월 방북시 북한의 배려로 부인의 삼촌과 상봉할 수 있었다.

이같은 사례는 일반인들에게는 좀처럼 오지 않는 기회다. 북한으로서는 이같은 방식을 공개적으로 실시하기 어렵기 때문이다. 이산가족을 공개적으로 상봉시키는 정책을 펼 경우 체제가 불안해질 것이라고 보기 때문에 가급적 비공식적이고 덜 공개되는 방향으로 사업을 추진하려는 게 북한의 구상이다.

이 때문에 정부는 공개적이고 정상적인 당국 대화로 이산가족 문제를 해결하지 못할 바에는 접근 가능한 모든 '틈새'라도 적극적으로 활용해 문제를 풀겠다는 실용주의 전략을 펴고 있다.

이같은 방침에서 이산가족문제를 전담하는 통일부 인도지원국은이산가족 상봉을 최대한 촉진하기 위해 중국 등 제3국에서의 이산가족 상봉 및 우편물 교환 등을 적극 지원하고 있다. 특히 이산가족 1세대 가운데 영세 저소득층에 대해서는 40만원~1백만원까지 정부지원금을 지급하고 있다.

이같은 정책 덕분인지 요즘 통일부 인도지원국에는 하루에도 수십통의 문의전화가 오고 있다. 재북가족을 만나기 위해 북한주민접촉신청서를 내는 실향민들도 폭증, 98년 한해 동안 3천 726명을 기록했다. 97년 신청서를 제출한 761명의 5배를 넘는 수치다. 98년 한해 동안 생사확인을 한 사람도 377명, 제3국에서 상봉한 경우도 108건이나 된다.

이산가족 교류 현황

연도별	89	90	91	92	93	94	95	96	97	98	계
접촉신청	1	62	275	267	743	651	311	231	761	3,726	7,028
생사확인		35	127	132	221	135	104	96	164	377	1,391
서신교환		44	193	462	948	584	571	473	772	469	4,516
상 봉		6	11	19	12	11	17	18	61	108	263

* 자료 : 통일부 인도지원국

정부는 이산가족문제를 국제 이슈화시키기로 하고 각국의 포로 및 인질 석방문제를 주선하는 국제적십자위원회(ICRC) 측에 이산가족 상봉문제를 의뢰했다. 또 이산가족 상봉작업을 비공식적으로 전담해온 이산가족상봉추진회, 일천만이산가족재회추진위원회, 통일경모회, 효도회, 연길이산가족소개소 서울사무소 등 23개 단체를 모아 '남북이산가족교류협의회'를 결성케 하고, 이산가족 관련 정보를 교환하게 한 것도 민간차원의 상봉을 돕기 위해서다.

이 단체들은 재북가족의 생사 확인은 물론 서신교환, 상봉까지 도와주는 이른바 '이산가족 도우미'들이다. 이들의 도움으로 중국의 연변 등지에서 재북가족을 만나는 사람이 많다. 조선족이 남북이산가족 사이에 끼어 북한을 오가며 비밀리에 생사를 확인하고 몰래 상봉케 해주는 '밀사' 역을 담당한다. 여기에 드는 비용이 보통 2~3천 달러를 상회하는 것으로 알려져 있다. 이같은 방법을 통해 98년 초 가수 현미씨는 함경북도에 사는 여동생과 눈물의 상봉을 한 바 있다.

중국땅에서 이뤄지는 이러한 상봉이 바람직한 것은 아니다. 만에 하나 중국정부와 불필요한 마찰이 생길 때 속수무책이기 때문이다. 그러나 당국간 혹은 적십자간 회담을 통해 이산가족문제가 해결되어야 하는 것이 순리이나 그것이 북한이라는 현실의 벽에 막혀 있을 때 이러한 '편법'은 유용성이 있는 게 사실이다.

다행히도 각 방송들이 잇따라 이산가족 특집 프로그램을 마련해 남북한 하늘 아래 사는 이산가족들의 상봉을 주선하는 작업을 벌이고 있어 이산가족들에게 한 줄기 희망을 주고 있다. 일단 생사 여부만 확인되면 서신왕래도 할 수 있고, 중국과 북한의 접경지대에서 만날 수 있기 때문이다.

명분과 형식에 집착하기보다는 이산가족의 편에 서서 그들의 고통과 아픔을 조금이라도 덜어준다는 심정으로 이산가족문제를 풀어나가려는 노력은 결국 북한을 아래로부터 변화시켜 '개혁의 바다'로 나가게 하는 동인으로 작용할 것으로 보인다.

김진경 옌벤과기대 총장은 과연 간첩인가

김진경 옌벤과학기술대 총장은
김정일체제 출범후 북한당국으로부터
간첩으로 몰려 쫓겨나는 수난을
겪기도 했지만, 북한에 대한 그의
애정은 변함이 없다.

80년 후반부터 대북지원사업을 해온 옌벤과학기술대 김진경 총장이 98년 8월 소망교회 곽선희 목사와 함께 방북했다가 돌연 억류됐다 42일만에 풀려난 사건이 있었다.

평양치과병원 기자재를 지원하기 위해 북측과 협의하러 들어간 곽목사는 방북 일주일만에 귀환했지만, 김총장은 억류되어 많은 억측을 자아낸 것이 사실이다.

북한의 관영통신인 조선중앙통신은 98년 10월 24일 방송에서 "한국 안기부를 위해 간첩 역할을 한 죄로 미국시민인 김진경을 국외로 추방했다"고 발표, 김총장이 '간첩'이라고 선언했다.

통신은 또 "그의 행위는 조선의 주권을 엄중하게 침범한 것으로 마땅하나 조선의 관계 당국은 현재의 조미관계를 고려해 관대하게 처리하기로 했다"고 밝혔다. 그와 직접 접촉할 기회가 없었던 국내 언론들은 대개 북한방송의 내용을 인용, 보도했기 때문에 김총장은 그야말로 남이나 북에서 모두 간첩으로 받아들여졌다.

과연 그는 간첩일까.

그는 98년 I2월 2일 강남 계몽아트홀 빌딩의 옌벤과기대 사무실에서 가진 필자와의 인터뷰에서 "나는 어떠한 간첩활동도 한 적이 없으며, 북한에 건립중인 나진과학기술대는 변함없이 추진된다"고 말했다. 다음은 이 날 인터뷰 내용.

- 북측은 김총장이 간첩행위를 했다고 주장하고 있습니다.

"말도 안되는 소립니다. 나는 간첩행위를 한 적이 없습니다."

- 앞으로 북한에 갈 수 있습니까?

"(추방됐다고 해서 북한에) 갈 수 없는 것은 아니지만, 현재로서는 갈 계획이 없습니다".

- 김총장이 숙청된 것으로 알려진 김정우 북한 대외경제협력추진위원장에게 뇌물을 준 혐의로 조사받았다는 주장도 있는데……

"그렇지 않습니다. 평소 나진과기대 설립사업과 관련해 김정우를 비롯한 대외경제협력추진위원측 인사들과 깊은 친분관계를 유지해온 것은 사실이지만 뇌물을 준 적은 없습니다."

- 평양 체류기간중 북측으로부터 무엇을 조사받았습니까?

"북측은 내가 북한 당지도부에 자유민주주의 이념과 중국식 개혁개방정책을 파급시키려 했다고 비판하고 조사했습니다."

- 간첩혐의로 추방되어 나진과기대 건립사업이 지장받을 것이라는 우려도 있는데……

"현재로서는 아무 것도 단정할 수 없고 내일 일어날 일을 아무도 예측할 수 없지만, 어떤 일이 있어도 나진과기대 사업은 지속돼야 합니다. 남북관계와 국제관계의 정세변화에 따라 상황은 달라질 것입니다."

- 나진과기대 공사는 어느 정도 추진되고 있습니까?

"나진과기대는 98년 6월 우리 정부로부터 협력사업 승인을 받은 후 99년 현재 함북 나진시 동명동에 33만평 규모로 기초공사가 진행중입니다. 99년 연말까지 건물 기본설계가 완성되면 2000년 4월부터 본공사가 시작되고 2001년 4월 개교할 예정입니다."

- 앞으로의 계획은?

"지난 12년간 대북사업을 해왔던 것처럼 남북화해와 협력을 위한 작업을 계속하겠습니다. 특히 나진과기대와 평양구강병원, 나진친선의 집 건립사업에 치중할 방침입니다."

김총장은 이 날 인터뷰를 극구 사양하다가 마지 못해 응했는데, 자신이 간첩이 아니라는 점을 몇 차례나 반복해 얘기했다. 국내 언론들이 자신을 마치 간첩인양 기사를 쓴 것은 못마땅하지만 결국 진실은 밝혀질 것이기 때문에 문제의 언론사에 대해 별도의 조치는 취하지 않겠다고 말했다.

유명인사들은 대개 언론과의 인터뷰에서 '그럴듯하고 아름다운 거짓말'을 하곤 한다. 김총장을 몇 시간 붙잡고 속마음을 들어야 하는데, 몇십 분으로 그의 진심을 파악하기는 힘든 게 사실이다.

하는 수 없이 통일부 당국자에게 '기사를 쓰지 않는다는 조건'으로 그의 방북보고 내용을 브리핑받았다.

김정일 북한국방위원장이 98년 9월 최고인민회의 10기 1차회의를 통해 국방위원장체제를 출범시킨 뒤 북한에서는 '구시대의 인물'을 '새시대의 인물'로 바꾸기 위한 작업을 대대적으로 전개했는데, 김총장에 대한 구금조사도 그런 차원에서 실시된 것이라고 통일부 당국자는 설명했다. 다음은 김총장이 통일부 당국자에게 보고한 북한억류 전말이다.

김정일 당총비서가 국방위원장으로 재추대되면서 자기 사람들을 요직에 심기 위한 명분으로 내게 간첩혐의를 씌우고 42일간 억류했다. 이름을 밝힐 수 없는 초대소에서 3주간은 조사를 받고 3주간은 비교적 자유롭게 지냈다.

당시 북한 조사요원들은 내가 11년전 북한을 드나들기 시작할 때부터 북한 사람에게 담배갑 하나라도 준 것이 있으면 빼놓지 말고 적으라고 다그쳤다. 준 사실도 별로 없지만 어떻게 11년전 일까지 상세하게 기억하라는 것인지 참으로 이해할 수 없었으나 그렇게 3주를 보냈다.

그들은 내가 북한에서 자본주의와 중국식 개혁 개방정책과 기독교사상을 전파시키려 한 것이 죄였다고 설명했다. 그리고 나서 그들은 내게 "공화국 북반부가 정상적인 상태로 회복되려면 어떤 조치를 취해야 하는가"에 대해 마음대로 권고해 보라고 했다.

그때 나는 북한을 전복하기 위해 활동하지 않았으며, 단지 식량난에 처한 동포들을 돕기 위해서 11년간 일했다고 밝혔으며, 북한이 회생하기 위한 방법으로는 자본주의를 받아들여야 한다, 중국식 개혁개방을 해야 한다고 밝혔다. 또 기독교사상을 전파하려고 의도적으로 노력한 게 없으며, 단지 한국과 미국의 기독교단체가 지원한 물품을 그대로 전달한 것이 문제가 됐을 뿐이라고 덧붙였다.

그후 그들은 내게 왜 김정일 국방위원장을 만나려 했느냐고 물었다. 실제 나는 몇 차례 보위부에 압력을 넣어 김정일을 만나려 한 게 사실이다. 내가 믿는 대로 북한의 살길을 김정일에게 직접 제언하고 싶었기 때문이다.

그들은 모든 조사를 마무리지은 후 나중에 나를 추방할 때 벌금을 물리면 간첩으로 판정을 내린 것이고, 벌금을 물리지 않으면 간첩 판명이 아닌 것이라고 설명했다. 그들은 10월 24일 나를 추방하면서 북한 조선중앙통신을 통해 "간첩행위를 한 미국 시민 김진경을 국외로 추방했다"고 발표했지만 벌금을 물리지는 않았다.

내가 평양을 떠나기 전 몇 사람이 찾아와서 "언제든지 다시 평양에 들어와도 좋다. 나진선봉과학기술대 건립 사업은 계속 하라"는 메시지를 전달하고 갔다.

나는 이런 과정을 통해 간첩으로 불리게 된 것이다. 결국 북한이 김정일 시대로 이전되면서 겪어야 할 통과의례를 톡톡하게 치른 셈이다. 나는 명예회복을 하고 싶다.

김총장이 통일부 당국자에게 얼마나 진실을 얘기했는지는 그만이 알고 있다. 다만 김총장이 벌금을 물지 않은 것은 확실하다. 로스앤젤리스에서 거주하는 미국 국적의 한인 이광덕 목사가 98년 나진선봉지구에 장기 억류됐다가 벌금을 물고 풀려난 것과 비교해 볼 때 북측이 김총장에게 파격적인 대우를 해준 것은 사실이다.

이목사의 경우 98년 7월 11일 유엔주재 북한대표부 이근 차석대사가 미국 국무부 한국과장에게 전문을 보내 "이목사가 북한의 주권을 침해하는 간첩행위를 저질렀다"고 주장하면서 "이목사가 혐의대로 재판을 받을 경우 10년 이상의 징역형을 받게 될 것이기 때문에 그 전에 벌금을 내면 추방 등으로 사건을 매듭지을 수 있다"고 밝혔다. 이후 이목사는 십여만 달러의 벌금을 내고 북한에서 추방된 바 있다.

김정일체제 출범 뒤 북한에 불고 있는 변화 바람의 추이를 볼 때 김총장이 당한 수모는 실제 그가 간첩이었기 때문이 아니라 북한이 김일성시대에서 김정일시대로 변화해 가는 와중에서 한 개인이 얽혀들어 겪게 된 통과의례라고 볼 수 있다.

월북인사들의 좌절된 꿈

오익제씨와 윤성식씨의 월북에 얽힌 사연

사선을 건너 넘어오는 사람이 있으면 똑같은 방식으로 넘어가는 사람도 있는 법이다.

90년대 중반 이후 매년 남쪽을 찾아 넘어오는 사람은 평균 80명 선이다. 반대로 북으로 가는 사람은 매년 5명 미만이다. 탈북자들 한명 한명도 가슴에 한을 품고 넘어오지만, 북으로 가는 사람들도 말못할 한을 품고 떠나는 사람들이다.

과거 탈북 귀순자들은 대개 정치적 이유에서 넘어왔지만 90년대 중반 이후에는 경제난과 식량난 때문에 넘어오는 경제 난민들이 주류를 이루고 있다. 간간이 눈에 띄는 '탈남 입북자들' 가운데 더러는 정치적 이유로 넘어간 이들이 있지만, 우리나라가 국제통화기금으로부터 구제금융을 받기 시작한 이후부터는 남쪽에서 부도를 내거나 생활고를 이기지 못한 사람들도 늘고 있다.

특히 97년 8월 15일 베이징에서 기차를 타고 평양으로 간 오익제씨(전 천도교 교령)와 98년 12월 입북한 재야인사 윤성식씨의 경우는 여러모로 관심을 끌었다.

천도교 교령까지 지냈던 오익제씨의 갑작스런 월북은 97년 한 해

내내 화제가 됐었다. 97년 광복절에 맞춰 평양 기차역에 도착한 오씨는 현장에서 기자회견을 갖고 "지난 78년부터 월북을 모색해 왔다"고 공개했다.

오씨의 입장에서 볼 때 근 20년간 꿈꿔왔던 월북의 꿈이 비로소 이뤄진 것이다. 천도교 교령까지 지냈던 사회지도급 인사가 왜 월북했을까는 쉽게 풀리지 않지만, 그에게는 북에 남겨두고 온 딸과 부인이 있었다는 게 유일한 단서가 된다.

윤씨는 97년 8월 29일 평양에서 가진 회견에서 "남한에서는 통일운동을 자유로이 할 수 없기 때문에 월북했으며, 78년 천도교 춘천교구장이었던 이도춘씨의 분신자살사건을 본 후부터 월북을 모색해 왔다"고 평양방송(97. 8. 29)이 전했다.

또 "89년 최덕신 천도교 청우당 위원장의 편지를 받고 그때부터 본격적으로 평양을 방문하기 위한 기회를 탐문하기 시작했으며, 93년 베이징에서 유미영 천도교 청우당 위원장으로부터 김일성 주석의 전민족 대단결 10대 강령에 대한 설명을 듣고 깊은 감명을 받았다"고 밝혔다.

그는 95년 월북을 위해 김포공항을 나서려 했으나, 관계당국요원들에게 여권을 빼앗기는 바람에 실패했다고 털어놨다. 이번에는 비교적 노련한 솜씨로 일단 8월 4일 서울을 떠나 로스앤젤리스로 간 뒤 그곳에서 중국 비자를 받고 베이징에서 북측 인사들과 접촉한 뒤 평양행 열차를 탔다. 집을 나설 때는 간단한 여행차림이었을 뿐 '거사'를 위한 흔적은 어디에도 남기지 않았다.

오씨는 남쪽에 내려와서 재혼하고 살았지만 북녘에 두고온 가족이 늘 가슴에 걸려했다는 게 지인들의 증언이다. 서울을 떠나기 전 주변정리를 한 흔적은 있지만, 서울의 가족들에게 어떤 내색도 하지 않았다. 그는 월북해 북한의 가족과 재회했지만 남쪽의 가족과는 생이별을 감내해야 하는 또다른 '이산가족'이 된 셈이다.

반면 재야인사 윤성식씨의 월북은 좌절한 진보인사가 인생의 황혼기에 택한 절망의 선택으로 볼 수 있다.

그가 어떤 경로로 월북했는지는 불분명하다. 98년 12월 22일 북한 중앙방송이 "남조선 재야민주운동권에서 활동하던 61살 난 윤성식 선생이 얼마전 공화국 북반부로 의거해 왔습니다"라는 방송을 한 뒤 그의 월북 사실이 밝혀졌기 때문이다.

윤씨는 북한에서 가진 기자회견에서 "나의 아버지는 해방 전에는 일본의 창씨개명과 신사참배를 거부하고, 해방 후에는 남조선에서 이승만의 단선(單選), 단정(單政) 영구분단 기도를 반대하여 여운형 선생과 함께 투쟁한 사람이다. 그런 아버지가 불온분자로 몰려 남쪽 당국자들에 의하여 무참히 살해됐다"고 주장했다.

윤씨는 자신의 월북 동기에 대해 다음과 같이 밝혔다.

정의와 애국이 모두 탄압과 학살의 대상이 되어야 하는 부조리한 사회, 민족의 자주와 참된 애국이 짓밟히고 파쇼만이 난무하는 곳이 바로 역대 남쪽사회이다. 이런 남쪽 사회에서 그래도 정의와 진보, 민주와 통일을 위해 나는 지난 수십년간 나름대로 애써왔다.

그러나 그 모든 것은 군사파쇼정권 시기는 물론 국민의 정부라는 현 정권하에서도 전혀 실현불가능한 것임을 깨닫게 됐다. 문제는 남쪽사회에 민족의 얼과 자주정신이 사멸된데 있다. 그래서 나는 북한을 택하게 됐다.

말하자면 자주와 진보, 통일을 위해 월북의 길을 택했다는 설명이다. 갑작스런 월북 소식을 접한 그의 지인들은 충격에 휩싸였다. 소망교회 홍근수 목사나 재야 주체사상 연구가 기세춘씨가 대표적이다.

윤성식씨는 50년대 말 진보당 조봉암 당수 밑에서 정치활동을 시작, 조봉암씨가 사형된 후부터 본격적인 사회대중당 운동에 뛰어들었다. 이후 4월혁명연구소 소장을 지내며 진보계 인사들과 교류해 왔다. 80년대 들어서는 임수경 후원사업회 공동회장도 지냈고, 홍근

수 목사가 이끄는 통일운동모임인 '평화와 통일을 여는 사람들' 의 고문직도 유지하고 있었다.

그는 97년 봄 홍근수 목사 일행과 방북하기 위해 통일부에 북한주민접촉신청서를 제출했지만 '방북목적 불분명' 판정을 받고 거부당했다. 당시 윤씨 등은 북한주민 접촉 목적으로 "남북관계 개선을 위해 북한 사람들과 만나 대화를 하겠다"고 썼으나 통일부측은 그같은 일은 정부가 하는 것이지 민간이 할 일이 아니라며 거부한 것으로 알려졌다.

신장병이 지병이었던 윤성식씨는 월북 2~3달 전에 "신장 치료차 베이징에 가겠다"고 출국하려 했으나 김포공항에서 출국을 저지당했다. 재야인사가 베이징에서 무엇을 할지 모른다는 당국의 의구심 때문이었다.

한 지인에 따르면 윤성식씨는 당시 "안기부장이 건강치료차 중국으로 가려는 사람의 출국을 막고 있다"는 항의성 광고를 「한겨레신문」에 냈는데, 이마저 당국의 압력(?)으로 가판에만 나간 후 삭제돼 실의가 컸다고 한다. 윤씨가 월북을 생각하게 된 시기는 바로 이즈음인 것같다.

윤씨는 원래 목재업을 하면서 재야운동을 해왔는데, 몇 년전 사업이 부도나면서 경기도 안산의 집에 혼자 살아왔다. 윤씨의 고향은 전남 보성으로 부인과 사별했으며, 딸을 출가시킨 후 독신으로 지내왔다.

윤씨의 친구였던 주체사상 연구가 기세춘씨에 따르면, 그는 자생적 사회주의자다. 주체사상에 대해서도 상당한 호감을 갖고 있었다. 그러나 주사파 인사들과 달리 공공연하게 주체사상을 찬양한 경우는 없었다. 다음은 필자와의 전화 인터뷰(98. 12. 23)에서 밝힌 기세춘씨의 증언이다.

윤성식씨는 89년 동유럽 사회주의권이 연쇄 붕괴한 뒤 사상적 공허감에 빠져들었다. 북한의 식량난이 심화하는 것을 보고 많은 고민을 했다. '주체사상의 나라 북한이 어떻게 그러한 만성적인 식량난에 빠져들게 됐는가'라는 게 그의 고민이었다.

98년 여름 이후 윤성식씨는 자주 "죽기 전에 왜 북한이 그렇게 됐는지 눈으로 확인하고 싶다"는 말을 했다. 내가 생각하기에 북한이 고향도 아닌 그가 환갑이 넘은 나이에 병든 몸을 이끌고 월북하게 된 것은 '사상의 조국'이었던 북한의 참상을 눈으로 확인하겠다는 의지 때문이다.

인생의 황혼기에 찾아온 육신의 질병과 사상적 공허감이 그를 북으로 이끈 동인인 셈이다. 윤성식씨는 북한에서 어떻게 살고 있는지 확인되지 않고 있다. 앞서 월북한 오익제씨는 조국평화통일위원회 부위원장 일을 하며 공식행사에 자주 얼굴을 드러내지만, 월북 직후 기자회견을 한 이후 윤성식씨는 북한의 언론매체에 드러나지 않고 있다.

윤성식씨는 북한의 현실을 보고 난 뒤 어떤 생각을 했을까. 그는 과연 북한이 만성적인 경제난과 식량난에 시달리는 빈곤의 나라가 된 이유에 대한 해답을 얻었을까.

북한매체에서 그의 이름이 언급된 것은 99년 2월 26일 미전향 장기수 및 출소 간첩의 대북송환을 요구하는 기자회견이 처음이다. 그는 인도적인 차원에서 남한정부가 미전향 장기수를 북한의 가족품으로 돌려보내야 한다고 밝혔다.

그렇지만 그가 왜 미전향 장기수 북송을 요구하는 기자회견을 하게 되었는지, 월북한 뒤 어떤 일을 하고 있는지는 여전히 전혀 언급되지 않아 궁금증을 자아내고 있다.

남쪽에 온 북녘인사들의 소망

99년 2월 현재 남쪽사회에 뿌리내리고 사는 탈북 귀순자들은 모두 764명이다. 통일부에 따르면 정부수립 이후 현재까지 탈북 귀순자는 총 968명인데, 이 가운데 사망하거나 해외로 이주한 204명을 빼면 764명이 국내에 거주하고 있다.

해방 이후 90년대 초까지는 연간 7~8명 정도가 휴전선을 통해 넘어오는 게 고작이었으나 90년대 들어서는 40명 선으로 늘어났고, 94년 김일성 주석의 사망을 계기로 연평균 50명 선을 넘어서기 시작했다.

단위 : 명

연도	90	91	92	93	94	95	96	97	98	99.2
탈북자	-	9	8	8	52	41	56	86	72	20

* 자료 : 통일부

90년 이후 99년 2월 초까지 넘어온 탈북 귀순자는 총 352명으로 해방 이후 탈북 귀순자 가운데 국내에 거주하는 사람의 46%에 달하는 수치다. 특히 93년 8명에서 94년 52명으로 폭증한 것은 김일성 주석의 사망에 따른 북한 정세 격변과 식량난으로 인해 생활고가 가중되기 시작했기 때문인 것으로 분석된다.

김일성 주석 사망후 넘어온 탈북 귀순자들의 성향중 특히 주목되는 점은 연령이 20~30대로 낮아지고, 고등학교 이상의 교육을 받은 고학력자가 주류를 이루기 시작했다는 점이다.

탈북 귀순자중 가장 최고위층은 잘 알려졌다시피 황장엽 전북한노동당 국제담당비서와 김덕홍 전여광무역회사 총사장이다. 이들의 망명이 어떻게, 어떤 과정을 통해 실행됐는지는 정권이 바뀐 뒤에도 여전히 미스테리로 남아 있지만, 어쨌든 황씨는 탈북 귀순자중 최상류층을 형성하며 그의 일거수 일투족은 늘 언론의 스포트라이트를 받고 있다.

이밖에 엄밀하게 말해 일반 탈북 귀순자와는 다르지만, 대한항공기 폭파사건의 주역인 김현희씨는 『이젠 여자가 되고 싶어요』라는 저서로 떼돈을 번 케이스다. 자신의 보디가드였던 안기부 직원과 결혼해 평범한 생활을 하고 있다.

미그기를 몰고온 대위 이웅평씨는 말기 간암으로 투병중인 것으로 알려졌고, 북한 대성총국 유럽지사장이었던 최세웅씨와 그의 부인 신영희씨는 북한전문음식점을 개장해 본격적인 음식 장사에 뛰어들었다. 엘리트 외교관 출신으로는 아프리카 콩고대사관 1등서기관 고영환씨, 잠비아 대사관 3등서기관 현성일씨 등이 있는데, 이 가운데 잠비아 서기관으로 근무했던 현성일씨 부부의 탈북 이야기는 눈물겹다.

현재 국가정보원 산하 통일정책연구소의 연구원으로 근무하는 현씨의 아버지는 현철규 북한노동당 함경북도당 책임자였다. 현씨는 북한 상류층 2세인 셈이다. 내성적 수재형 인사인 그는 적극적인 동기가 있었다기보다 부인 최수봉씨의 우발적인 탈북을 막으려다가 동반 탈북한 케이스다.

평양외국어대를 졸업한 최수봉씨는 머리가 좋고 자기 주장이 강한 신세대 여성인데, 당시 잠비아 주재 북한대사와 사사건건 부딪쳐 어려움이 많았다. 특히 현씨 부부가 망명을 결행한 계기는 결정적으로 북한대사가 최수봉씨와 말다툼을 한 뒤 현성일 부부를 북한으로 소환하겠다고 선언한데 따른 것이었다.

먼저 최수봉씨가 잠비아 북한대사관을 몰래 벗어나 한국대사관측에 망명의사를 밝혔다고 하는데, 현씨는 최씨를 설득하기 위해 한국대사관을 찾았다가 동반 망명하게 됐다.

현씨는 아직도 자신의 망명이 얼떨결에 이뤄졌다고 생각한다. 북한체제에 대한 비판, 저항심 때문이 아니라 부인과 잠비아 주재 북한대사간의 갈등이 도화선이 됐다는 것이다. 그래서인지 현씨에게는 북한에 두고온 남매가 가슴의 한으로 남아 있다. 서울 안착 후에도 아이를 낳지 않고 있는 것이나 신문 방송에 얼굴을 내밀려 하지 않는 것은 만에 하나 북한에 남아 있는 아이들에게 해가 되지 않을까 하는 우려 때문이다.

술좌석에서 기자들과 만났을 때도 속마음을 털어놓지 않았던 현씨는 소주 두 세 잔을 먹고 북녘에 두고온 아이들 생각에 눈시울을 적시기도 했다. 빨리 통일이 되어야 어린것들을 다시 만날 수 있다는 게 현씨의 소망이기도 하다.

그의 부인 최수봉씨는 북한 전문 통신사인 내외통신의 주간부 기자로 일하면서 '평양 여자의 못다한 이야기'를 연재해 인기를 끌었는데, 언론과의 접촉은 가급적 피해 그와 친한 사람은 내외통신 기자(99년 1월 연합뉴스로 통합됨)들뿐이다.

여느 탈북자들이 안보강연 연사로 활동하는 것과 달리 현씨는 학계의 북한문제 전문가 토론에 자주 초청된다. 외교관 출신답게 북한체제를 비교적 객관적으로 분석하는 데다 북한체제의 미래에 대해서도 학자적 냉정함을 갖고 전망하는 장점 덕분이다.

북한의 고위층, 엘리트층 출신 인사들은 우리 사회에 정착해서도 대개 중류 이상의 생활을 하고 있다. 또 통일이 빨리 되어야 북녘 가족들을 만날 수 있다는 생각에 김정일체제에 대한 비판도 솔직하게 하는 사람들이다.

하지만 중하위층, 심지어 영세민으로까지 전락하고 있는 대다수 일반 탈북자들의 꿈은 그렇게 거창한데 있지 않다. 그저 잘 살고 싶다는 게 가장 큰 소망이다.

통일부에 따르면 탈북 귀순자의 43%가 공무원, 은행원, 회사원 등 봉급생활자이며, 상업 등 자유업 종사자는 12%, 노동 및 무직자 45%다. 소득별로 보면 750여명의 탈북자 가운데 월수입이 1백만원 이상인 사람은 3백여명에 불과하고, 50만원 이하의 저소득자도 1백여 명에 달하는 것으로 집계됐다.

이처럼 대다수 탈북자들은 경제적으로 어렵게 산다. 그러나 더 어려운 점은 무엇보다도 북한사회와 현격히 다른 한국사회에 제대로 적응하기이다. 가치관의 차이로 인한 문화적 충격, 경제적 궁핍, 대인관계의 어려움 때문에 술로 지새우는 이들이 많고, 남쪽사회에 대한 불만도 많은 것으로 알려졌다.

특히 러시아 벌목공 출신 일부 탈북자들은 러시아 여성들을 1개월 관광비자로 입국시킨 뒤 비밀리에 매춘사업까지 벌인 것으로 밝혀져 논란이 된 적이 있다. 귀순자들이 이른바 인터걸 매춘사업에까지 손을 댄 것은 정부가 지원해준 정착지원금을 날리고 극심한 생활고에 시달렸기 때문인 것으로 경찰조사 결과 밝혀졌다. 정부가 지급한 1천 5백만원 상당의 정착금을 유흥비로 탕진한 젊은 귀순자들이 생계비 조달이 막막해지자 매춘사업에 진출하게·됐다는 것이다.

탈북 귀순자들이 매춘사업에까지 뛰어드는 것은 한국사회에 발붙이고 사는 게 그만큼 힘들다는 것을 반증하는 대표적인 사례이기도 하다.

통일부는 탈북자들의 이같은 사회 부적응을 막기 위해 97년 7월

96년 12월 김경호 최현실 부부가 일가족을 이끌고 탈북, 귀순에 성공해
세상을 놀라게 했다.

북한이탈주민보호법을 마련, 탈북자들을 지원하기 위한 다양한 대책
을 마련하고 있다. 탈북자들이 한국땅을 내디딘 후 일정 기간의 신
문기간이 끝나면 우리 국적을 취득하게 되고, 사회보호시설에 위탁,
정착을 위한 사회 적응교육을 받게 된다. 이후 6개월간의 적응교육,
직업훈련교육을 받고 1천 5백만원 상당의 정착금을 지원받은 뒤 사
회에 배출된다. 민간인들로 구성된 북한이탈주민후원회는 탈북자들
에게 직업 및 종교상담을 실시하고 있다.

　　그러나 2차대전 후 동독 및 소련지역의 독일 혈통 주민들의 이민
을 허용하고 사회정착을 지원했던 서독정부의 경험에 비춰볼 때, 우
리의 노력은 지극히 초보적인 수준이다. 탈북자에 대한 사회적 인식
도 낮고, 이들에 대한 관심도 냉랭한 게 현실이다.

　　이런 가운데 98년 말부터 러시아 벌목공 출신 탈북자들이 조직화
움직임을 보이고 있는 것은 특기할 만한 일이다. 그간 우리 사회의
저변에서 목소리를 내지 못하고 숨죽여 지내던 이들이 자기소리를

내고 탈북자들에 대한 부정적인 인식을 바꿔놓겠다고 나선 것이다.

98년 12월 말 결성된 '자유를 찾아온 북한인협회'는 서울에 안착한 탈북자들이 최초로 결성한 조직체라는 점에서 주목을 받고 있다. 주로 90년대 전후 러시아에서 벌목공으로 일하다 탈북해온 인사들이 중심이 되어 결성된 이 단체의 한창권 대표는, 탈북자들에 대한 사회적 몰이해 때문에 고통받는 현실을 적극적으로 타개하기 위한 모임이라고 설명했다. 이 모임에는 러시아 벌목공 출신 30여 명이 핵심적으로 참여하고 있다. 이 단체가 무엇을 할지, 탈북자들의 인권을 어떻게 보호할 수 있을지는 아직 미지수다.

한편 황장엽 전 노동당비서, 김덕홍 전 여광무역 총사장, 인민군 상좌 출신 최주활씨 등 50여 명도 '탈북자동지회'를 99년 2월 결성했다. 자유북한인협회와 달리 이 조직은 북한의 지배층 출신들이 만든 이익단체라는 점에서 특이하다.

자유북한인협회는 출범 직후부터 귀순 직후 조사과정에서 부당한 대접을 받았다는 이유로 안기부와 신경전을 벌인데 이어 급기야 소송까지 하고 있다. 이들이 탈북 직후 조사받는 과정에서 과거 안기부로부터 인권유린을 당했다는 이유로 소송을 제기, 서울지방법원에서 현재 재판이 진행중이다. 어떻게 마무리될지는 두고볼 일이다.

안기부나 통일부로부터 일방적인 도움을 받는 대상으로 분류됐던 이들이 자기 소리를 내기 시작한 것은 상당한 진전이다. 30대 안팎의 탈북자들이 자신들에 대한 부정적 이미지를 씻어내겠다고 나선 것도 특기할 만한 일이다. 이들은 먼저 '탈북귀순자'라는 용어가 자신들에 대한 이미지를 더욱 나쁘게 만들고 있다고 보고 '자유북한인'으로 불러달라고 요청하고 있다.

탈북귀순자나 자유북한인이나 의미는 같지만, 어두운 이미지를 주는 전자보다는 개개인의 능동성을 중시하는 후자 용어가 훨씬 낫다는 게 이들의 주장이다.

▲ 90년 이후 북한의 주요인사 망명일지

1991. 5   고영환 주공코대사관 1등서기관

     8   이창수 유도선수

1994. 2   정기해 인민회의 대의원

     3   이충국 총참모부 화학방위국 근무

     4   여만철 사회안전부 대위

     7   조명철 김일성 대학교수

     7   강명도 강성산 전총리 사위

1995. 2   이민복 농업연구사

    11   최주활 인민군 상좌

    12   최세웅 대성총국 유럽지사장 일가 4명

1996. 1   현성일 주잠비아 대사관 3등서기관 부부,

         유세도(본명 차성근) 주잠비아 대사관 보안책임자

     5   이철수 공군대위

     5   정갑렬 국가과학원 과학자

    12   김경호, 최현실씨 일가 17명

1997. 1   김영진 문덕요양소 과장 가족 4명,

         유송일 오중흡대학 관리과장 가족 4명

     4   황장엽 노동당 국제담당비서, 김덕홍 여광무역 총사장

     8   장승길 이집트주재대사 가족, 장승호 파리총대표부 참

         사관 가족 미국 망명

1998. 2   김동수 유엔식량농업기구(FAO) 북한대표부 서기관 가

         족 3명

1999. 1   김경필 베를린 북한이익대표부 2등 서기관 부부 미국

         망명

북한의 이명동인(異名同人)에 얽힌 에피소드

남과 북이 분단된지 50년이 넘었지만 남이나 북이나 상대쪽 사람들에 대해 많은 정보를 갖고 있지 못한 게 우리의 현실이다. 국내에는 북한연구소와 연합통신사, 서울신문사에서 『북한인명사전』이 매년 증보판으로 나오고 있지만, 이명동인 때문에 소동이 나는 게 비일비재하다.

또 통일부와 외무부, 안기부간의 정보가 공유되지 않기 때문에 통일부나 안기부가 북한방송을 통해 파악한 인적자료와 외무부가 재외공관들에서 수집한 자료가 비슷비슷한 이름으로 명기되어 전혀 다른 사람으로 파악되는 사례가 많다. 북한인사들이 대남공작 차원에서 때때로 다른 이름을 쓰는 경우를 제외하더라도 말이다.

이 가운데 외무상 백남순과 주이집트 북한대사로 카이로에 나가 있는 백용호는 통일부와 외교부를 비롯 북한 전문학자들의 혼동을 낳은 대표적 사례다.

당초 정부는 백남순과 백남준을 다른 사람으로 판단, 98년 9월 5일 최고인민회의 10기 1차회의 후 외무상으로 임명된 백남순은 외무성 파트에서 성장한 전문외교관이고, 남북고위급 회담 북측대표를 역임했던 백남준은 다른 사람이라는 입장이었다.

그러나 통일부는 98년 9월 북한의 내각개편 후 북한방송매체가 평하는 백남순의 인적사항을 파악한 결과 백남순과 백남준이 동일인이라는 사실을 뒤늦게 파악, 부랴부랴 새로운 자료를 펴냈다. 북한연구소에서 출간된 『북한인명사전』에도 백남순과 백남준은 명백히 다른 인물로 기술돼 있다.

백남순의 경우 폴란드대사(74~79년), 최고인민회의 제9기 대의원으로 기술되어 있으며, 백남준은 남북적십자 자문위원(73년), 남북고위급정치군사예비회담 북측대표단장(89년), 제1·2·4·5·7·8차 남북고위급회담 대표, 조국평화통일위원회 서기국장(90년) 등을 역임한 인물로 기술됐다. 사진도 서로 다른 게 실려 있다.

백남순은 우리측과 접촉할 기회가 없는 베일에 쌓여진 인물이었지만, 백남준은 여러 차례 서울도 들락거린 '대화일꾼'이었다. 이 때문에 북한이 백남순을 외무상으로 임명했을 때 일부 신문들은 백남준으로 바꿔 쓰는 해프닝을 낳기도 했다.

백남준은 백남순의 가명인 것으로 밝혀졌다. 70년대부터 백남준을 만나며 회담을 했던 우리측 인사들도 그의 본명을 파악해내지 못했다는 것은 남북간에 가로놓여진 정보의 차단이 얼마나 심한지 역설적으로 알 수 있는 대목이기도 하다.

조선종교인협회 회장으로 활동해온 장재철의 경우도 마찬가지다. 장재철은 그간 조선종교인협회를 이끌며 미국도 방문한 바 있는 북한 종교계의 거물인데, 막상 98년 12월 28일 북한적십자회 위원장으로 선임될 때는 장재언이라는 이름을 쓰기 시작했다. 통일부에서는 부랴부랴 장재철과 장재언은 같은 인물이라는 보도자료를 내놓았지만 종교계 거물로 활동하던 이가 하루아침에 다른 이름을 쓰며 한 단체의 장이 되는 것은 참으로 이해하기 어렵다.

백용호 북적 서기장과는 잊을 수 없는 에피소드가 있다. 북한적십자회 서기장이었던 그가 97년 9월 이집트 대사로 내정됐다는 정보를 둘러싼 해프닝이다. 그는 97년 5월 베이징에서 개최된 남북적십자회담 북측 대표로 나왔던 인물이라서 당시 회담 취재중 여러 차례 부딪치고 대화도 나눈 바 있다. 유창한 영어솜씨, 부드러운 매너는 국제적십자사연맹 관계자들로부터 신뢰를 받고 있었다.

백용호의 이집트대사 임명 정보는 「문화일보」 정치부의 청와대

북한적십자회 백용호 서기장이 96년 5월 베이징 남북적십자대표접촉때 기자들에 둘러싸인 모습. 백용호냐, 백영호냐 논란을 빚었던 백서기장은 후에 이집트 주재 북한 대사가 됐다.

출입기자였던 이용식 차장이 청와대 외교안보수석실에서 확인한 사실이다. 당시 이집트는 장승길 북한대사가 미국으로 망명하는 바람에 사고 공관으로 찍혀 있는 상황이었다.

9월 10일 아침 이차장으로부터 팩트를 전달받은 뒤 "백용호 북한적십자회 서기장이 장승길 대사의 망명으로 공석이 된 이집트 주재 북한대사에 임명됐다"는 기사를 「문화일보」 9월 10일자에 내보냈다.

문제는 이 기사를 평소 친하게 지내던 연합통신 김병수 기자에게 마감후 보여주면서부터 발생했다. 김기자는 내게 "백용호 서기장은 파리 유네스코 주재 북한대사에 임명됐으며, 이집트주재 북한대사에 내정된 사람은 외교관료 백영호"라고 단정적으로 얘기했다. 외무부에서 취재한 것이라면서 취재수첩까지 보여주는데 할 말이 없었다. 또 평소에 김병수 기자는 신뢰할 만한 기사를 많이 써왔기 때문에 더 이상 반론을 제기하기 힘들었다.

마감시간은 지났고 윤전기는 도는데 확인을 할 방법이 없었다. 재차 이차장에게 전화를 했더니 대답이 예상외로 흐릿했다. "지나가면서 언뜻 보았기 때문에 백용호인지, 백영호인지 잘 모르겠다"

고 솔직히 얘기했다.

오보와 특종의 갈림길에서 판단이 서지 않았다. 필자가 직접 확인한 사실이 아니기 때문이다. 나는 직감적으로 백용호와 백영호가 99% 동일인일 가능성이 높다고 생각했다. 외무부의 재외공관 근무자들이 영어로 쓰인 '용'자와 '영'자를 구분하지 못했을 가능성이 있기 때문이다.

그러나 김병수 기자는 너무 확실한 취재수첩을 제시했고, 이차장이 정확하게 기억을 하지 못하고 있는 상황에서 내 판단을 무작정 밀고나갈 수 없었다.

부랴부랴 서형래 정치부장에게 보고한 뒤 시내판 7판(「문화일보」는 시내판에 3판과 7판을 찍는데, 우선 3판을 찍은 뒤 추가되는 기사를 넣거나 문제의 기사를 빼고 다시 찍는게 7판이다)에서 기사를 뺐고, 지방판(「문화일보」는 서울·경기·충청지역 외에는 조간으로 배포된다)에는 김병수 기자의 지적대로 기사를 바꿨다. 정부 당국자 말을 인용하는 형식으로 "백용호 북한적십자회 서기장은 파리주재 유네스코 대사, 백영호는 주이집트 북한대사로 내정됐다"고 썼다.

그런데 놀라운 일이 벌어졌다. 이 날 밤 북한방송에서 이례적으로 사실확인을 해준 것이다. 북한은 대외채널인 평양방송의 9월 10일 밤 10시 뉴스를 통해 "그간 조선적십자회 서기장으로 활동했던 백용호를 신임 이집트주재 북한대사에 임명했다"고 한 것이다.

외무부에 따르면 북한은 아그레망 신청을 하고 있던 이집트 주재 대사가 남쪽 신문에 먼저 보도되자 황급히 밤 뉴스를 통해 세계에 알린 것이다.

9월 11일 아침 다시 백용호 기사를 써야 했다. 김병수 기자가 와서 "미안하다"는 말을 했다. 외무부는 영어로 쓰여진 북한 사람들의 이름을 재외공관에서 입수하기 때문에 'Young'을 '용'으로 쓰지 않고 무심히 '영'으로 써서 문제가 됐던 것이다.

장승길 대사 망명사건이 97년 8월에 있었던 만큼 외무부는 이집트 후임대사의 정보도 곧바로 입수했을 터인데, 그 인사정보를 통일부와 안기부와 공유하지 않아 문제가 발생한 것이다.

　　이같은 문제는 대북관련 부처들이 정보를 서로 교류하지 않아 생기는 단적인 예에 불과하다. 부처별로 중요 정보를 그때그때 점검하고 서로 도움을 받는다면 이같은 웃지 못할 일이 발생할 이유가 없다.

　　하지만 누구를 탓할 수 없다. 결국 기사는 필자 이름으로 나갔기 때문에 모든 것을 필자가 책임져야 했다. 9월 11일자 「문화일보」 2면에 신임 이집트주재 북한대사에 백용호 북적 서기장이 내정됐다고 평양방송이 보도했다는 내용을 단신으로 썼다.

　　서형래 부장은 내게 "북한의 평양방송이 받는 이례적인 특종을 해놓고도 배짱이 없어 버티지 못했군" 하면서 따끔한 코멘트를 했다. 북한의 자료는 면밀하게 따져봐야 하며, 취재현장에서는 누구의 말도 믿지 말고 자신의 판단을 최고로 존중해야 한다는 것, 이것이 백용호사건이 필자에게 준 교훈이었다.

V
북한의 미래는 있는가

금강산사업은 북한판 트로이의 목마?

98년 11월 18일 오후 6시 금강산으로 향하는 금강호가 동해항에서 출항하기 전까지 실제 금강산 관광이 실현되리라고 믿었던 사람은 많지 않았다. 반세기간 지속된 남북 분단의 상처가 4천만 한국인들에게 깊이 각인된 탓인지 통일되기 전 금강산 땅을 밟을 수 있을 것이라고 생각한 사람은 소수에 불과했다.

그러나 현대와 북측의 밀고당기는 협상 끝에 금강산 관광은 98년 11월 18일 역사적인 막을 올렸다. 이후 현대측 주도로 진행된 금강산 관광은 하루도 멈춤없이 진행되어 99년 5월 말 금강산 관광객 수는 6만명을 돌파했다. 북녘을 방문, 분단의 현장을 답사하는 남한 관광객은 99년 말까지 20여만 명에 달할 것으로 보인다.

과연 금강산 관광은 남북 양측에 어떤 의미를 갖고 있으며, 민족 분단사에 어떤 의미로 기록될 것인가.

북한은 당초 김일성 주석 살아 생전부터 금강산 개발에 관심을 가져왔다. 80년대 후반부터 만성적인 경화 부족에 시달리던 북한 당국에게 금강산 관광 및 개발은 매력적인 달러 박스였기 때문이다.

이 때문에 89년 1월 허담 조국평화통일위원장은 정주영 현대회장을 초청, 금강산 관광에 대한 북측 구상을 밝히고 참여를 촉구한 바 있

다. 정주영 현대 회장은 북측과 '금강산 관광개발사업에 대한 기본의
정서'를 맺어오는 등 성과를 거뒀지만, 당시 노태우 대통령과 안기부
는 남북관계 급진전이 정권에 유리하지 않다고 판단, 사업 추진을 중
단시켰다.

반면 북한측은 금강산 개발 구상을 꾸준히 추진, 93년 재미교포
여성사업가 박경윤씨를 통해 「금강산관광개발 타당성조사보고서」까
지 만들면서 금강산 관광 종합개발 계획을 진행시켰다. 북한은 당초
78년부터 원산-금강산 휴양지 건설계획을 세운 이후 금강산 개발계
획을 수립하고 수정 보완해 왔는데, '박경윤 보고서'는 이를 집대성
한 것으로 볼 수 있다.

그러나 박경윤씨를 중심으로 성안된 금강산 관광 종합개발계획은
그야말로 구상에 그쳤고, 실제 추진은 5년 후 현대에 의해 금강산
관광이 시작되면서 빛을 보게 됐다.

그런 면에서 박경윤씨가 홍콩의 용역회사인 RHL사에 의뢰해 만
든 「금강산 관광개발 타당성 조사보고서」는 북한의 금강산 개발 구
상을 기초한 것으로 볼 수 있다.

이 보고서에 따르면 북한은 금강산과 원산 지역에 이르는 총 4천
4백km²를 금강산자유무역지대로 지정, 외국투자를 적극 유치하고 관
광 위주의 경제를 발전시키기 위해 면세, 무비자 입국정책을 취할
계획을 세웠다. 북한내에서 동원할 자본이 없기 때문에 금강산 지역
을 자유무역지대로 선포한 뒤 남한을 포함한 외국기업들을 적극적으
로 유치, 개발하겠다는 구상이다.

북한은 해금강과 내금강, 외금강 등 금강산 일대와 원산을 10년에
걸쳐 3단계로 개발하는 구상을 구체화시켰다. 1단계는 온정리와 삼
일포, 해금강의 해변에 이르는 지역에 도로 및 기반시설, 호텔 시설
등을 건립하는 데 역점을 두었다.

특히 금강산에서 북쪽으로 40km, 원산에서 남쪽으로 70km 떨어

진 해안지대인 금란에 국제공항을 건립, 금강산 관광객을 실어나른 다는 계획을 세웠다. 이것이 실현될 경우 금강산은 서울에서 30분, 도쿄와 베이징에서 1시간 거리에 위치한 동북아 산악관광지역으로 부상할 것이라는 게 북측의 계산이다.

2, 3단계에서는 장전항과 온정리, 원산에 호텔을 추가로 건립하고, 장전항의 상업 및 도심 시설을 확장한다는 계획이다. 10년에 걸쳐 단계적으로 개발, 개발 초기에는 연간 50만 명, 개발이 완료된 시점에서는 연간 3백만 명의 관광객을 유치한다는 구상이었다.

북한의 금강산 관광전략은 남한과 대만, 일본, 중국 등 동북아 4개국을 겨냥, 4개국의 관광 실태와 관광객 증가율까지 감안, 개발계획을 구체화시킨 것이라는 점에서 상당히 치밀하다. 북한은 이같은 금강산 개발구상이 성공하면 백두산, 묘향산, 칠보산까지 확대한다는 구상을 세웠으나 김일성 주석이 94년 7월 갑작스레 사망함으로써 이 계획은 전면 중단됐다.

정주영 현대 명예회장이 오랫동안 묵혀온 금강산 프로젝트를 재개하기 시작한 것은 김대중 정부 출범 직전부터다. 금강산 프로젝트에 대한 합의를 해놓고도 재방북이 중단되어 천추의 한으로 생각하던 정주영 명예회장은 98년 2월부터 현대 협상팀을 베이징으로 보내 물밑접촉을 갖게 했다.

이같은 노력은 김대중 정부의 대북 햇볕정책 흐름과 맥을 같이 하면서 본격적인 동력을 얻게 됐다. 정주영 명예회장은 98년 6월 1차 방북, 98년 10월 30일 김정일 북한 국방위원장과의 회동을 통해 금강산 관광 및 개발계획을 최종 확정했고, 98년 11월 18일부터 역사적인 금강산관광이 시작된 것이다.

98년 10월 31일 김정일 국방위원장과의 회동을 마치고 귀환한 정몽헌 현대 회장은 기자회견을 통해 다음과 같이 방북결과를 발표했다.

김정일 국방위원장은 현대가 북측과 진행하고 있는 금강산 관광 개발 사업에 큰 관심을 갖고 있으며, 사업의 성공을 약속해 주었다. 현대와 아태평화위원회는 89년 1월과 98년 6월에 체결된 의정서의 기본정신과 취지에 따라 금강산관광, 시설투자 및 건설사업, 그리고 경제협력사업에 대해 합의했다. 구체적인 합의내용은 금강산 관광사업에 대한 필요한 이용권을 장기간 현대에게만 주기로 합의했다.

금강산 관광사업이란 다음 대상지역을 세계적으로 유명한 관광지로 개발, 운영하는 사업과 관광과 관련된 기타 경제분야의 개발 사업을 말한다. 관광사업지역은, 삼일포, 해금강 및 금강산 해변지구, 온정리지구, 성북리 지구, 장전만지구, 내금강지역, 통천지구(금란, 총석정지구 포함), 시중호지구, 상기 각지구를 연결하는 해로와 육로지구 등이며, 사업지역은 향후 확대키로 합의했다. 관광시설 투자 및 사업권은 호텔, 해수욕장, 온천, 골프장, 스키장, 각종 오락시설, 유희장, 광천수, 판매시설 등이다.

이 모든 사업권을 현대측이 갖기로 합의했으며, 아태측은 관광사업 지역의 특수성을 고려하여 관계기관과 협의하여 다음과 같은 특혜조치를 보장하기로 했다. 특혜조치 사항으로는 모든 세금, 관세, 부과금 면제, 외화의 직접적인 거래와 반출입 및 송금 보장, 장전항을 통하여 출입하는 인원에 대한 신속하고 간편한 출입절차보장, 유선통신의 설치와 이용, 사업에 필요한 일체의 관계기관 승인보장, 경쟁력있는 노동력과 물자, 시설 및 기타 봉사 보장, 시설물 및 기타 재산에 대한 이용권의 보장(이용권은 제3자에게 양도할 수 있음), 이용지역 및 관광코스에서의 통행 보장, 관광객 및 모든 인원에 대한 신변안전과 편의 및 무사귀환 보장, 금강산 관광사업을 위한 선박운행 및 화물선의 연안직항로 운행과 비상사태시 필요한 항구 이용 및 공동 구난구조의 보장, 현대 관련 기업의 설립, 보험, 은행, 의료봉사와 관광사업과 관련된 물자 및 상품의 수출입 보장하고, 기타 국제 수준의 사업을 위한 필요한 추가 조치는 차후 협의해서 정하기로 했다.

또한 본계약을 국제적 수준의 계약서로 효력을 갖게 하기 위해 본사업에서 분쟁이 발생하는 경우 제3자가 관련된 분쟁은 제3국에서 국제법의 원칙을 적용해서 해결하기로 했다.

위와같은 대상지역의 장기간 단독이용권 및 사업권을 갖고 여기에 따른 특혜 보장의 대가로 현대는 2004년까지 6년간 9억 6백만 달러(후에 9억 4천 2백만 달러로 수정)를 월별 분할해서 북측에 지급키로 했다.

현대측은 이후 98년 11월 18일부터 금강산관광을 시작하는 한편, 98년 12월 정주영 명예회장의 4차 방북을 통해 북측과 금강산관광협상을 마무리짓고 금강산 개발사업에 대한 최종계획안을 통일부에 제출, 99년 1월 승인받았다.

이 금강산 개발계획안에 따라 현대측은 99년부터 2000년까지 금강산 지역에 총 3억 9천 713만 달러(4천 8백억원 상당)를 투입, 공연장과 온천장, 골프장, 스키장, 호텔, 콘도, 해상호텔 등을 건립한다는 목표로 본격적인 금강산개발사업에 나서고 있다. 또 외금강지역에 머물던 관광지역도 내금강, 통천, 시중호지역까지 확대할 계획이다.

현대측은 금강산 사업이 정착되면 백두산, 칠보산, 묘향산까지 연

금강산 구룡폭포 입구의 목란관에 선 남한 관광객들.

결짓는 대단위 관광개발사업을 추진하겠다는 구상을 갖고 있다. 김윤규 현대건설 사장겸 현대경협사업단장은 민족화해협력범국민협의회 초청 강연(98. 12. 11)에서 "금강산과 북한의 명산을 연계해서 개발하는 프로그램은 89년 정주영 명예회장의 첫 방북 때 북측과 맺은 기본 의정서에 명문화해 있으며, 현재까지 유효하다는 것을 북측으로부터 확인받았다"면서 이같은 구상을 공개했다.

따라서 금강산에 이어 백두산, 묘향산, 칠보산이 열리게 될 날도 멀지 않은 것이다.

물론 백두산과 묘향산, 칠보산을 현대가 금강산에 이어 개발하게 될 지, 아니면 다른 대기업들이 맡게 될 지 현재로서는 불분명하다. 금강산 개발에도 수십억 달러의 돈과 시간이 들어가기 때문이다. 북한 아태평화위원회는 현대에 직접적으로 이같은 제안을 하는 한편 99년 2월 전국경제인연합회를 통해 삼성, 대우그룹이 백두산을 관광상품으로 공동개발하는 것이 어떻겠느냐는 제안을 해온 것으로 알려졌다.

현대는 금강산 프로젝트를 추진하기 위해 99년 3월 대북사업을 총괄하는 (주)현대아산을 창립하고 김윤규 현대건설 사장을 현대아산 초대 사장으로 임명, 금강산사업에 박차를 가하고 있다. 현대아산측은 금강산 관광상품을 다양하게 개발, 99년 34만명, 2000년 54만명, 2001년 85만명, 2002년 93만명, 2003년 104만명, 2004년 120만명 등 오는 2004년까지 총 490만명을 유치, 38억 달러의 관광수입을 올리겠다는 구상을 밝혔다.

우리의 관심은 이같은 금강산관광 및 개발사업이 과연 북한체제의 앞날에 어떤 영향을 미칠 것인가에 있다. 혹자는 금강산사업이 북한판 트로이의 목마가 될 것으로 예견한다. 북한은 철저하게 금강산사업을 달러 벌이용으로만 국한시켜 금강산 관광의 여파가 북한 전역으로 퍼지지 않도록 안간힘을 쓰고 있지만, 금강산사업은 결국 북한을 개혁 개방으로 이끄는 묘약이 될 것이라는 분석이다.

북한 당국은 금강산 개방을 통해 달러만 벌어들이되 개방 여파가 다른 지역으로 번지는 것은 막는다는 목표로 철저한 봉쇄정책을 쓰고 있다. 이를 위해 장전항과 온정리 토박이들을 다른 지역으로 소개시키고, 당성이 강한 평양 출신 사람들을 이곳으로 이주시키고 있다.

그러나 금강산관광이 시작된 지 반년도 되지 않아 금강산지역은 눈에 띄게 달라지고 있다. 남한 관광객들이 북한땅에 발을 들여놓는다는 소식은 주민들의 입을 통해 장전항에서 온정리로, 온정리에서 원산으로, 원산에서 함흥, 평양으로 번져나가고 있다.

박지원 청와대 공보수석은 금강산행(99. 1. 30~2. 2)을 한 뒤 "금강산 관광길은 전쟁이 아닌 평화로 가는 길이기 때문에 금강산 관광을 통해 부정적인 면을 줄이고 긍정적인 면을 확대해 나가면 남북간의 교류협력은 급진전될 것"이라면서 다음과 같이 말했다.

금강산호텔에 유숙하고 있는 현대 직원들에게 하루는 근처 식당 사람이 찾아와 "호텔 식사비는 10달러지만 우리는 8달러에 더 맛있게 대접하겠다"고 흥정을 해왔다고 한다. 그래서 실제로 그 식당으로 옮겨 음식을 먹었더니 값도 싸고 맛도 더 좋았다는 것이다.

우리에게는 아무 것도 아닌 당연한 일이지만 북한사회에서는 엄청난 변화의 징조가 아닐 수 없다. 우리가 모르는 사이에 시장경제가, 자본주의 경쟁이 북한 땅에서 벌어지고 있는 것이다.

그가 금강산행 후 전한 이같은 에피소드는 금강산 관광을 통해 북한 주민들의 의식이 변화하고 있음을 드러내준다. 금강산 관광을 통해 북한 사람들의 의식은 이처럼 날이 갈수록 변화하고 있다. 물론 금강산 관광을 다녀온 남한 사람들도 변화하고 있다. 지난 50년간 적대적인 관계를 강요받아온 남북한 사람들이 만나자마자 동포애를 확인했다는 금강산 답사기는 이제 흔한 얘기가 됐다.

북한은 금강산을 남쪽 사람들에게 양보함으로써 향후 6년간 9억 4천 2백만 달러라는 거액을 현대로부터 안정적으로 공급받게 됐다. 이 비용이 군사비로 쓰일지, 체제유지비로 쓰일지, 아니면 경제재건 비용으로 쓰일지 알 수 없다.

정부 당국자나 현대측은 금강산 관광비용이 군사비로 전용되지 않을 것이라고 보고 있다.

정세현 통일부차관은 민주평화통일자문회의 전문가 세미나(99. 4. 23)에서 "북한 노동당과 인민군의 예산 쓰임새는 서로 다르기 때문에 아태평화위원회가 주관하는 금강산 관광사업에 대한 대가가 군사비쪽으로 흘러 들어가지 않을 것"이라고 언급, 금강산 관광비용의 군비 전용 가능성을 부인했다.

현대의 대북사업을 총괄하는 주식회사 현대아산의 김고중 부사장도 강원도 고성 금강산 전망대에서 열린 한림대 주최 비무장지대(DMZ) 토론회(99. 4. 28)에 참석, "북한 아태평화위원회 관계자가 (현대로부터 송금받은) 달러를 군사비에 절대 쓰지 않고 있다"고 말했다.

반면 한나라당 김용갑 의원을 비롯한 보수층 인사들은 "금강산 관광을 위해 북한에 보내는 달러는 총알이 되어 돌아온다"는 선동적인 캐치프레이즈를 내걸며 금강산 관광에 반대를 하고 있기도 하다.

만성적인 외화난에 시달리던 북한에게 현금이 안정적으로 공급된다는 것은 미래를 위한 계획을 세울 수 있는 조건이 될 것이다. 금강산사업이 북한에게 황금알을 낳는 거위로 머물 것인지, 아니면 북한을 근본적인 변화로 이끄는 트로이의 목마가 될 것인지 아직은 장담할 수 없다.

다만 금강산은 분단의 한을 씻어내고 남북이 공존하는 법을 배우는 거대한 교육의 장이자 북한 스스로 미래를 준비하기 위한 체제변화 실험의 무대가 되고 있다는 점은 분명하다.

북핵의 정치학

영변에서 금창리로 옮겨간 핵논란

99년 한반도 위기설의 실체였던 금창리 지하시설 문제가 99년 3월 북미 고위급협상과 5월 미국의 금창리 현지조사 결과 의혹을 해소함으로써 제2의 북핵논란이 해결 국면으로 접어들었다.

92년 시작된 1차 북핵위기가 2년여를 끌다가 94년 10월 북미 제네바 핵합의로 귀결된 것과 달리 금창리 핵의혹 문제는 98년 8월 처음 발생한 이래 만 9개월만에 해결 국면에 접어든 것이다. 1차 북핵위기가 북한에 46억 달러 상당의 경수로를 제공하는 쪽으로 결론이 난 반면 2차 핵위기는 싱겁게 대북식량지원 60만톤으로 결론이 난 것이다.

이에 대해 논자들은 94년 북핵위기와 99년 금창리 지하의혹 시설 문제는 수준이 다른 문제라고 말한다. 94년 당시 북한은 영변의 핵 시설에서 실제 핵물질을 추출했다는 의혹이 확실한 수준이었기 때문에 미국이 북폭을 고려할 정도로까지 심각했었다는 점을 지적한다. 당시 북한은 영변 지역에 5메가와트짜리 원자로를 가동중이었고, 그곳에서 나오는 사용후 핵연로봉을 꺼내놓은 상태였다. 또 핵확산금지조약 탈퇴를 선언한데 이어 국제원자력기구의 사찰단을 강제추방, 긴장이 상당히 고조됐었다.

94년 6월 중순 실시된 타임/CNN 여론조사에서 미국인들의 47%는 북한의 핵시설에 대한 유엔의 군사행동을 선호한 반면, 40%는 군사행동에 반대했다. 미국정부는 이같은 여론에 힘입어 실제 북폭을 준비했었다.

도널그 그레이그 전주미대사는 당시 미국의 상황인식에 대해 다음과 같이 밝혔다.(하버드대 케네디스쿨 편, 『한반도 운명에 관한 보고서』, 김영사, 1999, 130쪽)

당시 클린턴 대통령은 이미 보스니아, 아이티, 소말리아 분쟁에서 너무나 약하다는 비난을 들었습니다. 그런데 때로는 보상 강경이라는 것도 작용할 수 있어요. 다른 곳에서 너무 약했으니까, 이번 북한문제에 대해서만큼은 한번 강하게 해보겠다는 식이지요.

94년 당시 주한미군사령관 게리 럭 장군도 "한반도에서 새로운 전쟁이 일어나면 미군은 8만에서 10만 명, 한국군은 수십만 명이 사망할 것이고, 경비면에서도 제2의 한국전쟁은 걸프전에 소요된 6백억 달러를 훨씬 넘어 1조 달러에 달할 것"으로 추산하면서 미국 정부가 북폭을 검토했음을 시사했다.(같은 책, 130쪽)

특히 북폭이 검토되던 시점인 94년 6월 16일 빌 클린턴 대통령과 엘 고어 부통령, 워런 크리스토퍼 국무장관과 로버트 갈루치 핵대사 등이 참석한 백악관 회의에서, 윌리엄 페리 국방장관과 주한미군사령관 럭은 1만 명의 미군 병력을 추가로 한국에 투입하는 계획까지 설명한 바 있다.

당시 상황에 대해 로버트 갈루치 핵대사는 "우리는 동북아시아에서 미군 병력을 정치적으로나 군사적으로 신뢰할 수 있는 수준까지 증강시키기로 결정했다"면서 "당시 미국 대통령이 허세를 부린 것은 아니다"고 밝혀 94년 북핵 위기가 북폭으로 이어질 가능성이 높았음을 시사했다.

이와 달리 98년 8월 17일 「뉴욕타임즈」가 '북한 핵무기 제조공장 건설'이라는 기사를 게재함으로써 표면화한 금창리 지하 핵의혹시설 문제는 그야말로 의혹 수준에 머무는 건설중인 시설이기 때문에 문제의 심각성이 94년에 비해 떨어진다는 지적이다. 특히 북측은 초기부터 일관되게 이 시설이 군사용이 아닌 민수용이라고 주장, 사태의 심각성은 94년 시점과 비할 바가 아니라는 것이다.

북한과 미국은 99년 3월 16일 뉴욕의 금창리 의혹시설 해소를 위한 고위급 협상을 통해 미국의 행정부 관련부처 전문가로 구성된 조사단을 99년 5월에 파견하고, 2000년 5월까지 2차 조사단을 파견키로 했다. 또 필요할 경우 추가현장조사를 실시키로 합의했다.

미국은 금창리 협상 타결과 동시에 99년 북한에 대해 세계식량계획(WFP)를 통해 50만톤의 식량을 제공하고 미국의 비정부기구를 통해 씨감자 1천톤, 씨감자 재배 인력용 식량 10만톤을 추가로 제공키로 합의했다.

북미 양측은 협상 직후 발표한 공동발표문에서 "북한은 미국대표단이 99년 5월 금창리 시설을 최초로 방문하도록 초청하고, 동 시설의 장래 용도와 관련한 미국의 우려를 해소하도록 추가방문을 허용함으로써 미국에 금창리 시설에 대한 만족할 만한 접근을 제공키로 했다"고 밝혔다.

제임스 루빈 미국무부 대변인은 정례 브리핑에서 "금창리 시설의 혹이 해소될 경우 제네바 핵합의에 따른 북미관계 개선이 재개될 것"이라고 밝혀 북미간의 금창리 협상타결이 94년 북미 제네바 합의의 연장선상에 있음을 강조했다.

협상타결 후 미국측 대표인 찰스 카트먼 한반도평화회담 특사는 기자회견에서 "한반도에너지개발기구(KEDO)에 관계하고 있는 모든 정부가 북한의 금창리 지하시설에 대해 의혹을 갖고 있었던 만큼,

이번 합의는 KEDO 사업추진에 좋은 분위기를 형성할 것으로 믿는다"고 말했다. 2차 핵위기 가능성으로 인해 1차 핵위기 해소의 산물인 북한 경수로사업 추진이 영향을 받았지만, 금창리 협상이 타결된

▲ 북미 금창리 협상 일지

1998. 8. 17 「뉴욕타임즈」, 북한 핵무기 제조공장 건설 보도

　　8. 31 　북한, 인공위성 시험발사

　　10. 21 　미국의회, 대북 중유 제공 예산집행 시한 설정, 99년 5월까지 북핵·미사일 의혹해소 요구

　　11. 9 　북한 외무성 대변인 성명, '금창리시설 핵시설 아니면 보상하라'

　　11. 16~18 　금창리 문제 해결을 위한 북미 고위급 1차협상 (평양)

　　11. 19 　찰스 카트먼 한반도평화회담 특사, "금창리시설, 핵 의혹 증거있다"고 공개

　　12. 4~11 　금창리문제 해결을 위한 북미 고위급 2차 협상 (뉴욕, 워싱턴)

1999. 1. 16~17, 1. 23~24 　금창리문제 해결을 위한 북미 고위급 3차협상(제네바 4자회담 5차본회의 전후)

　　1. 25~2. 4 　임동원 청와대 외교안보수석, 미국과 중국, 일본 순방

　　2. 26 　월리엄 페리 미국 대북조정관, 빌 클린턴 대통령에게 대북정책보고서 중간보고

　　2. 27~3. 16 　금창리문제 해결을 위한 북미 고위급 4차협상 및 타결

　　5. 20~27 　금창리 지하시설 현장조사

　　5. 28 　제임스 루빈 미국무부대변인 금창리 시설은 대규모 빈터널이라 결론

만큼 북한경수로사업은 정상궤도로 접어들 것이라는 해석이다.

협상타결 직후 북한측 대표인 김계관 외무성 부상은 "금창리 시설은 핵과는 전혀 관계가 없다"고 강조하면서 회의장을 떠났다. 이어 북한측은 협상 종료후 3일만인 99년 3월 19일 외무성 대변인을 통해 "미국대표단이 금창리 현지를 방문하여 건설대상을 참관하는 것을 허용해 주기로 했다"고 밝혔다.

북한당국의 공식 견해를 밝히는 창구인 외무성 대변인은 3월 16일 조선중앙통신과의 회견 형식을 통해 "미국이 우리나라의 지하 시설을 놓고 사찰을 하겠다고 하는 것은 자주권 유린으로서 절대 허용할 수 없으며, 의혹을 풀려거든 보상을 해야 한다는 입장을 일관되게 견지하여 왔다"면서 "이번 협상에서 미국측은 우리 입장의 타당성을 인정하였으며, 우리의 요구를 접수하는데 대해서 약속했다"고 밝혀 미국이 제공키로 한 식량 60만톤과 씨감자 1천톤이 금창리 공개 댓가임을 공식화했다.

정부 당국자에 따르면 북한의 제2 핵개발 의혹과 관련, 국제적인 관심을 끌어온 문제의 금창리는 북한의 기존 핵의혹시설단지인 영변으로부터 북서쪽으로 40km 떨어진 곳에 위치해 있다.

이 시설은 평북 태천군 일대의 태천저수지 상류지점 골짜기 산악 일대에 수년전부터 건설공사가 이뤄지는 장면이 미국의 첩보위성에 포착됨으로써 문제가 되기 시작했다. 지하 내부의 넓이가 2만평에 이르고, 저수조와 배수, 환기시설, 고압선 등 전기배선 장치가 있는 것으로 알려졌다. 주변에는 군병력이 경비하고 있으며, 최근 시설 입구에 대량의 토사가 반출되는 장면이 위성에 잡히기도 했다는 게 정부 당국자들의 설명이다.

이것이 현안문제로 대두된 것은 앞서 언급했듯 「뉴욕타임즈」(98. 8. 17) 보도가 나오면서부터다.

임동원 외교안보수석은 「뉴욕타임즈」 기사에 대한 백그라운드 브리핑(98. 8. 24)에서 「뉴욕타임즈」 등에서 북한이 몇 년째 땅굴작업을 해왔다는 보도를 했는데, 문제의 땅굴작업은 우리가 먼저 알았다"고 공개하면서 "문제의 땅굴작업이 벙커용인지, 터널용인지 용도가 무엇인지 모르겠지만, 몇 년째 흙만 파내고 있다"고 밝혔다. 또 땅굴의 용도가 무엇인지도 모르는 상황에서 이같은 의혹을 증폭시킬 경우 외환위기를 극복하기 위한 외자유치에 불리하게 작용할 것이기 때문에 미국측에 거듭 자제를 요청한 것으로 알려졌다.

미국이 이같은 정보를 언론에 유출한 것은 중유 제공절차와 경수로건설속도에 불만을 품고 있는 북한이 기회가 있을 때마다 미국에 협박을 하는 것을 되받아치기 위한 일종의 '공갈전법'이라는 게 당시 당국자들의 판단이었다.

따라서 한미 양국에게 북한의 금창리는 처음부터 영변 핵시설만큼 위험한 '물건'은 아니었다. 영변 핵시설의 경우 94년 당시 상당히 위협적인 수준이었고, 이것을 재가동하는 것은 수주일이면 가능하기 때문에 문제가 되지만, 금창리 지하시설은 핵시설로 전용하더라도 원자로 건설→가동→사용후 연료봉 재처리→플루토늄 추출 등의 과정을 거치기 위해서는 6년 이상이 걸린다는 것이다. 따라서 금창리는 어디까지나 '미래의 위협'이라는 것이다.

그후 금창리 문제는 잠복기미를 보이다 국회 통일외교통상위원회 소속 한나라당 김덕룡의원에 의해 다시 제기됐다. 「문화일보」는 99년 10월 23일자 1면 머리기사로 김의원이 통일부 국정감사에서 폭로한 금창리 시설 문제를 다뤘다. 김의원은 여기서 "북한은 기존의 영변지역 이외에 영변 북방지역인 금창리와 태천지역에 대규모 공사를 진행중이며, 그 규모와 주변시설들로 볼 때 문제의 시설들은 핵시설임이 확실하다"고 주장, 다시 파문을 일으켰다.

김덕룡의원은 금창리 지하의혹시설 관련 국정감사 자료에서 "원자로 및 재처리 공장을 건설하는 곳으로 2002년 내지 2003년쯤에는 원자로가 가동되어 6개월에서 12개월 내에는 핵무기 1개 분량의 플루토늄 생산이 가능하다"고 밝혔다.

김덕룡의원은 시설규모와 관련, "2백 메가와트급 흑연감속 원자로와 재처리 시설인 영변 핵시설과 같은 시설을 수용하기에 충분한 40만m² 크기의 굴착공사이며, 핵개발에 필요한 전기배선 공사가 이뤄지고 있으며, 원자로 냉각용 저수지를 위한 댐공사가 병행되고 있다"고 공개했다.

이같은 주장에 대해 통일부측은 "확인할 수 없다"고 밝혀 기사는 더 이상 증폭되지 않고 흐지부지됐다.

한편 북미 금창리협상이 타결된 직후 한 탈북자는 연합뉴스와의 인터뷰(97. 3. 19)에서 "금창리 지하시설은 88년부터 인민경비대원 1만명 이상이 투입돼 시작된 것이며, 공사현장까지 연결된 출입구 터널만도 약 10리(4km)에 이르는 방대한 규모"라고 주장했다. 이 탈북자는 또 "북한 당국은 금창리의 공사는 지하갱도 건설공사라고 말하고 있으나 공사를 맡고 있는 인민경비대원들 사이에는 핵시설 공사라는 소문이 널리 퍼져 있다"고 밝혔다.

이같은 소문은 무성하지만 한미 양국은 실제 금창리 시설에 접근한 바가 없기 때문에 그 실체는 여전히 미궁에 빠져 있었다.

금창리 지하시설 문제는 99년 3월 북측의 공개 방침과 5월 미국의 금창리 현지조사 결과로 의혹이 대부분 해소된 게 사실이다. 제임스 루빈 미 국무부 대변인은 정례 브리핑(99. 5. 28)에서 "미국조사단은 금창리 현지에서 큰 터널로 이뤄진 복합시설을 조사했으나 제네바 북미핵합의를 위반한 증거를 찾지 못했다"고 밝혔다. 그러나 미국과 일본의 보수언론들이 북미 금창리협상 타결 직후 일제히 제2, 제3의 금창리 시설 가능성에 대해 문제제기하면서, 북핵위기가 종결된 것이 아니라는 기사를 잇따라 게재했던 것처럼 금창리 문제를 둘러싼 국제적인 의혹의 시선이 완전히 해소된 것은 아니다.

특히 일본의 「도쿄신문」(99. 3. 19)은 "북한 당국이 핵시설로 의혹을 받아온 금창리 지하시설로부터 의심을 살 우려가 있는 물자들을 다른 곳으로 빼돌렸다"고 일본정부 소식통의 말을 인용해 보도했다. 「도쿄신문」은 여기서 한 발 더 나아가 "미국의 금창리 첫 사찰은 비군사화한 터널을 확인하는 데 그칠 가능성이 높다"고 지적, 북미간 금창리협상이 타결됐다고 해서 제2의 북핵위기가 사라진 것은 아니라는 점을 분명히 했다.

미국의 보수세력을 대변하는 「월스트리트 저널」도 북미 금창리협상 타결 직후, 북한의 핵개발 의혹을 담은 기사를 잇따라 게재, 북핵위기론이 사라진 것이 아님을 강조했다. 이 신문은 '블랙홀 북한'이라는 제목의 사설(99. 3. 22)에서 "지난해 7월 금창리 지하시설에 문제가 될만한 게 있었다면 오래 전에 치워졌을 것"이라면서 "금창리 시설의 과거와 현재 용도가 무엇이든간에 미 조사단이 문제가 없다고 선언하는 순간 이것이 유일한 문제였던 것처럼 북미 양측이 그간 안좋았던 모든 것을 접어두고 앞으로 나가려는 자세를 보인다면 상당히 위험하다"고 지적했다.

물론 이 신문들의 지적처럼 북미 금창리협상이 타결됐다고 해서 북핵위기가 사라진 것은 아니다. 임동원 외교안보수석도 김경원 사회과학원장과 가진 「한국일보」 대담(99. 3. 20)에서 "북미 금창리 합의로 북한의 핵의혹이 완전하게 해결됐다고는 보지 않는다"면서 "북은 지금도 핵개발을 하고 있다는 의혹이 있으며, 금창리 이외에 다른 곳에서 핵개발을 하고 있다는 의혹도 제기될 수 있다"고 밝혀 북핵 해결을 위한 근본적 접근이 필요하다는 점을 강조했다.

여기서 임동원 외교안보수석이 제시한 북핵 해결의 방안은 의외로 간단하다. 즉 북한의 핵의혹 시설을 철저히 사찰하되 북한과 관계 맺지 않은 나라들이 북한과 관계를 정상화함으로써 상호신뢰를 구축, 북한이 핵개발을 하지 않고도 살 수 있는 환경을 조성해 주는 게 최선의 해결책이라는 것이다.

임동원 수석의 이같은 북핵 저지구상은 한반도 문제의 포괄적 접근이라는 구도 속에서 구체화한 바 있다. 북한이 국제사회의 일원으로 활동할 수 있도록 내외의 조건을 마련해줌으로써 북한이 핵이라는 최후의 생존수단에 의존하지 않고 살 수 있는 환경을 조성해야 한다는 것이다. 북한이 핵협박 외교의 유혹에서 벗어나게 하기 위해서는 지속적이고 포괄적인 포용정책을 통해 북한이 열린 사회로 나오게 하는 게 유일한 대안이라는 설명이다.

김정일 국방위원장 체제 하의 북한에게도 금창리 협상 타결은 의미심장하다. 김정일시대 북한이 미국과의 대결을 통한 생존이 아니라 미국과의 협상을 통한 공존의 길을 걷겠다는 것을 의미하는 외교적 단초로 볼 수 있기 때문이다. 금창리 시설문제를 둘러싼 북미간의 대화와 협상의 결과는 이런 점에서 김정일시대의 북미관계를 가늠케 하는 이정표가 될 것으로 보인다.

4자회담의 역학

97년 4월 16일 김영삼 대통령과 빌 클린턴 미국대통령이 제주도 한미정상회담에서 북한에 4자회담을 제의한 뒤, 97년 12월 9일 1차 본회담이 열리기까지 소요된 기간은 1년 7개월이다. 다자간 외교협상이라는 게 늘 그렇듯 19개월간 남북한과 북미 양측은 치열한 신경전 속에서 탐색전을 벌였다.

한미 정상이 한반도 평화체제 구축을 위해 4자회담이 필요하다고 제안한 데 대해 북한은 각 단계마다 갖은 명분을 내세우며 반대급부를 요구, 한미 양측은 공동설명회→후속설명회→차관보급 3자협의회→3차례의 예비회담을 거친 이후에야 본회담이라는 자리에 마주앉을 수 있었다. 김영삼 정부 후반기에 제안된 4자회담은 결국 차기 대통령을 뽑는 선거일을 10여일 앞둔 상태에서야 겨우 1차 본회담이 개최된 것이다.

김영삼 정부의 3대 외무장관이자 4자회담의 산파역이었던 유종하 장관은 4자회담이 성사되어 남·북·미·중이 한 자리에 앉아 한반도 평화체제를 논의할 수 있게 된 것을 김영삼 정부 외교안보정책의 최대 치적으로 꼽는데 주저하지 않는다.

유종하장관은 「문화일보」와의 인터뷰(97. 11. 22)에서 "4자회담의 궁극적 목표는 남북관계를 정치적으로 정상화하여 한반도의 불안정한 요인을 제거하고 남북한 공존체제를 구축하는 것"이라면서 김영삼 대통령 임기내에 첫 회담을 가졌다는 데 많은 의미를 두었다.

실제 4자회담은 처음 제안됐을 때부터 회의론이 지배적이었다. 우리 정부 내에서는 물론 미국에서도 큰 호응을 보이지 않았고, 더욱이 북한이 처음부터 흥미를 보이지 않았기 때문이다.

96년 4월 4자회담이 한미 정상에 의해 합의된 이후 1년이 지나도록 북한이 실제 회담에는 큰 관심을 보이지 않고 설명회다 뭐다 하며 그 반대급부만을 집요하게 요구하자, 김영삼 정부는 물론 미국정부 내에서도 4자회담 회의론이 급속히 퍼졌던 것은 널리 알려진 사실이다.

당시 북한의 4자회담에 대한 입장은 한성열 유엔주재 북한공사가 이임하면서 「한겨레신문」과 가진 인터뷰(97. 5. 15)에 잘 나타나 있다.

4자회담 자체를 반대하는 군부를 설득하기 위해서는 어떤 형식이든 식량지원에 의한 분위기 조성이 필요하다. 군부는 지금과 같은 상황에서 4자회담이 열리면 그것은 우리의 군사력을 무장해제하는 회담이 될 것으로 보고 있다.

경제제재도 그대로 있고, 절박한 식량문제가 있는 상황에서 결국은 경제제재와 식량지원 문제로 군축문제에서 양보를 받아내려는, 그래서 결국 우리를 무장해제하려 할 것이라고 보고 있다. 기울어진 입장에서 협상을 하면 결국 우리가 불공정한 입장에서 양보를 강요당하게 된다.

그러기에 군부를 설득하기 위해 경제 제재와 식량지원문제가 정치적 도구로 사용되지 않을 것이라는 점을 보여주기 위한 증거, 분위기 조성, 그것이 필요하다.……4자회담이 우리를 무장해제하는 함정이 아니라 우리를 포함한 당사자 모두에게 유리한 회담이 될 것이라는 점을 설득할 수 있는 분위기가 필요하다. 식량지원이 그러한 분위기를 보여주는 신호가 될 수 있다.

북한은 실제 4자회담 제의가 나온 지 20일만에 미국에 상세한 설명을 요청하면서 설명회 참석대가로 식량지원을 요구했다. 우여곡절 끝에 설명회에 응한 뒤에도 북한은 다시 단계를 세분화해서 식량지원과 북미관계 개선이라는 양날의 칼을 회담의 전제조건으로 내세웠다. 4자회담 제의에 대해서 진지하게 검토하기보다는 자신들의 목적을 위해 이를 역이용하려는 게 북한의 전략이었던 것이다.

이같은 북한의 태도를 보면서 한미 양국 정부 관리들은 초기부터 4자회담의 성사 가능성에 대해 회의적으로 보았다. 양국 관리들은 설사 양국이 북한에 식량을 제공해 북한이 4자회담에 응하게 되더라도 북한은 이 회담에서 평화체제 문제를 진지하게 논의하기보다 북미관계 개선, 주한미군 철수 등 또다른 정치선전만을 늘어놓을 가능성이 높다고 판단, 4자회담에 대해 회의적 입장을 갖게 된 것이다.

97년 당시 정부 일각에서는 4자회담은 한반도의 긴장 완화와 신뢰구축, 나아가 항구적인 평화체제 수립을 위한 수단이나 과정임에도 불구하고 그 자체가 목적처럼 되어 정부가 유연하게 대응하지 못하고 있다는 비판론도 제기됐다.

그러나 외교안보수석 재임시 4자회담을 입안했고, 외무장관이 된 후에는 4자회담 전도사처럼 4자회담 유효론을 펴왔던 유종하 장관은 97년 일관되게 4자회담 중심의 대북정책을 추진했다. 남·북·미·중 4개국이 4자회담에 합의한 97년 11월 21일 유종하장관은 「문화일보」와의 인터뷰(97. 11. 22)에서 "북한은 결국 4자회담을 수락할 것이라고 믿었다"면서 다음과 같이 말했다.

김영삼 대통령이 4자회담을 제의한 뒤 정부와 학계의 많은 사람들은 북한이 절대 본회담에 응하지 않을 것이라고 예측했다. 지난(97년) 2월 방한한 매들린 올브라이트 미국 국무장관을 비롯해 한국을 다녀간 대부분의 미국 지도자들도 회의적이었다.

그러나 나는 반드시 될 것이라고 낙관했다. 잠수함사건, 장승길 이집

▲ 4자회담 추진 및 진전과정

1996. 4. 16 한미정상회담, 한반도평화체제 구축을 위한 4자회담 제안

4. 19 한성열 주유엔 북한공사, 4자회담 제의에 대한 설명회 요구

5. 13 한·미·일 고위협의회에서 공동설명회 제의

8. 15 김영삼 대통령, 4자회담시 논의될 남북경협 방안 제시

9. 18 북한 잠수함 동해안 침투사건 발생

12. 29 북한 외교부대변인, 잠수함 침투사건에 대한 사과성명 발표

1997. 1. 13 4자회담 공동설명회, 1월 29일 개최키로 합의

1. 24 북한, 식량지원약속 불이행을 이유로 공동설명회 연기

2. 3 북한, 설명회 개최 다시 연기

3. 5 4자회담 공동설명회 개최(뉴욕)

4. 16~21 공동설명회 후속협의

6. 30 차관보급 3자협의회

8. 5~7 남·북·미·중 대표, 1차 예비회담(뉴욕)

9. 18 2차 예비회담(뉴욕)

11. 21 3차 예비회담(뉴욕)

12. 9~10 1차 본회담(제네바)

1998. 2. 6 4자회담 실무협의회

3. 16~21 2차 본회담(제네바)

8. 21~9. 5 북미 고위급회담(뉴욕)

10. 21~24 3차 본회담(제네바)

1999. 1. 19~21 4차 본회담(제네바)

4. 24~27 5차 본회담(제네바)

트주재 북한대사 망명사건이 터졌을 때도 미국은 4자회담을 걱정했으나 나는 "될테니 너무 걱정말라"고 말했다. 무엇보다도 회담 성사를 위한 국제정치적 여건이 조성되어 있었기 때문이다. 미국, 일본, 중국 등 주변국이 모두 우리의 입장을 지지하고 있다. 그리고 오늘 최종합의가 이뤄짐으로써 이같은 판단이 옳았음을 입증했다.

4자회담에 집착했던 김영삼 정부 외교안보팀은 특유의 고집과 집념으로 1년 7개월만에 결국 북한을 본회담 자리에 끌어내는 성과를 올렸다.

그러나 과도하게 4자회담을 밀어부쳤던 김영삼 정부와는 달리 김대중 정부는 출범 초부터 4자회담에 대해 냉정하게 접근했다. 남북문제는 남북 당국대화로 풀고 4자회담에서는 어디까지나 한반도 평화체제 구축을 위한 논의를 한다는 게 김대중 대통령의 구상이었다.

이후 정부의 대북정책에서 4자회담이 차지하는 위상은 많이 낮아졌다. 한반도 평화체제를 논의하는 다자간 국제회의 정도로 인식되고 있을 뿐이다. 북한도 4자회담에 성실하게 응하기보다는 이 회담을 전후로 개최되는 북미 대화에 더 관심을 갖고 있으며, 이를 통한 식량 확보에 열을 올리고 있다.

실제 99년 1월에 개최된 4차회담 때도 북한은 처음으로 갖게 된 긴장완화분과위원회나 평화체제분과위원회 운영보다 회담 전후에 걸쳐 두 차례 열린 금창리 문제 해결을 위한 북미 고위급협상에 더 관심을 기울였다.

이 때문에 4자회담은 북미 고위급협상을 위한 들러리 회담이 아니냐는 지적도 나왔던 게 사실이다.

4자회담은 이렇듯 한미의 초기 구상과 다르게 진전되고, 북한도 실제 회담 진전에 큰 관심을 보이지 않고 있지만, 중국이 현실주의적 입장에 서서 한반도 균형자적 역할을 하려는 의지가 점차 강해지고 있다는 점에서 희망을 찾는 이들도 있다.

또 중동의 평화협상과정이 그러했듯이 한반도 평화체제 구축을 위한 4자회담도 지난한 과정을 겪을 것이라는 점을 감안할 때 일단 북한이 회담궤도에 들어섰기 때문에 전체적인 전망은 그리 어둡지 않다는 분석도 있다.

북한이 갖은 핑계와 조건을 대면서도 4자회담에 나오기 시작한 것 자체가 한반도 평화체제 구축을 위한 다자간 회담의 초입부분에서 의미있는 움직이라는 것이다. 남북대화기구가 상설화되어 있지 않은 상황에서 비록 다자간 협상틀에서나마 남북이 주기적으로 만날 수 있는 자리라는 점, 그리고 김정일시대 북한외교의 변화상을 접할 수 있는 다자간 회의구도라는 점에서 유용성을 인정받고 있는 게 사실이다.

적과 우방의 변증법

북미관계의 현주소

　북한은 수수께끼의 나라(puzzle country)다. 무수한 아사자가, 그것도 장기간에 걸쳐 발생하는 데도 불구하고 사회안정이 유지되는 나라, 국가 원수의 자리가 오랫동안 비어 있음에도 불구하고 체제가 유지되는 나라, 경제력의 크기로 보아서는 도저히 핵무기를 개발할 수 없을 것같은 데도 여러 가지 정황으로 볼 때 핵무기를 가지고 있는 것처럼 보이는 나라 다.(『한반도 운명에 관한 보고서』, 2쪽)

　하버드 행정대학원에서 조셉 나이 박사가 한반도 문제 특강을 하면서 던진 이 얘기는 미국인들의 북한 인식을 단적으로 드러내주는 대목이다. 미국 사회에 진보와 보수를 편가르는 게 큰 의미는 없지만, 이같은 대북인식은 상대적으로 진보적이라고 우리가 믿고 있는 민주당계 학자들이나 보수적인 공화당계 학자들에게서 흔히 볼 수 있는 것이다.

　일상적으로 북한문제를 접하고 사는 한국의 북한전문가들도 97년 동해 잠수함침투사건같은 이변이 벌어지면 "북한은 정말 알 수 없는 나라"라고 논평할 정도니, 사고방식이 전혀 다른 미국 사람들이 북한을 정상적인 국가로 이해한다는 것은 상당히 어려운 일이다. 미국

학자들은 흔히 북한을 '블랙홀'이라고 얘기한다.

삼성언론재단에서 출간된 연구보고서 『한국과 미국신문 편집인들의 미국과 한국 및 북한에 대한 인식연구』(1998. 12)에 따르면 미국 언론인들의 86.8%는 북한을 부정적인 나라로 보고 있으며, 오직 3%만이 긍정적으로 보고 있는 것으로 나타났다.

또 북한이라는 나라를 생각하면 제일 먼저 굶주림, 죽어가는 아이들, 폐쇄된 나라, 독재국가, 공산주의 국가라는 이미지가 먼저 떠오른다고 응답했다. 한 사회의 여론을 주도하는 언론인들이 이 정도의 인식을 갖고 있다는 것은 북한이 미국에서 제대로 국가 대접을 받지 못하고 있다는 것을 의미한다.

실제 한국전쟁 이후 북미관계는 긴장과 갈등의 연속이었다. 그나마 대화의 물꼬가 트인 것은 88년 12월 베이징에서 북미 양측 외교관리들이 양국간 핵문제를 비롯한 관계개선 문제를 논의하면서부터다. 북미 양측이 한자리에 마주앉아 대화다운 대화를 나눈 것은 10년 정도밖에 되지 않는 셈이다.

1953년 휴전협정 이후 지속적인 대북봉쇄정책(Containment Policy)을 추진해온 미국이 협상과 개입정책(Engagement Policy)으로 점진적으로 전환한 것은 동유럽·소련 사회주의체제가 붕괴하면서 핵문제가 표면화한 이후부터다. 북한을 국제사회의 일원으로 인정함으로써 동북아 안정을 저해하는 북핵문제를 협상을 통해 풀겠다는 전략이다. 미국의 이같은 개입전략은 93년 빌 클린턴 행정부가 출범하면서 보다 본격화했고, 94년 10월 제네바 북미합의라는 첫 결실을 낳았다.

북한도 1948년 정권수립 이후 동유럽 사회주의권이 몰락할 때까지 일관된 대미 적대정책을 취해왔다. 반제국주의, 반미주의를 앞세워온 북한이 대미 유화전략으로 돌아선 것은 동유럽 형제국들이 잇따라 붕괴되고 혈맹인 중국도 개혁개방 쪽으로 나가는 것을 보면서 북한 자체의 생존권이 위협받을 수 있다는 정세인식을 하면서부 터다.

이같은 인식은 북한이 핵개발에 박차를 가하는 시점과 일치한다. 북한의 대외정책이 미국으로부터 체제의 생존권을 보장받기 위한 데 집중되면서부터 북핵문제가 한반도의 난제로 부상하기 시작한 것이다.

북한과 미국은 88년 12월 베이징에서 최초로 참사관급 접촉을 가 진 이래 92년 1월 뉴욕에서 북미 고위급회담을 갖고 북핵 사찰문제 및 관계개선 문제를 협의했고, 93~94년 세 차례에 걸친 고위급회담 끝에 94년 10월 21일 제네바 북미기본합의서를 탄생시켰다.

이후 북미 양측은, 미군유해 송환협상(93. 8~), 미사일 협상(96. 4~)이라는 틀을 통해 지속적인 만남을 갖고 있다. 이같은 공식적인 틀 외에도 미국무부는 유엔주재 북한대표부와 지속적인 비공식 접촉 을 갖고 현안문제에 대한 조율을 하고 있다.

또 북미 양측과 한국과 중국이 함께 참여하는 4자회담(97. 12. 7~), 유엔사의 틀속에 한미 양국 장성이 북한 인민군과 만나는 판문점장 성급대화(98. 6~)도 주기적으로 개최돼 다자간의 틀에서 북미문제 는 물론 남북문제도 논의되고 있다.

북미관계는 93년 미국에 빌 클린턴 행정부가 출범한 이후, 그리고 북한에 김정일 국방위원장 체제가 공고화하면서 점차 가속도가 붙고 있는 셈이다. 여기에는 한국에 문민정부인 김영삼 정부와 국민의 정 부인 김대중 정부가 잇따라 들어선 점이 긍정적인 요소로 작용하기 도 했다.

과거 전두환·노태우 정부 때에는 북한문제를 정권안보 차원에서 이용하려 했기 때문에 정상적인 관계발전이 되지 않았으나 김영삼 정부나 김대중 정부는 그같은 외교행태를 가급적 지양하려고 노력했 기 때문이다. 출범 초기에 전향적인 대북정책을 펼친 김영삼 정부는 비록 김대통령 자신의 철학부족과 내외의 반발에 부딪쳐 실패했지만, 초기의 노력은 평가할만 하다.

대북문제에 관한한 김영삼 전임 대통령보다 일관된 원칙을 지닌 김대중 대통령도 출범 초부터 북한문제를 정권안보 차원에서 악용하지 않겠다는 의지를 밝혔고, 이를 실천하고 있다.

그러나 북한을 보는 미국의 눈은 여전히 복합적이다. 대부분의 공화당 계열 연구소나 북한전문가들은 북한을 정상적인 국가로 여기지 않고 있다. 민주당 계열의 연구소나 북한전문가들은 새로운 시각에서 북한을 보려 하지만, 이들의 주장은 여전히 미국의 주류 여론이 되지 못하고 있다.

김일성 주석이 사망한 뒤 95, 96년 북한이 극심한 식량난과 경제난을 겪으며 체제위기에 처했을 때, 미국에서는 위험한 테러 국가 북한이 급격하게 붕괴될 경우 미국의 동북아 전략에 차질이 생기기 때문에 안락사를 시키는 '소프트 랜딩(soft landing)'이 바람직하다는 여론이 주류를 이뤘었다.

이같은 미국의 여론은 그대로 한국에도 직수입돼 북한 붕괴 가능성에 대비하자는 논의가 정부 및 학계에서 제기됐던 게 사실이다. 96~97년 김영삼 대통령도 '북한은 고장난 비행기'라는 발언을 자주 해서 물의를 빚기도 했다.

이같은 미국의 대북인식은 97년 클린턴 2기 행정부가 출범하면서 점차 바뀌기 시작했다. 미국에서 소프트 랜딩론이 급격하게 빛을 잃기 시작한 것은 98년 2월 김대중 정부가 출범 직후부터 "북한의 붕괴를 원치 않는다"며 일관되게 대북 햇볕정책을 추진하면서부터다.

물론 북한도 97년 10월 8일 김정일 노동당비서를 총비서로 추대하는 것을 기점으로 해서 김일성 주석 사후 흔들리던 국가체제를 정비하기 시작했다. 북한이 유훈통치 시대를 마무리하고 김정일 중심으로 체제 정비를 시작하면서부터 북한이 급속히 붕괴될 것이라는 시나리오는 설득력을 잃기 시작한 것이다.

북한에 대한 미국의 인식은 '연착륙을 시켜야 할 대상'에서 '대화를 통해 공존해야 할 상대' 정도로 변화한 것이 사실이지만, 북미관계는 아직 걸음마 단계다. 미국이 94년 북미 제네바합의 때 북측에 약속한 미국내 동결 북한 재산 해제 및 대북경제제재 해제를 아직도 실천하지 않고 있으며, 양측 관계 개선은 난망한 상태다.

전문가들은 베트남전쟁의 맞수 미국과 베트남이 수교하기까지 1단계 실종자 문제 해결→2단계 경제제재 해제→3단계 연락사무소 개설이라는 과정을 거친 것을 예로 들면서 북미관계도 2단계 초입에 와 있다고 보고 있다.

북한이 정례화한 4자회담을 북미평화협정 체결 및 미국과의 관계정상화 장으로 활용하고 있고, 북미간의 뉴욕 채널을 통해 양측의 관심사를 지속적으로 협의하고 있기 때문에 과거와 같은 적대감은 많이 사라진 것이 사실이다. 그러나 북미관계 정상화는 양측만의 문제가 아니고 남북관계와 한미관계, 나아가 미국의 동북아전략과 밀접하게 연관이 있기 때문에 훨씬 복잡한 양상을 띨 것으로 보인다.

김대중 대통령이 99년 1월 국가안전보장회의에서 한반도 문제의 주체적 해결의지를 천명한 뒤 임동원 외교안보수석이 한반도 냉전구조 해체를 위한 포괄적 접근법을 제시한 것은 바로 북미관계도 남북관계와 함께 한반도 문제의 해법을 찾는 차원에서 함께 돌려야한다는 의지를 드러내준 대목이기도 하다.

주한미군 지위변경 논란 소동

99년 봄 정부의 외교안보 부처는 때아닌 주한미군 지위 문제에 대한 논란으로 홍역을 앓았다.

임동원 청와대 외교안보수석이 4월 1일 "한반도 문제의 포괄적 접근에 주한미군 문제가 포함되느냐"는 한 기자의 질문에 대해 비보도를 전제로 "북한은 이미 4자회담에서 미군의 지위변경 문제를 제안한 바 있으며, 실제적으로 주한미군 철수를 원하지 않는다"면서 "미군은 통일 이후에도 주둔해 안정자적 균형자적 역할을 하는 게 필요하다"고 말했다.

청와대 출입기자단은 임동원 수석의 이같은 코멘트를 오프 브리핑으로 간주, 각사에 보고만 하고 기사는 쓰지 않기로 했다.

문제는 4월 6일자 「세계일보」가 1면 머릿기사로 '정부, 4자회담 5차 본회담에서 미군의 지위변경문제 제안키로'라는 제목의 기사를 쓰면서 불거졌다. 4자회담 때 북한이 제안했던 주한미군 지위변경 문제를 우리 정부가 전향적으로 검토해 4자회담 돌파구를 열기 위해 5차 본회담 때 의제로 제안키로 했다는 내용이다. 조간들이 지방에 내려보내는 지방판부터 이 기사가 실렸음에도 불구하고, 다른 조간들은 이 기사를 받지 않았고, 연합뉴스도 이 기사를 무시해 파장은 수그러드는 듯했다.

문제는 유일 석간 「문화일보」였다. 「문화일보」에서 추가 취재한 바에 따르면 정부가 이 의제를 4자회담 5차 본회담에 제안하기로 했다는 「세계일보」의 보도내용은 너무 나간 얘기이지만, 적어도 정부내에 이 의제를 어떻게 다룰 것이냐에 대한 부처간 논란이 있음은 확인됐다. 「문화일보」는 4월 6일자 1면 머릿기사로 "'98년 3월 4 자회담 2차 본회담 때 북한이 주한미군 지위문제를 의제에 포함시킬 것을 제안해와 정부 내에서 4자회담 논의 대상에 이를 포함시키는 문제를 둘러싸고 논란을 벌이고 있다"고 밝혔다.

4자회담 대책회의 때 외교부 사이드에서는 북한의 이같은 태도변화에 능동적으로 대응하자는 의견이 많았고, 통일부와 국가정보원측은 북한의 이같은 주장이 한미 양국을 교란시키는 전술에 불과하기 때문에 논의할 가치가 없다는 입장이 주류를 이뤘다.

「세계일보」와 「문화일보」의 보도로 인해 주한미군 지위문제에 대한 청와대기자단의 '비보도 합의'는 이미 깨진 셈이다. 「세계일보」이외의 조간들은 어떻든 4월 7일자에 기사를 게재해야만 했다.

임수석은 4월 6일자 석간이 청와대에 배달된 후 논평을 요구하는 기자들에게 "북한이 원하는 것은 경제회생과 미국으로부터의 안전보장을 받는 것이기 때문에 북한의 주한미군 철수주장은 레토릭에 불과하다"고 일축하면서 "미국도 한반도 내에서 군의 규모와 배치문제에 대해 논의할 수 있다는 입장이나 공개를 원치 않는다"고 한 발 더 진전된 얘기를 했다.

논란이 더 증폭된 것은 김대중 대통령이 4월 6일 오후 육군·공군 장성 진급보직신고식 후 미군 주둔문제에 대한 발언을 공개적으로 하면서부터다. 청와대 공보수석실이 이날 각 신문사로 보내온 '청와대 소식'에 따르면 김대통령은 이 자리에서 다음과 같이 밝혔다.

최근 북한은 주한미군은 '평화군이라면 미군이 주둔해도 좋다'고 미군의 존재를 인정하는 입장을 보였다. 자세한 내용은 아직 파악되지 않았지만 북한이 이러한 의사를 표시한 것은 처음이다. 북한도 미군 철수를 주장하면서도 중·일간의 극한 대결을 바라지 않으며, 동북아의 세력균형이 깨지는 것을 바라지 않을 것이다.

두 시간여 지난 후 청와대 공보수석실은 비상이 걸렸다. 외교안보수석실에서 삭제해 달라고 한 김대통령의 문제 발언이 그대로 각 신문방송사에 전해졌기 때문이다. 공보수석실은 주한미군 문제에 대한 위의 발언부분을 삭제한 새로운 '청와대 소식'을 보내왔다. 삭제된 부분은 지나치게 민감하기 때문에 기사화하지 말아줄 것을 요청했다. 그러나 「조선일보」를 비롯한 몇몇 신문들은 미군 지위변경문제에 대한 김대통령의 언급을 그대로 게재, 논란은 더욱 증폭되기 시작했다.

이렇듯 주한미군 지위변경에 대한 김대통령의 언급이 여과없이 보도된 것은 공보수석실과 외교안보수석실의 사인이 맞지 않은 데 일차적인 원인이 있다. 한 관계자에 따르면 임동원 수석은 김대통령의 미군관련 발언이 파장이 있을 것으로 보고 이 부분을 삭제해서 발표할 것을 박지원 공보수석에게 요청했는데, 박수석은 다른 부분을 삭제한 채 이 부분을 오히려 살렸다는 것.

홍순영 외교부장관도 4월 6일 주한미군 지위문제에 대한 외교부 출입기자들의 질문에 대해 "북한이 논의하기를 원한다면 4자회담 5차 본회담에서도 한반도내 군대의 재배치 문제와 규모 문제를 논의할 수 있다"는 입장을 밝혔다.

그는 한발 더 나아가 "주한미군 문제만을 따로 떼어서 논의할 수는 없지만 신뢰구축조치의 일환으로 한반도 전체에 주둔하는 인민군과 국군, 주한미군 문제를 함께 논의한다면 이에 응할 수 있다"면서 "미국도 우리 정부와 같은 입장"이라고 말했다.

홍장관은 문민정부 당시 외무부 차관 재직중 북한 명칭문제로 논란이 일 때 "북한을 조선민주주의인민공화국이라고 부르는게 뭐가 문제인가"라는 견해를 밝혔던 소신파 관료로 유명한데, 이번 주한미군지위변경 문제에 대한 논란에서도 가장 소신있는 견해를 일관되게 펼쳤다. 홍장관의 이같은 스타일 탓인지 외교부의 전반적 분위기는 4자회담 5차 본회담에서 주한미군 지위변경문제를 의제 화해서 어떻게든 회담을 진전시켜야 한다는 입장이었다.

미군지위 변화문제에 대해 김대통령과 홍외교부장관이 워낙 확 신을 갖고 언급하자 4월 7일자 각 조간들은 대부분 이를 1면 머릿 기사로 올렸다. 그러나 사설 등에서 대부분 정부당국자들의 신중치 못한 언급을 비판하는 분위기가 많자 외교안보 관련 당국자들은 긴장했다. 논의가 증폭될 경우 득보다 실이 많을 수 있다고 판단한 것이다.

국가안보회의는 4월 8일 열린 상임위에서 주한미군 지위변경 문 제에 대한 여론이 불리하게 돌아가자 논의를 원점 회귀시키며 공 식적으로 매듭지었다. 외교부 권종락 북미국장과 통일부 김형기 통 일정책실장은 상임위 결정사항을 4월 9일 외교부와 통일부 출입기 자들에게 각각 다음과 같이 발표했다.

첫째 주한미군은 한미상호방위조약에 따라 주둔하는 것이므로 전적으로 한미간의 문제다. 이 문제는 남북간, 또는 북미간에 논의 할 성격의 문제가 아니다. 한반도에 침략위험이 있는 한 주한미군 은 주둔할 수밖에 없다.

둘째, 평화체제 구축에 실질적인 진전이 있을 때 한반도의 모든 군대의 구조와 배치, 규모 문제를 논의할 수 있다.

셋째, 한반도에 평화체제가 구축되고 통일이 이루어진 뒤에도 미 군은 동북아 안정자적 역할을 위해 한반도에 주둔하는 게 바람직 하다.

당초 주한미군 지위변경 논란이 시작될 때부터 노코멘트로 일관해 오던 김형기 통일정책실장은 이날 국가안보회의 상임위 결과를 발표 하면서 북한의 주한미군에 대한 인식변화에 대해서도 브리핑했다.

이 설명에 따르면 북한은 87년 이전까지는 주한미군을 통일의 최대 장애요인이라고 규정, 무조건 철수를 주장했지만, 88년 중앙인민위원회 최고인민회의 정무원 연합회의에서 '포괄적인 평화방안'을 제의하면서 미군의 단계적 철수를 주장하기 시작했고, 92년 남북기본합의서 이후 미군의 지위변경문제를 얘기하기 시작했다.

특히 김용순 노동당 대남담당 비서겸 아태평화위원회 위원장은 92년 1월 22일 북미고위급회담 때 "주한미군 주둔을 용인하며 연방제 통일 후에도 동아시아의 안정을 위해 필요하다면 주한미군이 단계적으로 철수할 수 있다"고 주장, 비상한 관심을 끌었다.

이후 이삼로 전 태국주재 북한대사(92. 6, 하와이국제학술회의), 이종혁 아태평화위원회 부위원장(96. 4, 미국 조지아대 학술회의), 이찬복 북한군 중장(96. 5, 미국시거센터 세미나)이 비슷한 발언을 했고, 최종적으로는 98년 3월 제네바 4자회담 2차 본회담 때 김계관 북측 수석대표가 "미군 철수 대신 미군 또는 외국군대의 지위라는 표현을 쓸 수 있다"고 공개적으로 언급한 바 있다. 통일부와 국가정보원은 북한 당국자들의 이같은 언급을 교란전술 정도로 보고 큰 비중을 두지 않았을 뿐이다.

흥미로운 것은 북한의 반응이다. 북한 중앙방송과 평양방송은 우리정부내에 미군 주둔에 대한 논란이 파급되자 신이 난듯 "주한미군은 철수되어야 한다"는 주장을 거듭 반복하면서 미군문제에 대한 자신들의 입장은 변화한 바가 없다고 천명했다. 북한의 이같은 입장은 이후 제네바에서 개최된 4자회담 5차 본회담(4. 24~27) 때에도 그대로 관철됐다.

4자회담 5차 본회담을 앞두고 서울에서 벌어진 주한미군 지위변화에 대한 문제제기는 필요한 것이었음에도 불구하고 이처럼 해프닝으로 끝나버렸다.

주한미군 지위변경 논란이 4월 8일 국가안보회의 상임위에서 일단락되자 눈총은 청와대 외교안보수석실로 집중됐다. 「동아일보」와 「조선일보」는 4월 10일자 신문에서 신중치 못한 발언을 해서 혼란을 자초한 임동원 수석을 경질해야 한다는 논지의 기사와 사설까지 게재했을 정도다.

당초 임동원 외교안보수석은 주한미군 지위문제에 대한 본격적 논의가 필요한 시점이라고 판단해 이 문제를 의도적으로 제기해 본 것으로 판단된다. 북한이 주한미군문제에 대해 유연한 반응을 보이는 추세가 있기 때문에 한반도 냉전체제 해체를 위한 구도 속에 주한미군 문제에 접근해야 한다는 게 그의 구상이었다. 그러나 우리 사회의 완고한 보수언론과 보수적 식자층의 벽에 부딪쳐 논의는 한발도 진전되지 못하고 외교소동으로 끝나고 말았다.

주한미군 지위변동 소동은 한반도의 냉전해체를 위해서는 주변국들의 이해와 협조보다도 우리 사회 언론과 보수적 식자층의 냉전 벽을 먼저 허물어뜨려야 한다는 인식을 재확인시켜준 사건이다.

5공화국 시절 주미공사로서 전두환 대통령과 김일성 주석의 정상회담을 비밀리에 추진했던 손장래 전세종연구소 객원연구원은 「문화일보」에 기고한 칼럼 '미군지위 논의 미룰 일 아니다'(99년 4월 9일)에서 "우리 민족의 가장 시급하고 중요한 과제는 남북간의 긴장완화와 화합, 그리고 통일"이라면서 "이를 위해 우리는 주한미군 지위문제에 대한 논의를 시작해야 한다"고 썼다.

한국은 북한에 비해 배가 넘는 인구, 국민소득에서도 10배가 넘는 경제력, 세계 유일의 초강대국 미국을 비롯한 많은 우방을 가진 나라이기 때문에 이제 떳떳하게 그 문제를 공론화해야 한다는 게 80년대 초 대북협상을 추진했던 원로의 충고다. 그러나 미군문제는 공개적으로 논의하기 힘들 정도로 우리 사회의 냉전의식은 여전히 확고하며, 보수의 벽도 두텁다는 것이 이번 논란에서 재확인됐다.

루마니아 전문가들의 북한 진단
─부쿠레시티에서 만난 루마니아 학자들의 북한 전망

미국 빌 클린턴 행정부 초대 국방장관을 역임한 윌리엄 페리 대북조정관은 99년 펴낸 『예방적 방위(*Preventive Defense : A New Security Strategy For America*)』(브루킹스 연구소)라는 저작의 에필로그에서 북한의 향후 전망과 관련, 김정일이 주도적으로 개혁개방을 할 가능성과 1989년 루마니아 쿠데타와 같은 사건이 일어날 가능성에 대해 지적했다.

북한의 변화가능성에 대해 큰 신뢰를 보이지 않는 페리 조정관과 같은 미국의 보수파 인사들은 어쩌면 북한에 루마니아형 봉기가 일어나 김정일도 니콜라스 차우세스쿠와 같은 비극적 사태를 겪을지 모른다는 쪽에 비중이 두어져 있을 지 모른다.

개혁 개방을 하지 않을 경우 과연 북한은 루마니아형 파국을 맞게 될까.

이에 대해 필자가 96년 통일부 출입기자단 사회주의권 연수과정에서 만난 루마니아 학자들은 북한과 루마니아가 비교되는 사실에 대해서 불쾌하다는 감정을 감추지 않았다. 이들은 한때 루마니아가 북한을 따라 배우려 했던 것은 사실이지만, 루마니아는 북한이 따라올 수 없는 역사적 전통을 갖고 있다는 점을 은근히 드러내며 북한과 루마니아는 다르다고 힘주어 말했다. 그들은 또 루마니아에 진출한 대우자동차에 대해 상당한 애정을 표현하면서, 루마니아는 이제 한국을 배우려 한다는 점을 더 강조하려 했다.

루마니아 학자들은 부정하고 있지만, 서구학자들이 루마니아와

김일성 북한주석이
루마니아 니콜라스
차우세스쿠 대통령을
접견하는 모습.
차우세스쿠는 북한 방문 후
주체사상에 매료되어
루마니아에 이를
전파하려고 했다.

북한을 자주 비교하는 것은 실제 두 나라가 역사적 유사성을 많이 갖고 있기 때문이다. 과거 루마니아와 북한은 상당히 가까운 나라였다. 부쿠레시티 현지에서 확인한 바에 따르면 차우세스쿠 대통령은 한국전쟁 후 북한의 전쟁고아 50명을 데려다가 대학교육까지 시킨 뒤 70년대 북한으로 돌려보낸 일화가 있다.

이에 대해 김일성 주석은 늘 고맙게 생각했으며, 70년과 80년, 84년 세 차례에 걸쳐 루마니아를 공식 방문했다. 70년대 김일성 주석의 초청으로 북한을 방문한 차우세스쿠 대통령은 주체사상에 감동받아 루마니아에 북한의 사상과 제도를 옮겨오려 했다. 미국의 펜타곤보다 큰 세계 최대의 건물을 세우겠다는 야심으로 짓기 시작한 부쿠레시티의 인민궁전도 사실상 평양의 주석궁(금수산기념궁전)을 모방한 것이다.

그렇지만 89년 혁명후 루마니아 학자들은 북한과 자국이 비교되는 것 자체를 싫어하는 분위기다. 차우세스쿠 독재의 상처가 너무 깊게 각인됐기 때문일까.

그들의 주장은 대략 이렇다. 차우세스쿠 장기 독재과정에서 유럽의 빈국으로 전락했고, 대안세력도 형성되지 않아 파괴적인 체제이행과정을 겪었지만, 기본적으로 유럽 근대사회의 전통이 남아있던 나라인데다, 시민들 누구나 영국이나 미국의 방송을 청취할 수 있어 외부세계의 변화를 알고 있었다는 것.

반면 북한은 세계에서 가장 고립적인 국가인 점, 그리고 식민지·반봉건 사회에서 곧바로 공산국가가 됐기 때문에 시민세력이 형성되지 않은 점, 김일성주의가 국민의 전생활을 통제하는 종교로까지 발전한 점 등을 지적하면서 북한은 루마니아보다 훨씬 더 파국적인 체제이행의 길을 걸을 것이라고 전망했다.

이들의 육성을 직접 들어보자.

루마니아의 대표적 지성으로 꼽히는 실비우 브루칸 부쿠레시티대 명예교수는 필자와의 인터뷰(「문화일보」 96. 10. 30)에서 루마니아의 '북한따라배우기'의 결과와 북한 체제 변화의 전망에 대해 다음과 같이 말했다.

인터뷰 당시 80세였던 브루칸 교수는 2차대전 때 반나치운동에 참여했고, 공산정권 수립 후 주미 루마니아대사를 지낸 인물. 89년 공산체제 붕괴 직전 차우세스쿠를 비판하는 편지를 보낸 후 가택연금을 당했으나 민중봉기 후 풀려났다. 80년대에 북한도 방문한 바 있으며, 96년 한국을 방문하기도 했다. 인터뷰는 부쿠레시티 시내 외교클럽에서 이뤄졌다.

―차우세스쿠가 북한의 김일성 모델을 루마니아에 그대로 이식시키려 했다는 게 사실입니까?

"차우세스쿠가 70년대 북한을 방문한 뒤 김일성 모델에 감명받아 그것을 루마니아에 그대로 적용하려 한 것은 사실입니다. 과거 차우세스쿠 독재시절 우리는 북한체제를 배우려 했습니다. 그러나 내가 평양에 직접 가보니 북한은 루마니아보다 더 폐쇄적이고 강력한 독재정권이 존재하는 나라라는 것을 느꼈습니다."

- 차우세스쿠의 북한 따라배우기 정책은 어떤 결과를 낳았나요?

"차우세스쿠의 그런 계획은 결국 루마니아의 산업구조를 왜곡시켰고 대안세력의 성장을 막았습니다. 89년 혁명 이후 루마니아 국민들이 헝가리 등 동유럽 다른 국가의 국민들에 비해 더 어려움을 겪고 있는 것은 아무 준비가 없는 상태에서 갑작스럽게 폭발적으로 혁명이 일어난데 원인이 있습니다. 공산당 세력을 대체할 시민세력이 없었기 때문에 우리는 혁명 이후에도 여전히 집권하고 있는 공산세력의 독주를 방관할 수밖에 없었습니다."

- 북한에 루마니아와같은 민중봉기가 일어날 가능성이 있다고 보십니까?

"북한이 95, 96년과 같은 절망적인 기근상황 속에서도 외부에 알려질 만한 폭동이 한번도 일어나지 않은 것을 볼 때 북한에 당장 큰 변화가 나타날 가능성은 희박하다고 생각합니다. 그러나 일정 규모 이상의 폭동이 발생한다면 89년 루마니아보다 훨씬 더 파국적인 상태가 될 것입니다."

브루칸 교수의 지적처럼 70년대 차우세스쿠 대통령은 북한을 방문한 뒤 김일성 주석의 주체사상에 영향받아 북한식의 자급자족국가 건설을 시도했다. 80년대에는 탈종속국가 기치를 내걸고 생필품을 내다팔아 외채를 몽땅 갚기도 했다. 루마니아 민족의 위대성을 전세계에 알린다는 명목으로 부쿠레시티 시내 중심에 지상 최대의 건물인 인민궁전을 짓기 시작한 것도 평양의 도시계획에 감명받은 결과라고 한다.

차우세스쿠 대통령은 김일성 주석처럼 철저한 일인중심 정치체제를 확립했고, 김일성 주석이 아들인 김정일 비서를 후계자로 선정한 것처럼 자신의 부인과 아들, 가족을 정권 중심에 포진시켰다.

실비우 브루칸 교수

반공산세력은 철저하게 통제, 헝가리나 체코에서와 같은 시민세력이 성장할 가능성은 철저하게 봉쇄됐다.

이 때문에 89년 동유럽혁명의 와중에서 루마니아는 동유럽에서 가장 폭력적이고 파괴적인 체제이행과정을 치렀다. 체제이행 이후에는 대안세력 부재로 인해 개혁이 제대로 추진되지 않았다. 공산세력을 대체할 사회세력이 전혀 형성되어 있지 않은 상태에서 개혁개방체제로 들어섰기 때문에 정치의 주도권은 여전히 구 공산관료들이 잡고 있었고, 이들의 부정부패는 상상을 초월할 정도였기 때문이다.

루마니아 최고의 학자들이 모인 루마니아 아카데미 산하 사회연구소 라두 플로리안 소장(인터뷰 당시 69세)은 루마니아와 북한의 차이에 대해 집중적으로 설명했다. 그는 부쿠레시티대에 위치한 자신의 연구실에서 인터뷰(「문화일보」 96. 11. 5)에 응했다.

- 김정일 시대 북한을 어떻게 보십니까?
"김일성 사후 북한에서 일어나는 일련의 사건을 통해 북한 상황을 정확히 파악하기는 대단히 힘듭니다. 합리성과 일관성이 없기 때문입니다."
- 북한에서 루마니아형 민중봉기가 일어날 가능성이 있다고 보십

루마니아의
북한전문가
라두 플로리안
소장

니까?

"89년 루마니아에 일어났던 유혈적 민중봉기가 그대로 북한에서 발생할 것이라고는 보지 않습니다. 북한의 국민통제 정도는 루마니아보다 훨씬 높고, 북한에는 시민 조직도 거의 없기 때문입니다."

– 외국의 학자들은 루마니아와 북한을 자주 비교하는데, 이에 대해 소장님은 어떻게 생각하십니까?

"루마니아는 어디까지나 근대 유럽사회의 전통이 배어 있는 나라인 반면 북한은 봉건사회에서 곧바로 공산국가가 된 나라입니다. 공산독재 시절에도 루마니아 국민들은 영국의 **BBC** 방송이나 '미국의 소리' 방송을 들을 수 있었고, 외부의 변화를 느낄 수 있었습니다. 그러나 북한 사람들은 철저히 고립된 상태에서 살고 있습니다. 루마니아와 북한을 단순 비교하는 데에는 한계가 많습니다."

– 루마니아의 경험 가운데 한반도 통일에 도움이 될 만다고 생각하시는 게 있다면⋯⋯

"루마니아는 민주주의 경험이 전무한 상태에서 공산화한 나라입니다. 민주주의를 경험하지 않은 국민은 반민주적인 것에 대한 저항심을 가질 수 없습니다. 이 때문에 루마니아 국민들은 89년 혁명

이후 엄청난 혼란을 겪었습니다. 북한은 루마니아보다 더 나쁜 상태에서 공산화가 진행됐습니다. 엄청난 혼란을 피하기 위해서는 한국이 장기적인 안목에서 북한을 도와줘서 점진적인 변화를 추구해야 한다고 봅니다."

플로리안 소장 곁에서 말을 거들던 이 연구소의 미하일 바실 연구원도 "북한은 루마니아보다 훨씬 더 폐쇄적인 사회이기 때문에 종말 또한 더 파국적일 것"이라면서 "북한 스스로 개혁의 필요성을 느끼고 변화를 할 수 있도록 한국과 주변국가들이 북한을 도와야 한다"고 말했다.

북한이 파국적인 체제 붕괴의 과정을 거칠 경우 동북아의 안정 또한 깨지기 때문에 북한이 장기적인 연착륙의 길로 나갈 수 있도록 도와주는 게 최선의 방법이라는 게 그의 조언이었다.

북한이 개혁 개방을 하지 않고 체제존속을 꾀할 때 루마니아보다 훨씬 파국적인 종말을 맞게 될 가능성이 높다는 게 루마니아 학자들의 결론인 셈이다.

북한은 하루가 다르게 변화되고 있는 세상을 열린 눈으로 봐야 한다는 것, 북한은 하루 빨리 사상의 미몽에서 깨어나 남한의 존재를 직시하고 체제생존을 위한 현실적 방안을 모색해 나가야 한다는 게 루마니아 학자들이 북한 지도부에 던지는 충고다.

북한 전문가 서대숙 교수의 충고
"북한을 정상국가로 봐야 남북화해 가능하다"

　남북한을 동열에 놓고 연구해온 북한 전문가 서대숙 하와이대 교수가 99년 서울에 왔다.

　주체사상이 대학가를 휩쓸던 89년 서울대 정치학과 초청으로 북한정치론을 열강했던 그가 10년만에 서울을 찾은 것은 모교인 연세대에서 1년간 머물며 북한연구 30년을 결산하는 특강을 갖기 위해서다. 새로운 밀레니엄을 앞둔 시점에서 남북한이 화해하기 위해서는 분단 반세기간 왜곡된 남북의 정치문화를 바꿔야 한다는 것을 강조하기 위해서 마련된 특강이다.

　80년 서울의 봄 때 연세대에서 북한 특강을 하다 전두환 정부 출범 후 쫓기듯 서울을 떠나야 했지만, 99년의 상황은 다르다. 북한은 이미 사회과학적 연구의 대상으로 인식되기 시작했고, 몇몇 대학에서는 북한학과, 나아가 북한대학원까지 생겨날 정도이기 때문이다.

　80년대 민주와 정의편에 서서 싸웠던 젊은이들에게 서대숙 교수는 '운동권 학자'로 인식돼 있다. 물론 그는 운동권 교수가 아니다. 최루탄이 대학가를 점령했던 70~80년대 그는 조국에 있지 않았다. 운동권 학생들이 그에게 남다른 애정을 갖는 것은 흐릿한 복사본으로 대학가를 잠행했던 그의 영문 저작『한국공산주의 운동사』때문이다.

　우익인사들의 독립운동만을 독립운동이라고 배워왔던 젊은이들에게 서대숙 교수는 이 책에서 좌익, 나아가 공산주의자 독립운동가까지도 복권시켰다. 북한의 지도자 김일성에 대해서도 "그는 항일무장투쟁을 했던 진짜 김일성"이라는 사실을 명확하게 기술해 놓았다.

만주 일대의 항일무장투쟁사는 물론 김일성에 대한 연구 자체가 금기시됐던 80년대 초반 한국 상황에서 이 책이 갖는 위력은 어마어마했다. 이후 89년 번역된 그의 또 다른 저작 『북한의 지도자 김일성』(서주석 옮김, 청계연구소 간행)도 한국현대사에 관심있는 이들에게 많은 영향을 주었다. 금단의 영역인 김일성의 모든 것을 공식적인 학문연구의 세계로 끌어들인 게 바로 이 책이다.

이후 89년 그는 주체사상에 매혹을 느낀 서울대 학생들을 대상으로 전투하듯 '북한정치론'을 강의했고, 그 주체사상 바람이 잠잠해진 99년의 연세대 캠퍼스에서 20세기 남북한의 정치문화를 다시 강의한 것이다.

서대숙 교수는 필자와의 인터뷰(「문화일보」, 99. 3. 18)에서 "그간 보수인사들은 나를 좌파로, 진보인사들은 나를 우파로 보며 오해를 했지만, 중요한 것은 남북 현실을 있는 그대로 진지하게 보려는 자세"라고 강조하면서 "김대중 대통령의 대북 햇볕정책은 북한을 정상적인 국가로 보려는 노력부터 해야 한다"는 것을 화두로 북한 얘기를 시작했다.

- 89년 서울대에서 남북문제 특강을 하신 후 10년만에 오셨는데, 북한에 대한 인식이 어떻게 변화했다고 보십니까?

"89년 내가 서울에 와서 북한정치론을 처음 강의했을 때는 대학가에 주체사상이라는 광풍이 불 때였어요. 나는 이것이 학생 책임이라기보다 너무 강고한 반공사상 때문에 발생한 역작용이라고 봐요. 그것은 학생들이 공산주의가 좋아서 그런 것이 아니라 너무 강고한 반공주의 때문입니다. 그러나 이제는 북한학과도 생기고, 북한대학원도 생겼을 정도로 북한에 대한 인식이 보편화했습니다. 정

만주에서 태어난 서대숙 교수는 연세대 정치외교학과를 졸업한 뒤 미국으로 건너가 컬럼비아대학에서 박사학위를 받았고, 하와이대학 정치학과 교수로 활동하면서 북한연구에 투신한 학자다.

부에서도 북한 연구를 장려하고 있습니다. 북한을 이해하고 우리 동족이라는 인식을 회복해야 합니다."

- 북한을 정상적인 국가로 이해하는 게 쉽지 않은 것같은데, 어떤 대안이 있을까요?

"우리 민족에 대한 이해의 폭을 넓히고 비정치적인 분야에서 협력을 하면서 이해의 틀을 넓히는 활동이 필요해요. 함께 축구도 하고 농구도 하고 학술모임도 함께 하다보면 좋아질 수 있습니다."

- 북미간 금창리 협상이 타결돼 제2의 북핵위기가 고비를 넘기게 됐는데 어떻게 보십니까?

"북한과 미국의 외교적 입장이 아주 상반된 것인데, 이것이 외교적으로 문제 해결하는데 성공했다는 데 우선 의미가 있습니다. 결국 미국이 어떻게든지 화해할 수 있는 대상으로 보기 시작했다는 데 의미가 있다고 봅니다. 금창리 문제에 대해 북한은 주권사항이라고 보고, 미국이 이것을 보려면 대가를 지불하라는 기본입장을 견지했습니다.

반면 미국측은 제네바 핵합의에서 핵개발하지 않겠다고 해놓고 금창리 의혹시설을 또 만드니 볼 의무가 있다고 주장했습니다. 그러나 엄밀하게 보면 그것은 국제원자력기구가 해야 할 일입니다. 북한에는 핵시설뿐 아니라 여러가지 군사시설이 있는데, 그런 것을 만들 때 미국이 그 모든 것을 알려 하는 것은 주권침해적 요소가 있습니다. 미국은 금창리를 심각하게 본 것은 아니지만, 무엇이든 의심이 가는 것은 완전하게 보겠다는 오만함이 엿보이는 게 사실입니다.

- 금창리 합의는 김정일 국방위원장체제가 출범한 뒤 북미간의 첫 합의인만큼 김정일시대 북한외교의 향방을 가름하는 의미가 있다고 봅니다.

"북한의 외교정책이 김일성 시대와 김정일 시대에 차이가 있는 것으로 보는 사람이 많은데, 북한의 외교정책이 그렇게 큰 변화가 있는 것은 아닙니다. 우리나라에서처럼 김영삼, 김대중시대에 따라 달라지지 않습니다. 북한은 무엇이 갑자기 바뀌는 나라가 아닙니다. 김일성시대와 김정일시대가 다른 점은 그가 국가주석을 하지 않고 국방위원장으로서 나라를 다스린다는 점입니다.

외교정책이 바뀐 것은 아닙니다. 소련이 붕괴될 때부터 북한은 중·러 중심의 외교에서 미국과의 대화쪽으로 방향을 틀었습니다. 김일성이 카터 전대통령을 만난 뒤 김영삼 전대통령도 만나겠다고 했을 때부터 변했습니다. 북한은 자기들이 원하는 것을 미국이 안 해주는 것을 심각하게 생각하고 있습니다. 94년 기본합의서 때 북미간에 합의한 경제제재 완화, 관계정상화 등을 미국이 하지 않고 있으니 미국에게 시위하기 위해 미사일을 개발하고, 금창리 의혹시설도 만드는 것이라고 봅니다."

- 김대중 대통령이 제시한 한반도문제의 일괄타결론을 어떻게 보

시나요?

"한국이 일괄타결론을 제시한 것은 자신감이 있기 때문입니다. 북한이 원하는 것을 모두 줄 수 있다는 자신감에서 그런 제안을 할 수 있습니다. 반면 북한은 냉전의 고아입니다. 이쪽에서 하자는 것을 다 받아들이면 자신들의 존재 이유가 없어지고, 자신이 붕괴한다고 생각할 수밖에 없는 것이지요. 북한에서 할 수 있는 것은 하나하나 합의한 것부터 해결하자는 것입니다. 경제제재에서 평화조약에 이르기까지 모든 것을 한꺼번에 일괄타결하자는 것은 북한이 받아들이기는 힘든 제안이고, 그런 점에서 성공가능성은 적다고 봅니다."

- 한미 양국이 대북포괄접근법에 대해 의견을 같이하고 있는데, 이것이 북한과의 협상과정에서 성공을 거두기 어렵다는 얘기인가요?

"우리나라의 문제가 도박하는 사람처럼 한꺼번에 모든 것을 꺼내놓고 일괄 타결할 수 있는 게 아닙니다. 김대중 대통령이 말하는 탈냉전해법은 좋은 얘기인데, 그렇게 한꺼번에 풀리기는 쉽지 않을 겁니다. 우선 남북한 관계에 있어서 상대방의 문제가 뭐냐는 것을 먼저 생각해야 한다는 것입니다. 비지니스할 때 자신의 요구만 생각하지 않고 상대방의 요구를 생각해야 하듯 북쪽 사람들이 현재 필요로 하는 것을 충족시킬 필요가 있습니다. 아이들이 모두 굶어죽어가는데 일괄 타결이 무슨 말입니까. 탈냉전도 그래요, 냉전은 이미 끝났어요. 소련이 붕괴된 것과 동시에 냉전은 끝났어요. 남북간의 문제는 냉전 때문에 발생하는 것이 아니라 민족갈등에서 오는 것입니다."

- 남북한이 거듭나려면 한반도 냉전구조를 깨야 한다는 게 요즘 외교가의 화두로 대두된 것과 달리 박사님 말씀은 북한은 이미 냉전을 유지할 만한 힘이 없는 상황이고, 오히려 남한이 냉전의 구도

에 남아있다는 얘기인데……

"냉전은 이미 끝났기 때문에 남북간의 문제는 냉전 때문에 오는 게 아니라 민족간의 갈등에서 온다는 것입니다. 새 세계질서에 적응해야 하는 문제에 대해 우리가 어떻게 접근해야 하느냐는 게 더 문제입니다. 냉전을 해체시키려면 북한을 하나의 나라로써 인정하고 휴전선 이남북을 서로의 영토선으로 인정하는 자세가 필요합니다.

서로가 실지(失地)회복 사상을 버리지 않는 한 이런 갈등은 해소되지 않습니다. 우리나라 사람들이 탈냉전을 얘기하고 냉전체제를 붕괴시키자고 하는데, 거기에 가기 위해 먼저 필요한 것은 통일지상주의 사상을 버리는 것, 북한을 대화의 파트너로 받아들이고 북한이 우리 민족이라는 것을 받아들여야 합니다. 남북한의 위정자들이 서로의 나라를 다스리는데 급급하여 우리의 민족을 찾으려는 노력이 결여되어 있습니다."

– 북한연구를 하시다가 남북정치문화에 대해 관심을 갖게 된 동기는 무엇입니까?

"북한이 잘못하는 것을 얘기하고 남한에서도 잘못하는 것을 지적하고 싶습니다. 98년 남북이 공히 건국 50주년 행사를 하는데, 바깥세상에서 그것을 바라보니 가관이더라구요. 남북 양측 모두 성대하게 경축하는데, 남측이나 북측이나 경축할 게 변변하게 없잖아요. 지난 50년간 남북이 만들어놓은 정치문화라는 게 완전히 상반되고 또 계승할 만한 것이 별로 없다는 것이지요. 남한은 남한대로 독재로 얼룩진 정치이고, 북한은 북한대로 한 사람이 50년간 통치하다가 자기 아들에게 물려준 나라입니다. 봉건주의시대도 아닌데 그게 말이 됩니까.

특히 지난 9월 개정된 북한헌법에는 김일성을 사회주의 시조라고 기록했는데 말이 안됩니다. 이러한 정치문화에서는 남북이 화합이 안됩니다. 통일도 안됩니다. 말로는 북한이나 남한이나 모두 통일을 얘기하는데, 밑에 깔린 정치문화가 달라지지 않는 한 앞으로 25년이건 50년이건 우리 민족이 다 좋다고 할 수 있는 그런 문화를 만들어 그 문화를 바탕으로 자연히 민족이 화합하고 그것을 갖고 통일을 하자는 것입니다.

강제로 통일은 할 수 있지만, 그렇게 통일하면 1백년 지나도 이북의 김일성 만세 부르는 사람이 나옵니다. 미국의 경우 남북전쟁 끝난지 150년이 되어도 미시시피대학 학생들이 축구시합 하면 반드시 남쪽 깃발 갖고 나옵니다. 강제로 하면 그렇게 후유증이 있습니다."

- 그러면 대안이 있으세요?

"나는 대안이 많아요. 우선 한국이 베풀 수 있는 입장이니 북한에 우선 베풀어야 합니다. 둘째 한국이 이북체제를 따라가는 것이나 그 반대는 불가능합니다. 그에 앞서 서로 대사를 보내고, 헌법을 고치고, 수도를 따로따로 하도록 하고, 평화협정도 맺고 평화롭게 사는 법을 모색해야 합니다. 제일 빠른 방법은 평양에 한국문화원이 생기고 서울에도 북한문화원이 생기도록 하는 것입니다. 분단국가체제로 평화롭게 살아보자는 것입니다. 우리 민족이 화해를 하는 방법으로 가는 게 최선입니다. 지금 극동문제의 가장 심각한 지역이 한반도입니다. 삼천리 금수강산이 아니라 삼천리 폭탄강산으로 됐습니다. 이제 우리가 화해로 나가야 합니다."

- 김대중 대통령의 햇볕정책을 최대치로 해석하면 공존공영정책인데, 박사님 말씀은 햇볕정책을 솔직하게 끝까지 추진하자는 것이지요?

"그런데 북한 사람들에게 내가 아무리 햇볕정책을 좋게 얘기해도 잘 안믿어요. 그런데 이북 사람을 놀랄 만큼 잘해준 것은 정주영 현대 명예회장이예요. 그 사람에 대해서는 정말 고맙게 생각해요. 김대중 대통령은 햇볕정책을 얘기하는데, 김대중 정부의 구성을 보세요. 가장 보수적인 자민련과 연립정권이잖아요. 그러니 북한 사람들이 김대중 대통령의 햇볕정책을 신뢰하지 못하는 것입니다. 한쪽 가슴에는 비수를 품은 정책을 북한 사람들이 받아들이기 어렵지 않겠어요. 남북은 한 민족입니다. 서로 증오하고 불신하는 마음을 고쳐야 합니다."

– 북한에 대한 관점을 바꿔야 한다는 것입니까?

"그래요. 북한은 미우나 고우나 함께 살아가야 할 같은 민족입니다. 북한이 얘기하는 것을 귀담아듣고 진지하게 생각해야 합니다. 그리고 북한을 비정상적으로 보면 볼수록 남북 화해는 이뤄지기 어렵습니다. 그쪽 사람들도 어떻게해서든 어려움을 극복하려고 노력하는 사람들입니다. 그런 사람들을 비정상적으로 보는 관점부터 바꿔야 합니다. 솔직하게 말하면 한국은 너무 미국에 의존하고 있습니다. 그것을 고쳐야 합니다."

서대숙 교수는 지난 74년 북한땅을 밟은 이후 수차례 방북, 황장엽 전북한노동당비서 등 북한의 핵심권력층과 정책토론을 하면서 북한체제에 대해 사심없이 충고를 해온 전문가로 인정받았다.

이 때문에 그는 중앙정보부의 서슬이 퍼렇던 70년대 내내 국내에 입국할 수 없었고, 학계에서도 그의 저작이나 논문은 공식적으로 유통될 수 없었다. 다만 유신 직후인 75년 박정희 대통령이 그를 비밀리에 청와대로 초빙해 북한 동향에 대한 얘기를 청해 들었던 적이 있다고 서대숙 교수는 공개했다.

하지만 "김일성 주석 사망 후에는 한번도 북한에 가지 않았다"는 말로 김정일체제에 대한 비판적 견해를 드러낸 서대숙 교수는 "황장엽씨가 망명한 이유를 아직도 모르겠다"면서 "한국에 머무는 동안 황장엽씨를 한번 만나 망명 이후의 생각에 대해 듣고 싶다"며 이틀에 걸친 인터뷰를 끝냈다.

미래를 위한 북한의 전략을 찾아서

북한이 94년 7월 김일성 주석 사후 연속된 자연재해로 인해 극심한 체제위기 국면에 빠져있을 무렵, 미국에서는 북한논쟁이 벌어졌다.

미국의 외교전문지 『포린 어페어즈(*Foreign Affairs*)』(97년 3~4월호)는 북한의 조기붕괴 가능성을 전망한 니콜라스 에버스타트의 논문과 북한의 장기적 연착륙론을 주장한 세리그 해리슨의 논문을 나란히 게재, 북한의 붕괴문제가 동북아시아의 정세변화에 어떤 영향을 미칠 것인가에 대한 논쟁에 불을 붙였다.

에버스타트는 북한이 처한 상황을 볼 때 내부로부터 붕괴할 가능성이 높기 때문에 북한붕괴가 피할 수 없는 것이라면 조기 통일이 바람직하다는 의견을 제시했다. 시간과 비용을 투자해 북한을 연명시키는 연착륙정책을 쓰는 것은 경제적 부담만 가중시키기 때문에 조기통일이 오히려 경제적이라는 주장이다. 말하자면 경착륙론(crash landing)인 셈이다.

에버스타트의 이같은 주장은 97년 당시 우리 정부 당국자들의 정책판단에 상당한 영향을 미쳐 권오기 통일부총리 등은 공공연하게 "통일비용이 분단비용보다 낮다"는 주장을 펼쳤고, 국책연구원에서는 통일비용에 대한 세미나를 잇따라 개최하기도 했다.

물론 정부당국자들은 공식적으로 북한 붕괴에 대한 가능성에 대해 언급을 자제하는 분위기였지만, 94년 김일성 주석 사망후 정부 당국자들은 북한붕괴에 대한 가능성에 상당한 비중을 두고 있었다. 김영삼 대통령은 기회가 닿을 때마다 "북한은 언제 떨어질 지 모르는 고장난 비행기"라는 발언을 했다.

통일부 차관을 지낸 송영대 민족통일중앙협의회장은 「파이스턴 이코노믹 리뷰」(96. 10. 10)와의 인터뷰에서 "사회주의 정권이 붕괴할 때는 통상적으로 4개의 단계를 거치게 된다. 첫 단계가 경제적 황폐화이고, 이어서 정부기능의 마비, 사회주의 체제의 붕괴, 국가의 소멸이 뒤따르게 된다. 북한은 이제 첫 단계에 들어서고 있음이 틀림없다"고 확신있게 말한 것에서도 북한붕괴론적 사고를 읽을 수 있다.

통일부 산하 국책연구기관인 민족통일연구원은 「북한사회주의체제의 위기수준 평가 및 내구력 전망」(96. 12)이란 보고서에서 사회주의 국가의 체제위기 수준을 1~30까지로 나누는 수량화작업을 통해 "김일성 사후 북한의 위기수준은 17로 붕괴 직전의 소련(15), 체코슬로바키아(16), 루마니아(18) 등의 수준과 유사하다"고 밝혀 북한이 본격적인 붕괴로 가는 초기 국면으로 진입했음을 시사했다.

70년대 후반 지미 카터 미대통령 시절 백악관 안보보좌관을 지냈던 즈그비뉴 브레진스키가 사회주의권 붕괴 직전에 발간한 『대실패』(Great Failure)라는 저작에서 제시한 사회주의체제 붕괴지표를 수정보완해 만든 이 위기지표에 따르면, 북한은 체제위기의 임계점을 이미 통과했으며, 오는 2001~08년 경 체제변혁의 임계점을 통과할 것으로 전망했다. 말하자면 특별한 자구노력이 없는 한 10년 내에 북한은 체제붕괴를 맞게 될 것이라는 결론이었다.

반면 김일성 주석 살아 생전부터 북한을 방문하며 북한의 입장에서 북한의 문제를 파악하려고 노력해온 해리슨은 "북한은 예견할 수 있는 장래에 붕괴할 가능성이 없다"면서 "우선 북한이 필요로 하는 식량을 지원하여 장기적으로 북한을 연착륙시키는 정책을 추진해야 한다"고 주장했다.

여기서 해리슨이 말하는 연착륙론은 주변국가들이 북한의 붕괴를 방조할 것이 아니라 파국에 처한 북한의 경제 및 농업을 지원, 회생시킴으로써 북한을 장기적인 변화의 길로 이끌어야 한다는 전략이다.

따라서 미국 국무부 당국자들이 생각하는 연착륙론과는 뉘앙스 차이가 있다. 미국무부에서 97년 당시 논의됐던 연착륙론은 어떻든 북한을 덜 고통스럽게 안락사시킨다는 것으로, 장기적인 변화를 통한 안정적 체제이행에 초점이 맞춰진 연착륙론과는 다르다.

미국의 이같은 논쟁은 북한의 위기가 극에 달했던 시점에서 나왔던 것이라는 점에서 일정한 한계를 지닌다. 북한은 김일성 주석 사후 지속된 위기의 시절을 이겨낸 뒤 98년 9월 김정일 국방위원장 체제를 출범시켰다. 군사과학기술의 집적물인 인공위성을 쏘아올릴 정도로 체제 자신감도 회복했다. 최고인민회의 10기 대의원을 새롭게 선출했고, 헌법을 개정했으며, 농업법, 무역법, 인민경제계획법도 새롭게 만들었다. 94년 김일성 주석 사후 비정상적으로 운영됐던 국가는 99년 3월 최고인민회의에서 99년 예산안을 통과시킬 만큼 국가기능은 정상화됐다.

정치적으로는 상당한 안정 국면에 접어들었지만, 북한의 식량은 매년 1백만 톤 가량 외부에서 지원을 받아야할 정도로 부족하다. 경제는 90년 이래 연속적인 마이너스 성장으로 인해 거의 붕괴상태이며, 공장가동율도 여전히 20~30%대에 머물고 있다. 획기적인 경제개혁정책이 제시되지 않는 한 빈사의 위기에 놓인 경제에 새살이 돋기는 어려울 것이라는 게 전문가들의 분석이다.

지구촌이 무한경쟁의 시대로 접어든 세기말의 시점에서 북한의 미래는 과연 있는 것일까. 과연 북한이 생존해나갈 수 있는 전략은 무엇일까.

미국 클린턴 1기 행정부의 초대 국방장관을 지낸 윌리엄 페리 대북조정관은 99년 발간한 저작『예방적 방위(*Preventive Defense : A New Security Strategy For America*)』의 에필로그(219쪽)에서 김정일 국방위원장 체제하의 북한이 나아갈 길에 대해 다음 세 가지로 전망하면서, 이 가운데 어느 것이 북한에서 현실화할지는 아직 예단할 수 없다고 밝혔다.

김일성 사후 가속화하는 북한의 기아와 영양실조가 실제 어떤 상태인지는 외부세계에 잘 알려져 있지 않다. 그러나 그와 같은 기아와 영양실조가 아주 전면화되어 있으며, 비극적이라는 것은 분명한 일이다. 이같은 실패에 대해 북한당국은 다음과 같은 몇가지 형태의 대응을 취할 가능성이 있다.

첫째, 김정일이 중국의 덩 샤오핑, 소련의 미하일 고르바초프와 같이 북한을 개방할 가능성이 있다.

둘째, 철통같은 감시와 통제에도 불구하고 루마니아에서처럼 쿠데타나 폭동이 일어날 수 있다. 이럴 경우 김정일의 운명은 그의 아버지 친구인 니콜라스 차우세스쿠처럼 될 것이다.

셋째, 김정일이 아무런 변화를 시도하지 않고 수년간 자신의 이데올로기를 완고하게 유지해나갈 가능성도 있다. 이 경우 김정일은 광란적인 정치 프로파갠다로 주민들을 철저하게 통제할 것이고, 주민들의 생존은 외부에서 원조하는 식량 등에 의해 어렵게 유지될 것이다.

페리 조정관이 세 가지 전망 가운데 가장 바람직하고 건설적인 것이라고 지적한 것은 물론 중국이나 소련처럼 김정일 국방위원장이 개혁개방을 해야 한다는 첫번째 안이다. 그렇지 않을 경우 김정일체제는 잠정적으로 몇 년 더 유지될 수 있더라도 그 귀결은 루마니아의 독재자 차우세스쿠처럼 비극적일 것이라는 암시가 깔려 있다.

워싱턴 소재 국제경제연구소의 마커스 롤란드 연구위원도 페리 조정관처럼 "개혁개방은 북한이 택할 수 있는 유일한 생존법"이라고 주장한다.

그는 97년 봄 워싱턴 정가에서 북한붕괴논쟁이 일 때「북한이 그럭저럭 연명할 수 있는 이유(Why North Korea Will Muddle Through)」라는 글을『포린 어페어즈(*Foreign Affairs*)』1997년 7~8월호에 발표, "북한은 80년대 루마니아의 차우세스쿠가 걸었던 것처럼 정치경제적 개혁조치없이 그럭저럭 연명하는 길을 택할 가능성이 높다"고 전망했던 인물이다.

당시 그는 북한 지도부가 택할 수 있는 방안으로, 첫째 정권이 위협받을 수 있다는 점을 알면서도 경제회복을 위해 획기적인 경제개혁을 하는 것, 둘째 체제붕괴의 위협을 무릅쓰고 그대로 버텨내기를 시도하는 것, 셋째 상황에 따라 임시적인 조정으로 그럭저럭 연명하는 길 등 세 가지를 제시했다. 앞서 페리 조정관이 예견한 북한의 세 가지 방안과 아주 흡사하다.

이 가운데 북한은 개혁조치를 추진할 의지와 역량이 없고, 중국과 일본 등 주변국가는 한반도 내에서 자본주의화하고 핵무장한 통일국가가 등장하는 것을 원하지 않기 때문에 북한은 외부로부터의 지원에 힘입어 그럭저럭 연명하는 세 번째 길을 택할 것이라고 예측했었다.

그러나『포린 어페어즈』기고 이후 2년만에 롤란드는 미국의 자유아시아방송(RFA, 99. 1. 29)과의 회견을 통해 개혁개방은 북한을 살릴 수 있는 유일한 길이라고 역설했다.

여기에는 80년대 루마니아 차우세스쿠처럼 그럭저럭 생존해나가는 것은 장기적인 국가전략이 될 수 없다는 것, 그리고 김정일 국방위원장 체제가 출범한 만큼 북한은 적극적으로 개혁개방 노선을 취해야 한다는 그의 충고가 담겨 있다.

롤란드는 이 방송 인터뷰에서 "북한이 개혁 개방정책으로 전환, 국내총생산의 25%를 국방에 쏟아붇고 있는 군수부문에 대한 일대 개혁을 취하고 자유무역국으로 탈바꿈할 경우 국내총생산(GDP)을 현재보다 최고 78%까지 늘릴 수 있고, 군사부문 재편으로 인한 시너지효과가 막대할 것"이라면서 북한이 획기적인 경제개혁정책을 세우고 노동력을 효율적으로 배치할 경우 경제재건 방안을 마련, 생존의 길을 찾아나갈 수 있을 것이라고 예측했다.

강인덕 통일부장관은 이화여대 정보과학대학원 여성지도력개발센터 특강(99. 4. 19)에서 "북한체제는 그대로 유지될 경우는 붕괴 외에 다른 방안이 없기 때문에 변화해야 한다"고 강조했다. 그는 또 "북한은 정치적 개혁없이 경제적인 부분개방만을 통해 체제생존을 모색하려고 하지만, 중국이나 베트남의 사례에서 보듯 정치개혁없는 경제개방은 의미가 없다"면서 북한의 미래를 위해서는 개혁과 개방이 동시 수행되어야 한다고 역설했다.

한미 양국의 전문가들은 이렇듯 북한의 개혁 개방만이 북한의 미래를 보장할 것이라는 견해를 피력하고 있지만, 김일성 주석 사후 북한이 걸어온 길을 되돌아보면 북한에서 개혁개방이 얼마나 힘든 것인가를 짐작할 수 있다.

북한은 김일성 주석 사후 5년간 실효성있는 경제정책 하나 제시하지 않은 채 외부의 지원으로 식량부족분을 채우며 그럭저럭 견뎌왔다. 이것은 김정일 국방위원장 체제가 출범한 98년 10월 이후에도 마찬가지다. 북한 개혁개방의 단초로 여겨졌던 나진선봉자유무역지대는 북한 당국의 정책의지 결여로 인해 사실상 실패로 귀결되고 있는 게 현실이다.

하지만 희망이 없는 것은 아니다. 김정일 국방위원장 출범후 북한은 개혁개방이라는 용어에 대해 알레르기적 반응을 보이면서도 '현대화' '과학화' 라는 용어를 쓰며 경제와 농업부문의 쇄신을 이루려는 시도를 보이고 있다. 북한이 자본주의 학습을 위해 외국으로 관리들을 파견하고 있는 점, 98년 6월 정주영 현대 명예회장의 판문점을 통한 방북을 계기로 현대측에게 금강산관광 및 개발사업을 허용,

남북경협이 활성화되고 있는 점 등은 북한의 미래에 대해 낙관을 갖게 하는 점들이다.

그러나 현대의 금강산관광 이외에 금강산 개발사업, 서해공단 조성사업이 예상외로 제대로 진척되지 않고 있는 것은 이 사업에 대한 북한 내부의 반발, 즉 개방파와 수구파와의 갈등이 여전히 상존하고 있다는 것을 드러내주는 것이기도 하다.

따라서 북한의 미래는 김일성 주석 사후 5년여간의 관행처럼 유지해온 '땜질식' 정책을 그대로 유지하며 그럭저럭 지낼 것이냐, 아니면 중국이나 베트남처럼 당이 전면에 나서서 적극적인 개혁개방을 취할 것이냐에 따라 결정될 것으로 보인다.

북한은 비록 99년 3월 최고인민회의 10기 2차회의에서도 체제생존을 위한 국가경제전략을 제시하지 못했지만, 전체적 방향은 장기적으로 개혁 개방으로 나갈 수밖에 없을 것이라는 게 국내외 학자들의 공통적인 지적이다.

이렇게 볼 때 세기말의 시점에서 새로운 2천년을 맞기 위한 북한의 국가전략은 개혁개방에 대한 의구심을 씻어버리는 것, 그리고 북한에서 가장 훈련된 조직인 군을 기본으로 경제재건 전략을 세우는데서 시작되어야 할 것이다. 또 남한에 대한 정치적 경계심을 풀고 적극적인 경협을 통해 상생의 길로 나가려는 유연한 정책 마인드로 전환해야 할 것이다.

북한이 이같은 방향전환을 이룰 수 있는 외적 조건은 어느 때보다 유리하다. 김대중 정부의 대북정책이 김영삼 정부 때처럼 우왕좌왕하지 않고 일관되게 추진되고 있다는 점, 그리고 국내의 반발과 돌출되는 시련 속에서도 북한을 함께 대화하고 생존해나가야 할 파트너로 삼고 있다는 점, 남북한의 문제를 한반도 문제의 포괄적 접근법을 통해 해결하려 한다는 점에서 북한으로서는 자기 변신을 이룰 수 있는 유리한 조건이 된다.

이와 관련해 빌 클린턴 미국 대통령이 98년 11월 21일 방한, 청와대 기자회견에서 밝힌 내용은 향후 북한의 선택과 관련해 시사하는 바가 크다.

어제 도착해서 호텔방에서 TV를 보니 북한으로 가는 금강산유람선이 보였다. 대단한 광경이었다. 그리고 아주 아름다운 장면이었다. 그 사건이 우리에게 주는 것은 무엇인가. 북한이 앞으로 더이상 위협적인 존재가 아닐 수 있다는 것이다. 김대중 대통령이 취한 (대북햇볕) 정책 덕분에 북한에 역사적인 기회가 왔다. 우리는 김대통령의 정책을 적극적으로 지지하며 이 정책이 실패해서는 안된다고 생각한다. 우리는 이같은 뜻이 북한에 전해지길 기대하며 금강산 관광을 통해 그 가능성이 높아지길 기대한다.

또한 윌리엄 페리 미국 대북조정관의 99년 5월 방북에서도 확인됐듯이 미국도 북한이 변화를 보일 경우 대북경제제재를 해제하고 북한을 정식 대화 상대국으로 인정하는 북미수교까지 이뤄내려는 구상을 갖고 있다.

북한이 국가생존의 전략을 세운다면 남쪽 자본과 기술을 끌어들임으로써 경제를 회생시키는 것부터 고려해야 한다. 남쪽의 자본과 기술이 들어가고 해빙 무드가 이뤄지면 북미관계 및 북일관계 정상화도 진척될 것이다. 특히 북일 수교과정에서는 경제재건을 위한 목돈도 받아낼 수 있다. 경제전문가들은 1965년 한국정부가 일본과 수교하면서 받은 배상금을 요즘의 경제규모와 환율로 따지면 약 120억 달러가 될 것으로 추산한다. 북한의 1년 예산보다 많은 거액이다.

김대중 정부의 대북햇볕정책은 남한에 대한 국제적 신뢰감을 넓혀 남한 자신에게도 유리한 전략이지만, 클린턴 미국 대통령이 언급한 것처럼 북한이 체제생존을 위한 방향전환을 하는 데도 천재일우의 기회가 될 수도 있다. 북한이 이 시점에서 개혁과 개방을 통한 미래 전략을 세워야 하는 이유가 바로 여기에 있다.

조선민주주의인민공화국 사회주의 헌법

(1998. 9. 5 개정)

서 문

조선민주주의인민공화국은 위대한 수령 김일성 동지의 사상과 영도를 구현한 불패의 사회주의 조국이다.

위대한 수령 김일성 동지는 조선민주주의인민공화국의 창건자이시며 사회주의 시조이시다. 김일성 동지께서는 영생불멸의 주체사상을 창시하시고 그 기치 밑에 항일혁명투쟁을 조직 영도하시어 영광스러운 혁명전통을 마련하시고 조국광복의 역사적 위업을 이룩하셨으며 정치 경제 문화 군사분야에서 자주독립 국가건설의 튼튼한 토대를 닦은데 기초하여 조선민주주의인민공화국을 창건하시었다.

김일성 동지께서는 주체적인 혁명노선을 내놓으시고 여러 단계의 사회혁명과 건설사업을 현명하게 영도하시어 공화국을 인민대중 중심의 사회주의 나라로 자주 자립 자위의 사회주의 국가로 강화 발전시키시었다.

김일성 동지께서는 국가건설과 국가활동의 근본원칙을 밝히시고 가장 우월한 국가사회제도와 정치방식, 사회관리체계와 관리방법을 확립하시었으며 사회주의 조국의 부강번영과 주체혁명 위업의 계승완성을 위한 확고한 토대를 마련하시었다.

김일성 동지께서는 이민위천을 좌우명으로 삼으시어 언제나 인민들과 함께 계시고 인민을 위하여 한평생을 바치시었으며 숭고한 인덕정치로 인민들을 보살피시고 이끄시어 온사회의 일심단결된 하나의 대가정으로 전변시키시었다.

위대한 수령 김일성 동지는 민족의 태양이시며 조국통일의 구성이시다.

김일성 동지께서는 나라의 통일을 민족지상의 과업으로 내세우시고 그 실현을 위하여 온갖 노고와 심혈을 다 바치시었다.

김일성 동지께서는 공화국을 조국통일의 강위력한 보루로 다지시는 한편 조국통일의 근본원칙과 방도를 제시하시고 조국통일운동을 전민족적인 운동으로 발전시키시어 온민족의 단합된 힘으로 조국통일 위업을 성취하기 위한 길을 열어놓으시었다.

위대한 수령 김일성 동지께서는 조선민주주의인민공화국의 대외정책의 기본이념을 밝히시고 그에 기초하여 나라의 대외관계를 확대발전시키시었으며 공화국의 국제적 권위를 높이 떨치게 하시었다.

김일성 동지는 세계 정치원로로서 자주의 새시대를 개척하시고 사회주의운동과 블럭불가담운동의 강화발전을 위하여 세계의 평화와 인민들 사이의 친선을 위하여 정력적으로 활동하시었으며 인류의 자주위업에 불멸의 공헌을 하시었다

김일성 동지는 사상이론과 영도예술의 천재이시고 백전백승의 강철의 영장이시었으며 위대한 혁명가, 정치가이시고 위대한 인간이시었다.

김일성 동지의 위대한 사상과 영도업적은 조선혁명의 만년재보이며 조선민주주의인민공화국의 융성번영을 위한 기본담보이다.

조선민주주의인민공화국과 조선인민은 조선로동당의 영도 밑에 위대한 수령 김일성 동지를 공화국의 영원한 주석으로 높이 모시며 김일성 동지의 사상과 업적을 옹호고수하고 계승발전시켜 주체혁명 위업을 끝까지 완성하여 나갈 것이다.

조선민주주의인민공화국 사회주의 헌법은 위대한 수령 김일성 동지의 주체적인 국가건설 사상과 국가건설 업적을 법화한 김일성헌법이다.

제1장 정 치

제1조   조선민주주의인민공화국은 전체 조선인민의 이익을 대표하는 자주적인 사회주의 국가이다.

제2조   조선민주주의인민공화국은 제국주의 침략자들을 반대하며 조국의 광복과 인민의 자유와 행복을 실현하기 위한 영광스러운 혁명투쟁에서 이룩한 빛나는 전통을 이어받은 혁명적인 국가이다.

제3조   조선민주주의인민공화국의 주권은 노동자, 농민, 근로인테리와 모든 근로인민에게 있다.

조선민주주의인민공화국의 주권은 노동자, 농민, 근로인테리와 모든 근로인민에게 있다.
근로인민은 자기의 대표기관인 최고인민회의와 지방 각급 인민회의를 통하여 주권을 행사한다.

제5조   조선민주주의인민공화국에서 모든 국가기관들은 민주주의 중앙집권제 원칙에 의하여 조직되고 운영된다.

제6조   군인민회의로부터 최고인민회의에 이르기까지의 각급 주권기관은 일반적, 평등적, 직접적 원칙에 의하여 비밀투표로 선거한다.

제7조   각급 주권기관의 대의원은 선거자들과 밀접한 연계를 가지며 자기 사업에 대하여 선거자들 앞에 책임진다.
선거자들은 자기가 선거한 대의원이 신임을 잃은 경우에 언제든지 소환할 수 있다.

제8조   조선민주주의인민공화국의 사회제도는 근로인민대중이 모든 것의 주인으로 되고 있으며, 사회의 모든 것이 근로인민대중을 위하여 복무하는 사람 중심의 사회제도이다.

국가는 착취와 압박에서 해방되어 국가와 사회의 주인으로 된 노동자, 농민, 근로인테리와 모든 근로인민의 리익을 옹호하며 보호한다.

제9조 조선민주주의인민공화국은 북반부에서 인민정권을 강화하고 사상, 기술, 문화의 3대혁명을 힘있게 벌여 사회주의의 완전한 승리를 이룩하며 자주, 평화통일, 민족대단결의 원칙에서 조국통일을 실현하기 위하여 투쟁한다.

제10조 조선민주주의인민공화국은 노동계급이 영도하는 노농동맹에 기초한 전체 인민의 정치 사상적 통일에 의거한다.
국가는 사상혁명을 강화하여 사회의 모든 성원들을 혁명화 노동계급화하며 온 사회를 정치적으로 단합된 하나의 집단으로 만든다.

제11조 조선민주주의인민공화국은 조선로동당의 영도 밑에 모든 활동을 진행한다.

제12조 국가는 계급노선을 견지하며 인민민주주의 독재를 강화하여 내외 적대분자들의 파괴책동으로부터 인민주권과 사회주의제도를 굳건히 보위한다.

제13조 국가는 군중노선을 구현하여 모든 사업에서 우가 아래를 도와주고 대중속에 들어가 문제해결의 방도를 찾으며 정치사업 사람과의 사업을 앞세워 대중의 자각적 열성을 불러일으키는 청산리정신 청산리방법을 관철한다.

제14조 국가는 3대 혁명붉은기운동을 비롯한 대중운동을 힘있게 벌여 사회주의 건설을 최대한으로 다그친다.

제15조 조선민주주의인민공화국은 해외에 있는 조선동포들의 민주주의적 민족권리와 국제법에서 공인된 합법적 권리와 이익을 옹호한다.

제16조 조선민주주의인민공화국은 자기 영역안에 있는 다른 나라 사

람의 합법적 권리와 이익을 보장한다.

제17조 자주, 평화, 친선은 조선민주주의인민공화국의 대외정책의 기
본이념이며 대외활동 원칙이다.

국가는 우리나라를 우호적으로 대하는 모든 나라들과 완전한
평등과 자주성, 호상존중과 내정불간섭, 호혜와 원칙에서 국가
적 또는 정치 경제 문화적 관계를 맺는다.

국가는 자주성을 옹호하는 세계인민들과 단결하여 온갖 형태
의 침략과 내정간섭을 반대하고 나라의 자주권과 민족적 계급
적 해방을 실현하기 위한 모든 나라 인민들의 투쟁을 적극 지
지성원한다.

제18조 조선민주주의인민공화국의 법은 근로인민의 의사와 이익의 반
영이며 국가관리의 기본무기이다.

법에 대한 존중과 엄격한 준수집행은 모든 기관 기업소 단체
와 공민에게 있어서 의무적이다.

국가는 사회주의 법률제도를 완비하고 사회주의 법무생활을
강화한다.

제2장 경 제

제19조 조선민주주의인민공화국은 사회주의적 생산관계와 자립적 민
족경제의 토대에 의거한다.

제20조 조선민주주의인민공화국에서 생산수단은 국가와 사회협동단체
가 소유한다.

제21조 국가소유는 전체 인민의 소유이다.

국가소유권의 대상에는 제한이 없다.

나라의 모든 자연부원, 철도, 항공, 운수, 체신수단과 중요 공
장, 기업소, 항만, 은행은 국가만이 소유한다.

국가는 나라의 경제발전에서 주도적 역할을 하는 국가소유를 우선적으로 보호하며 장성시킨다.

제22조 사회협동단체의 소유는 해당 단체에 들어 있는 근로자들의 집단적 소유이다.

토지, 농기계, 배, 중소 공장, 기업소같은 것은 사회협동단체가 소유할 수 있다.

국가는 사회협동단체 소유를 보호한다.

제23조 국가는 농민들의 사상의식과 기술문화 수준을 높이고 협동적 소유에 대한 전인민적 소유의 지도적 역할을 높이는 방향에서 두 소유를 유기적으로 결합시키며 협동경리에 대한 지도와 관리를 개선하여 사회주의적 협동경리제도를 공고발전시키며 협동단체에 들어있는 전체 성원들의 자원적 의사에 따라 협동단체 소유를 점차 전인민적 소유로 전환시킨다.

제24조 개인소유는 공민들의 개인적이며 소비적인 목적을 위한 소유이다.

개인소유는 노동에 의한 사회주의 분배와 국가와 사회의 추가적 혜택으로 이루어진다.

터밭경리를 비롯한 개인부업경리에서 나오는 생산물과 그밖에 합법적인 경리활동을 통하여 얻은 수입도 개인소유에 속한다.

국가는 개인소유를 보호하며 그에 대한 상속권을 법적으로 보장한다.

제25조 조선민주주의인민공화국은 인민들의 물질문화 생활을 끊임없이 높이는 것을 자기 활동의 최고 원칙으로 삼는다.

세금이 없어진 우리나라에서 늘어나는 사회의 물질적 부는 전적으로 근로자들의 복리증진에 돌려진다.

국가는 모든 근로자들에게 먹고 입고 쓰고 살 수 있는 온갖 조건을 마련하여 준다.

제 26 조 조선민주주의인민공화국에 마련된 자립적 민족경제는 우리 인
민의 행복한 사회주의 생활과 조국의 융성번영을 위한 튼튼한
밑천이다.

국가는 사회주의 자립적 민족경제 건설노선을 틀어쥐고 인민
경제의 주체화 현대화 과학화를 다그쳐 인민경제를 고도로 발
전된 주체적인 경제로 만들며 완전한 사회주의 사회에 맞는
물질 기술적 토대를 쌓기 위하여 투쟁한다.

제 27 조 기술혁명은 사회주의 경제를 발전시키기 위한 기본고리이다.

국가는 언제나 기술발전문제를 첫 자리에 놓고 모든 경제활동
을 진행하며 과학 기술발전과 인민경제 기술개조를 다그치고
대중적 기술혁신운동을 힘있게 벌여 근로자들을 어렵고 힘든
노동에서 해방하며 육체노동과 정신노동의 차이를 줄여나간다.

제 28 조 국가는 도시와 농촌의 차이, 노동계급과 농민의 계급적 차이
를 없애기 위하여 농촌기술혁명을 다그쳐 농업을 공업화 현대
화하며 군의 역할을 높이고 농촌에 대한 지도와 방조를 강화
한다.

국가는 협동농장의 생산기술과 농촌문화주택을 국가부담으로
건설하여 준다.

제 29 조 사회주의 공산주의는 근로대중의 창조적 노동에 의하여 건설
된다.

조선민주주의인민공화국에서의 노동은 착취와 압박에서 해방
된 근로자들의 자주적이며 창조적인 노동이다. 국가는 실업을
모르는 우리 근로자들의 노동이 보다 즐거운 것으로 사회와
집단과 자신을 위하여 자각적 열성과 창발성을 내어 일하는
보람찬 것으로 되게 한다.

제 30 조 근로자들의 하루 노동시간은 8시간이다. 국가는 노동의 힘든
정도와 특수한 조건에 따라 하루 노동시간을 이보다 짧게 정

한다.

국가는 노동조직을 잘하고 노동규율을 강화하여 노동시간을
완전히 이용하도록 한다.

제31조　조선민주주의인민공화국에서 공민이 노동하는 나이는 16살부
터이다.

국가는 노동하는 나이에 이르지 못한 소년들의 노동을 금지
한다.

제32조　국가는 사회주의 경제에 대한 지도와 관리에서 정치적 지도와
경제기술적 지도, 국가의 통일적 지도와 매개단위의 창발성,
유일적 지위와 민주주의, 정치 도덕적 자극과 물질적 자극을
옳게 결합시키는 원칙을 확고히 견지한다.

제33조　국가는 생산자 대중의 집체적 힘에 의거하여 경제를 과학적으
로 합리적으로 관리운영하는 사회주의 경제관리형태인 대안의
사업체계와 농촌경리를 기업적 방법으로 지도하는 농민지도
체계에 의하여 경제를 지도관리한다.

국가는 경제관리에서 대안의 사업체계의 요구에 맞게 독립채
산제를 실시하며 원가 가격 수입성같은 경제적 공간을 옳게
이용하도록 한다.

제34조　조선민주주의인민공화국의 인민경제는 계획경제이다.

국가는 사회주의 경제발전 법칙에 따라 축적과 소비의 균형을
옳게 잡으며 경제건설을 다그치고 인민생활을 끊임없이 높이
며 국방력을 강화할 수 있도록 인민경제발전계획을 세우고 실
행한다.

국가는 계획의 일원화, 세부화를 실현하여 생산 장성의 높은
속도와 인민경제의 혁명적 발전을 보장한다.

제35조　조선민주주의인민공화국은 인민경제발전계획에 따르는 국가예
산을 편성하여 집행한다.

국가는 모든 부문에서 증산과 절약투쟁을 강화하고 재정통제를 엄격히 실시하여 국가축적을 체계적으로 늘이며 사회주의적 소유를 확대 발전시킨다.

제36조 조선민주주의인민공화국에서 대외무역은 국가 또는 사회협동단체가 한다.

제37조 국가는 우리나라 기관, 기업소, 단체와 다른 나라 법인 또는 개인들과의 기업 합영과 합작, 특수경제지대에서의 여러가지 기업창설운동을 장려한다.

제38조 국가는 자립적 민족경제를 보호하기 위하여 관세정책을 실시한다.

제3장 문 화

제39조 조선민주주의인민공화국에서 개화발전하고 있는 사회주의적 문화는 근로자들의 창조적 능력을 높이며 건전한 문화정서적 수요를 충족시키는데 이바지한다.

제40조 조선민주주의인민공화국은 문화혁명을 철저히 수행하여 모든 사람들을 자연과 사회에 대한 깊은 지식과 높은 문화예술 수준을 가진 사회주의 공산주의 건설자로 만들며 온 사회를 인테리화한다.

제41조 조선민주주의인민공화국은 사회주의 근로자들을 위하여 복무하는 참다운 인민적이며 혁명적인 문화를 건설한다.
국가는 사회주의적 민족문화건설에서 제국주의의 문화적 침투와 복고주의적 경향에 반대하여 민족문화유산을 보호하고 사회주의 현실에 맞게 계승 발전시킨다.

제42조 국가는 모든 분야에서 낡은 사회의 생활양식을 없애고 새로운 사회주의적 생활양식을 전면적으로 확립한다.

제43조 국가는 사회주의 교육학의 원리를 구현하여 후대들의 사회와 인민을 위하여 투쟁하는 견결한 혁명가로, 지·덕·체를 갖춘 공산주의적 새 인간으로 키운다.

제44조 국가는 인문교육사업과 민족간부양성사업을 다른 모든 사업에 앞세우며 일반교육과 기술교육, 교육과 생산노동을 밀접히 결합시킨다.

제45조 국가는 1년 동안의 학교전 의무교육을 포함한 전반적 11년제 의무교육을 현대 과학기술 발전추세와 사회주의 건설의 현대적 요구에 맞게 높은 수준에서 발전시킨다.

제46조 국가는 학업을 전문으로 하는 교육체계와 일하면서 공부하는 여러가지 형태의 교육체계를 발전시키며 기술교육과 사회과학, 기초과학교육의 과학이론 수준을 높여 유능한 기술자, 전문가들을 키워낸다.

제47조 국가는 모든 학생들을 무료로 공부시키며 대학과 전문학교 학생들에게는 장학금을 준다.

제48조 국가는 사회교육을 강화하며 모든 근로자들이 학습할 수 있는 온갖 조건을 보장한다.

제49조 국가는 학령전 어린이들을 탁아소와 유치원에서 국가와 사회의 부담으로 키워준다.

제50조 국가는 과학연구사업에서 주체를 세우며 선진과학 기술을 적극 받아들이고 새로운 과학기술분야를 개척하여 나라의 과학기술을 세계적 수준에 올려세운다.

제51조 국가는 과학기술발전계획을 바로세우고 철저히 수행하는 규율을 세우며 과학자 기술자들과 생산자들의 창조적 협조를 강화하도록 한다.

제52조 국가는 민족적 형식의 사회주의적 내용을 담은 주체적이며 혁명적인 문학예술을 발전시킨다.

국가는 창작가 예술인들이 사상예술성이 높은 작품을 많이 창
작하며 광범한 대중이 문예활동에 널리 참가하도록 한다.

제53조 국가는 정신적으로 육체적으로 끊임없이 발전하려는 사람들의
요구에 맞게 현대적인 문화시설들을 충분히 갖추어주어 모든
근로자들이 사회주의적 문화정서생활을 마음껏 누리도록 한다.

제54조 국가는 우리말을 온갖 형태의 민족어 말살정책으로부터 지켜
내며 그것을 현대의 요구에 맞게 발전시킨다.

제55조 국가는 체육을 대중화 생활화하여 전체 인민을 노동과 국방에
튼튼히 준비시키며 우리나라 실정과 현대체육 기술발전 추세
에 맞게 체육기술을 발전시킨다.

제56조 국가는 전반적 무상치료제를 공고발전시키며 의사담당구역제
와 예방의학제도를 강화하여 사람들의 생명을 보호하며 근로
자들의 건강을 증진시킨다.

제57조 국가는 생산에 앞서 환경보호대책을 세우며 자연환경을 보존,
조성하고 환경오염을 방지하여 인민들에게 문화위생적인 생활
환경과 로동조건을 마련하여 준다.

제4장 국 방

제58조 조선민주주의인민공화국은 전인민적, 전국가적 방위체계에 의
거한다.

제59조 조선민주주의인민공화국 무장력의 사명은 근로인민의 리익을
옹호하며 외래 침략으로부터 사회주의 제도와 혁명의 전취물
을 보위하고 조국의 자유와 독립과 평화를 지키는데 있다.

제60조 국가는 군대와 인민을 정치사상적으로 무장시키는 기초 위에
서 전군간부화, 전군현대화, 전민무장화, 전국요새화를 기본내
용으로 하는 자위적 군사로선을 관철한다.

제61조　국가는 군대 안에서 군사규률과 군중규률을 강화하며 관병일
　　　　치, 군민일치의 고상한 전통적 미풍을 높이 발양하도록 한다.

제5장　공민의 기본권리와 의무

제62조　조선민주주의인민공화국 공민이 되는 조건은 국적에 관한 법
　　　　으로 규정한다.
　　　　공민은 거주지에 관계없이 조선민주주의인민공화국의 보호를
　　　　받는다.
제63조　조선민주주의인민공화국에서 공민의 권리와 의무는 〈하나는
　　　　전체를 위하여, 전체는 하나를 위하여〉라는 집단주의 원칙에
　　　　기초한다.
제64조　국가는 모든 공민에게 참다운 민주주의적 권리와 자유, 행복
　　　　한 물질문화생활을 실질적으로 보장한다.
　　　　조선민주주의인민공화국에서 공민의 권리와 자유는 사회주의
　　　　제도의 공고발전과 함께 더욱 확대된다.
제65조　공민은 국가사회생활의 모든 분야에서 누구나 다같은 권리를
　　　　가진다.
제66조　17살 이상의 모든 공민은 성별, 민족별, 직업, 거주기간, 재산
　　　　과 지식 정도, 당별, 정견, 신앙에 관계없이 선거할 권리와 선
　　　　거받을 권리를 가진다.
　　　　군대에 복무하는 공민도 선거할 권리와 선거받을 권리를 가
　　　　진다.
　　　　재판소의 판결에 의하여 선거할 권리를 빼앗긴 자, 정신병자
　　　　는 선거할 권리와 선거받을 권리를 가지지 못한다.
제67조　공민은 언론, 출판, 집회, 시위와 결사의 자유를 가진다.
　　　　국가는 민주주의적 정당, 사회단체의 자유로운 활동조건을 보

장한다.

제68조 공민은 신앙의 자유를 가진다. 이 권리는 종교건물을 짓거나 종교의식같은 것을 허용하는 것으로 보장된다.

종교가 외세를 끌어들이거나 국가사회 질서를 해치는데 리용할 수 없다.

제69조 공민은 신소와 청원을 할 수 있다. 국가는 신소와 청원을 법이 정한데 따라 공정하게 심의 처리하도록 한다.

제70조 공민은 로동에 대한 권리를 가진다.

로동능력있는 모든 공민은 희망과 재능에 따라 직업을 선택하며 안정된 일자리와 로동조건을 보장받는다.

공민은 능력에 따라 일하며 로동의 량과 질에 따라 분배를 받는다.

제71조 공민은 휴식에 대한 권리를 가진다. 이 권리는 로동시간제, 공휴일제, 유급휴가제, 국가비용에 의한 정휴양제, 계속 늘어나는 여러가지 문화시설들에 의하여 보장된다.

제72조 공민은 무상으로 치료받을 권리를 가지며 나이 많거나 병 또는 불구로 로동능력을 잃은 사람, 돌볼 사람이 없는 늙은이와 어린이는 물질적 방조를 받을 권리를 가진다. 이 권리는 무상치료제, 계속 늘어나는 병원, 료양소를 비롯한 의료시설, 국가사회보험과 사회보장제에 의하여 보장된다.

제73조 공민은 교육을 받을 권리를 가진다. 이 권리는 선진적인 교육제도와 국가의 인민적인 교육시책에 의하여 보장된다.

제74조 공민은 과학과 문화예술 활동의 자유를 가진다.

국가는 발명가와 창의고안자에게 배려를 돌린다.

저작권과 발명권, 특허권은 법적으로 보호한다.

제75조 공민은 거주, 여행의 자유를 가진다.

제76조 혁명투사, 혁명렬사가족, 애국렬사가족, 인민군후방가족, 영예

군인은 국가와 사회의 특별한 보호를 받는다.

제77조　녀자는 남자와 똑같은 사회적 지위와 권리를 가진다.

국가는 산전 산후휴가의 보장, 여러 어린이를 가진 어머니를 위한 로동시간의 단축, 산원, 탁아소와 유치원망의 확장, 그밖의 시책을 통하여 어머니와 어린이를 특별히 보호한다.

국가는 녀성들이 사회에 진출할 온갖 조건을 지어준다.

제78조　결혼과 가정은 국가의 보호를 받는다.

국가는 사회의 기층생활단위인 가정을 공고히 하는데 깊은 관심을 돌린다.

제79조　공민은 인신과 주택의 불가침, 서신의 비밀을 보장받는다.

법에 근거하지 않고는 공민을 구속하거나 체포할 수 없으며 살림집을 수색할 수 없다.

제80조　조선민주주의인민공화국은 평화와 민주주의, 민족적 독립과 사회주의를 위하여 과학, 문화활동의 자유를 위하여 투쟁하다가 망명하여온 다른 나라 사람을 보호한다.

제81조　공민은 인민의 정치사상적 통일과 단결을 견결히 수호하여야 한다.

공민은 조직과 집단을 귀중히 여기며 사회와 인민을 위하여 몸바쳐 일하는 기풍을 높이 발휘하여야 한다.

제82조　공민은 국가의 법과 사회주의적 생활규범을 지키며 조선민주주의인민공화국의 공민된 영예와 존엄을 고수하여야 한다.

제83조　로동은 공민의 신성한 의무이며 영예이다.

공민은 로동에 자각적으로 성실히 참가하며 로동규률과 로동시간을 엄격히 지켜야 한다.

제84조　공민은 국가재산과 사회협동단체 재산을 아끼고 사랑하며 온갖 탐오 낭비현상을 반대하여 투쟁하며 나라살림살이를 주인답게 알뜰히 하여야 한다.

국가와 사회협동단체 재산은 신성불가침이다.

제85조 공민은 언제나 혁명적 경각성을 높이며 국가의 안전을 위하여 몸바쳐 투쟁하여야 한다.

제86조 조국보위는 공민의 최대의 의무이며 영예이다.

공민은 조국을 보위하여야 하며 법이 정한데 따라 군대에 복무하여야 한다.

제6장 국가 기구

제1절 최고인민회의

제87조 최고인민회의는 조선민주주의인민공화국의 최고주권기관이다.

제88조 최고인민회의는 입법권을 행사한다.

최고인민회의 휴회중에는 최고인민회의 상임위원회도 입법권을 행사할 수 있다.

제89조 최고인민회의는 일반적, 평등적, 직접적 선거원칙에 의하여 비밀투표로 선거된 대의원들로 구성한다.

제90조 최고인민회의 임기는 5년으로 한다.

최고인민회의 새 선거는 최고인민회의 임기가 끝나기 전에 최고인민회의 상임위원회의 결정에 따라 진행한다.

불가피한 사정으로 선거를 하지 못할 경우에는 선거를 할 때까지 그 임기를 연장한다.

제91조 최고인민회의는 다음과 같은 권한을 가진다.

1. 헌법을 수정 보충한다.

2. 부문법을 제정 또는 수정 보충한다.

3. 최고인민회의 휴회중에 최고인민회의 상임위원회가 채택한 중요 부문법을 승인한다.

4. 국가의 대내외 정책에 기본원칙을 세운다.

5. 조선민주주의인민공화국 국방위원회 위원장을 선거 또는 소환한다.
6. 최고인민회의 상임위원회 위원장을 선거 또는 소환한다.
7. 조선민주주의인민공화국 국방위원회 위원장의 제의에 의하여 국방위원회 제1부위원장, 부위원장, 위원들을 선거 또는 소환한다.
8. 최고인민회의 상임위원회 부위원장, 명예부위원장, 서기장, 위원들을 선거 또는 소환한다.
9. 내각 총리를 선거 또는 소환한다.
10. 내각 총리의 제의에 의하여 내각 부총리, 위원장, 상 그밖의 내각성원들을 임명한다.
11. 중앙검찰소 소장을 임명 또는 해임한다.
12. 중앙재판소 소장을 선거 또는 소환한다.
13. 최고인민회의 부문위원회 위원장, 부위원장, 위원들을 선거 또는 소환한다.
14. 국가의 인민경제발전계획과 그 실행정형에 관한 보고를 심의하고 승인한다.
15. 국가예산과 그 집행정형에 관한 보고를 심의하고 승인한다.
16. 필요에 따라 내각과 중앙기관들의 사업정형을 보고받고 대책을 세운다.
17. 최고인민회의에 제기되는 조약의 비준 폐기를 결정한다.

제92조 최고인민회의는 정기회의와 임시회의를 가진다.

정기회의는 1년에 1~2차, 최고인민회의 상임위원회가 소집한다.

임시회의는 최고인민회의 상임위원회가 필요하다고 인정할 때 또는 대의원 전원의 3분의 1 이상의 요청이 있을 때 소집한다.

제93조 최고인민회의는 대의원 전원의 3분의 2 이상이 참석하여야 성립된다.

제94조 최고인민회의는 의장과 부의장을 선거한다.

의장은 회의를 사회한다.

제95조 최고인민회의에서 토의할 의안은 최고인민회의 상임위원회, 내각과 최고인민회의 부문위원회가 제출한다.

대의원들도 의안을 제출할 수 있다.

제96조 최고인민회의 매기 제1차회의는 대의원 자격심사위원회를 선거하고 그 위원회가 제출한 보고에 근거하여 대의원 자격을 확인하는 결정을 채택한다.

제97조 최고인민회의는 법령과 결정을 낸다. 최고인민회의가 내는 법령과 결정은 거수가결의 방법으로 그 회의에 참석한 대의원의 반수 이상이 찬성하여야 채택된다.

헌법은 최고인민회의 대의원 전원의 3분의 2 이상이 찬성하여야 수정 보충된다.

제98조 최고인민회의는 법제위원회, 예산위원회같은 부문위원회를 둔다.

최고인민회의 부문위원회는 위원장, 부위원장, 위원들로 구성한다.

최고인민회의 부문위원회는 최고인민회의 사업을 도와 국가의 정식안과 법안을 작성하거나 심의하여 그 집행을 위한 대책을 세운다.

최고인민회의 부문위원회는 최고인민회의 휴회중에 최고인민회의 상임위원회의 지도 밑에 사업한다.

제99조 최고인민회의 대의원은 불가침권을 보장받는다.

최고인민회의 대의원은 현행범인 경우를 제외하고는 최고인민회의 그 휴회중에 최고인민회의 상임위원회 승인없이 체포하거나 형사처벌을 할 수 없다.

제2절 국방위원회

제100조 국방위원회는 국가주권의 최고군사지도기관이며 전반적 국방
관리기관이다.

제101조 국방위원회는 위원장, 제1부위원장, 부위원장, 위원들로 구성
한다.

국방위원회 임기는 최고인민회의 임기와 같다.

제102조 조선민주주의인민공화국 국방위원회 위원장은 일체 무력을 지
휘통솔하며 국방사업 전반을 지도한다.

제103조 국방위원회는 다음과 같은 임무와 권한을 가진다.

1. 국가의 전반적 무력과 국방건설사업을 지도한다.

2. 국방 부문의 중앙기관을 내오거나 없앤다.

3. 중요 군사간부를 임명 또는 해임한다.

4. 군사칭호를 제정하며 장령 이상의 군사칭호를 수여한다.

5. 나라의 전시상태와 동원령을 선포한다.

제104조 국방위원회는 결정과 명령을 낸다.

제105조 국방위원회는 자기사업에 대하여 최고인민회의 앞에 책임진다.

제3절 최고인민회의 상임위원회

제106조 최고인민회의 상임위원회는 최고인민회의 휴회중에 최고주권
기관이다.

제107조 최고인민회의 상임위원회는 위원장, 부위원장, 서기장, 위원들
로 구성한다.

제108조 최고인민회의 상임위원회는 약간 명의 명예부위원장을 둘 수
있다.

최고인민회의 상임위원회 명예부위원장은 최고인민회의 대의
원 가운데서 오랜기간 국가건설사업에 참가하여 특출한 기여
를 한 일군이 될 수 있다.

제109조 최고인민회의 상임위원회 임기는 최고인민회의 임기와 같다.

최고인민회의 상임위원회는 최고인민회의 임기가 끝난 후에도 새 상임위원회가 선거될 때까지 자기임무를 계속 수행한다.

제110조 최고인민회의 상임위원회는 다음과 같은 임무와 권한을 가진다.

1. 최고인민회의를 소집한다.

2. 최고인민회의 휴회 중에 제기된 새로운 부문 법안과 수정안, 현행 부문법과 규정의 수정 보충안을 심의 채택하여, 채택 실시하는 중요 부문법을 다음번 최고인민회의의 승인을 받는다.

3. 불가피한 사정으로 최고인민회의 휴회기간에 제기되는 국가의 인민경제 발전계획, 국가예산과 그 조절안을 심의하고 승인한다.

4. 헌법과 현행 부문법 규정을 해석한다.

5. 국가기관들의 법준수 집행을 감독하고 대책을 세운다.

6. 헌법, 최고인민회의 법령·결정, 국방위원회의 결정·명령, 최고인민회의 상임위원회 정령, 결정, 지시에 어긋나는 국가기관의 결정지시를 폐지하며 지방인민회의의 그릇된 결정집행을 정지시킨다.

7. 최고인민회의 대의원 선거를 위한 사업을 하며 지방인민회의 대의원선거 사업을 조직한다.

8. 최고인민회의 대의원들과의 사업을 한다.

9. 최고인민회의 부문위원회와의 사업을 한다.

10. 내각 위원회 성을 내오거나 없앤다.

11. 최고인민회의 휴회 중에 내각총리의 제의에 의하여 부총리, 위원장, 상, 그밖의 내각성원들을 임명 또는 해임한다.

12. 최고인민회의 상임위원회 부문위원회 성원들을 임명 또는 해임한다.

13. 중앙재판소 판사, 인민참심원을 선거 또는 소환한다.

14. 다른 나라와 맺은 조약을 비준 또는 폐기한다.

15. 다른 나라에 주재하는 외교대표의 임명 또는 소환을 결정하고 발표한다.

16. 훈장과 메달, 명예칭호, 외교직급을 제정하며 훈장과 메달, 명예칭호를 수여한다.

17. 대사권과 특사권을 행사한다.

18. 행정단위와 행정구역을 내오거나 고친다.

제111조 최고인민회의 상임위원회 위원장은 상임위원회 사업을 조직지도한다.

최고인민회의 상임위원회 위원장은 국가를 대표하며 다른 나라 사신의 신임장 소환장을 접수한다.

제112조 최고인민회의 상임위원회는 전원회의와 상무회의를 가진다.

전원회의는 위원 전원으로 구성하며 상무회의는 위원장, 부위원장, 서기장들로 구성한다.

제113조 최고인민회의 상임위원회 전원회의는 상임위원회의 임무와 권한을 실현하는데서 나서는 중요한 문제들로 토의결정한다.

상무회의는 전원회의에서 위임한 문제들을 토의결정한다.

제114조 최고인민회의 상임위원회는 정령과 결정, 지시를 낸다.

제115조 최고인민회의 상임위원회는 자기사업을 돕는 상무위원회를 둘 수 있다.

제116조 최고인민회의 상임위원회는 자기사업에 대하여 최고인민회의 앞에 책임진다.

제4절 내 각

제117조 내각은 최고주권의 행정적 집행기관이며 전반적 국가관리기관이다.

제118조 내각은 총리, 부총리, 위원장, 상과 그밖의 필요한 성원들로 구성한다.

내각의 임기는 최고인민회의 임기와 같다.

제119조 내각은 다음과 같은 임무와 권한을 가진다.

1. 국가의 정책을 집행하기 위한 대책을 세운다.

2. 헌법과 부문법에 기초하여 국가관리와 관련한 규정을 제정 또는 수정 보충한다.

3. 내각의 위원회, 성, 내각직속기관, 지방인민위원회의 사업 을 지도한다.

4. 내각직속기관, 중요행정경제기관, 기업소를 내오거나 없애 며 국가관리기구를 개설하기 위한 대책을 세운다.

5. 국가의 인민경제발전계획을 작성하며 그 실행대책을 세운다.

6. 국가예산을 편성하며 그 집행대책을 세운다.

7. 공업, 농업, 건설, 운수, 체신, 광업, 무역, 수도관리, 도시 경영, 교육, 과학, 문화, 보건, 체육, 노동행정, 환경보호, 관광 그밖의 여러 부문의 사업을 조직 집행한다.

8. 화폐와 은행제도를 공고히 하기 위한 대책을 세운다.

9. 국가관리 질서를 세우기 위한 검열, 통제사업을 한다.

10. 사회질서 유지, 국가 및 사회협동단체의 소유와 이익의 보 호, 공민의 권리 보장을 위한 대책을 세운다.

11. 다른 나라와 조약을 맺으며 대외사업을 한다.

12. 내각결정, 이치에 어긋나는 행정경제기관의 결정 지시를 폐지한다.

제120조 내각총리는 내각사업을 조직화한다.

내각총리는 조선민주주의인민공화국 정부를 대표한다.

제121조 내각은 전원회의와 상무회의를 가진다.

내각 전원회의는 내각 성원 전원으로 구성한다. 상무회의는 총리, 부총리와 그밖의 총리가 임명하는 내각 성원들로 구성한다.

제122조 내각 전원회의는 행정경제사업에서 나서는 새롭고 중요한 문제들을 토의 결정한다.

상무회의는 내각 전원회의에서 위임한 문제들을 토의 결정한다.

제123조 내각은 결정과 지시를 낸다.

제124조 내각은 자기사업을 돕는 비상설부문위원회를 둘 수 있다.

제125조 내각은 자기사업에 대하여 최고인민회의와 그 휴회중에 최고인민회의 상임위원회 앞에 책임진다.

제126조 새로 선거된 내각 총리는 내각 성원들을 대표하여 최고인민회의에서 선거를 한다.

제127조 내각 위원회 성은 내각의 부문별 집행기관이며 중앙의 부문별 관리기관이다.

제128조 내각 위원회 성은 내각의 지도밑에 해당부문의 사업을 전일적으로 장악하고 지도관리한다.

제129조 내각 위원회 성은 위원회 회의와 간부회의를 운영한다.

위원회 성, 위원회 회의와 간부회의에서는 내각결정, 지시집행대책과 그밖의 중요한 문제들을 토의 결정한다.

제130조 내각 위원회 성은 지시를 낸다.

제5절 지방인민회의

제131조 도(직할시) 시(구역) 군인민회의는 지방주권기관이다.

제132조 지방인민회의는 일반적, 평등적, 직접적 선거원칙에 의하여 비밀투표로 선거된 대의원들로 구성한다.

제133조 도(직할시) 시(구역) 군인민회의 임기는 4년으로 한다.

지방인민회의 새 선거는 지방인민회의의 임기가 끝나기 전에 해당 지방인민위원회의 결정에 따라 진행한다.

불가피한 사정으로 선거를 하지 못할 경우에는 선거를 할 때까지 그 임기를 연장한다.

제134조 지방인민회의는 다음과 같은 임무와 권한을 가진다.

    1. 지방의 인민경제발전계획과 그 실행정형에 대한 보고를 심의하고 승인한다.

    2. 지방예산과 그 집행에 대한 보고를 심의하고 승인한다.

    3. 해당지역에서 국가의 법을 집행하기 위한 대책을 세운다.

    4. 해당 인민위원회 위원장, 부위원장, 사무장, 위원들을 선거 또는 소환한다.

    5. 해당 재판소의 판사, 인민참심원을 선거 또는 소환한다.

    6. 해당 인민위원회와 하급인민회의의 그릇된 결정 지시를 폐지한다.

제135조 지방인민회의는 정기회의와 임시회의를 가진다.

    정기회의는 1년에 1~2차 해당 인민위원회가 소집한다.

    임시회의는 해당 인민위원회가 필요하다고 인정할 때 또는 대의원 전원의 3분의 1 이상의 요청이 있을 때 소집한다.

제136조 지방인민회의는 대의원 전원의 3분의 2 이상이 참석하여야 성립된다.

제137조 지방인민회의는 의장을 선거한다.

    의장은 회의를 사회한다.

제138조 지방인민회의는 결정을 낸다.

제6절 지방인민위원회

제139조 도(직할시) 시(구역) 군인민위원회는 해당 인민회의 휴회중에 지방주권기관이며, 해당 지방주권의 행정적 집행기관이다.

제140조 지방인민위원회는 위원장, 부위원장, 사무장, 위원들로 구성한다.

    지방인민위원회의 임기는 해당 인민회의 임기와 같다.

제 141 조 지방인민위원회는 다음과 같은 임무와 권한을 가진다.

    1. 인민회의를 소집한다.

    2. 인민회의 대의원선거를 위한 사업을 한다.

    3. 인민회의 대의원들과의 사업을 한다.

    4. 해당 인민회의와 상급인민회의, 인민위원회, 내각과 내각 위원회, 성의 법령, 정령, 결정지시를 집행한다.

    5. 해당 지방의 모든 행정사업을 조직 집행한다.

    6. 지방의 인민경제발전계획을 작성하며, 그 실행대책을 세운다.

    7. 지방예산을 편성하며 그 집행대책을 세운다.

    8. 해당 지방의 사회질서, 유지, 국가 및 사회협동단체의 소유와 이익을 보호, 공민의 권리보장을 위한 대책을 세운다.

    9. 해당기관에서 국가관리 질서를 세우기 위한 검열 통제사업을 한다.

    10. 하급인민위원회 사업을 지도한다.

    11. 하급인민위원회의 그릇된 결정 지시를 폐지한다.

       하급인민회의의 그릇된 결정의 집행을 정지시킨다.

제 142 조 지방인민위원회는 전원회의와 상무회의를 가진다.

    지방인민위원회 전원회의는 위원 전원으로 구성하며, 상무회의는 위원장, 부위원장, 사무장들로 구성한다.

제 143 조 지방인민위원회 전원회의는 자기 임무와 권한을 실현하는데서 나서는 중요한 문제들을 토의 결정한다.

    상무회의는 전원회의가 위임한 문제들을 토의 결정한다.

제 144 조 지방인민위원회는 결정과 지시를 낸다.

제 145 조 지방인민위원회는 자기 사업을 돕는 비상설 부문위원회를 둘 수 있다.

제 146 조 지방인민위원회는 자기 사업에 대하여 해당 인민회의 앞에 책임진다.

지방인민위원회는 상급인민위원회와 내각에 복종한다.

제7절 검찰소와 재판소

제147조 검찰사업은 중앙검찰소 도(직할시) 시(구역) 군검찰소와 특별
검찰소가 한다.

제148조 중앙검찰소 소장의 임기는 최고인민회의 임기와 같다.

제149조 검사는 중앙검찰소가 임명 또는 해임한다.

제150조 검찰소는 다음과 같은 임무를 수행한다.

1. 기관 기업소 단체와 공민들의 국가의 법을 정확히 지키는
가를 감시한다.

2. 국가 기관의 결정, 지시가 헌법, 최고인민회의 법령, 결정, 국
방위원회 결정, 명령, 최고인민회의 상임위원회 정령, 결정,
지시, 내각 결정, 지시에 어긋나지 않는가를 감시 통제한다.

3. 범죄자를 비롯한 법 위반자를 적발하고 법적 책임을 추궁
하는 것을 통하여 조선민주주의인민공화국의 주권과 사회
주의 제도, 국가와 사회협동단체의 재산, 인민의 헌법적 권
리와 생명 재산을 보호한다.

제151조 검찰사업은 중앙검찰소가 통일적으로 지도하며 모든 검찰소는
상급검찰소와 중앙검찰소에 복종한다.

제152조 중앙검찰소는 자기사업에 대하여 최고인민회의와 그 휴회중에
최고인민회의 상임위원회 앞에 책임진다.

제153조 재판은 중앙재판소, 도(직할시)재판소, 인민재판소와 특별재판
소가 한다.

판결은 조선민주주의인민공화국의 이름으로 선고한다.

제154조 중앙재판소 소장의 임기는 최고인민회의 임기와 같다.

중앙재판소, 도(직할시)재판소, 인민재판소의 판사 인민참심원
의 임기는 해당 인민회의 임기와 같다.

제155조 특별재판소의 소장과 판사는 중앙재판소가 임명 해임한다.

특별재판소의 인민참심원은 해당 군무자회의 또는 종업원회의에서 선거한다.

제156조 재판소는 다음과 같은 임무를 수행한다.

1. 재판활동을 통하여 조선민주주의인민공화국의 주권과 사회주의 제도, 국가와 사회협동단체 재산, 인민의 헌법적 권리와 생명 재산을 보호한다.

2. 모든 기관 기업소 단체와 공민들이 국가의 법을 정확히 지키고 계급적 원쑤들과 온갖 법 위반자들을 반대하여 적극 투쟁하도록 한다.

3. 재산에 대한 판결 판정을 집행하며 공증사업을 한다.

제157조 재판은 판사 1명과 인민참시원 2명으로 구성된 재판소가 한다.

특별한 경우에는 판사 3명으로 구성하여 할 수 있다.

제158조 재판은 공개하며 피소자의 변호권을 보장한다.

법이 정한데 따라 재판을 공개하지 않을 수 있다.

제159조 재판은 조선말로 한다.

다른나라 사람들은 재판에서 자기나라 말을 할 수 있다.

제160조 재판소는 재판에서 독자적이며, 재판활동을 법에 의거하여 수행한다.

제161조 중앙재판소는 조선민주주의인민공화국의 최고재판기관이다.

중앙재판소는 모든 재판소의 재판사업을 감독한다.

제162조 중앙재판소는 자기사업에 대하여 최고인민회의와 그 휴회중에 최고인민회의 상임위원회 앞에 책임진다.

제7장 국장·국기·국가·수도

제163조 조선민주주의인민공화국의 국장은 「조선민주주의인민공화국」

이라고 쓴 붉은 띠로 따올려감은 벼이삭의 타원형 테두리 안에 웅장한 수력발전소가 있고, 그 위에 혁명의 성산 백두산과 찬연히 빛나는 붉은 오각별이 있다.

제164조 조선민주주의인민공화국의 국기는 기발의 가운데에 넓은 붉은 폭이 있고 그 아래 우에 가는 흰 폭이 있으며 그 다음에 푸른 폭이 있고 붉은폭의 기대 달린쪽 흰 동그라미 안에 붉은 오각별이 있다.

기발의 세로와 가로의 비는 1 대 2이다.

제165조 조선민주주의인민공화국의 국가는 「애국가」이다.

제166조 조선민주주의인민공화국의 수도는 평양이다.

偶然

우연의
과학

지은이 | 井山弘幸(이야마 히로유키)
옮긴이 | 이정임 · 정윤정

인류사에 획을 그은 과학상의 발견에
따르는 '우연'에 대한 뒷이야기—
얼마만큼 근거가 있을까?
이 책은 과학의 세계에서 진실처럼 전해지고 있는
'우연'에 대한 상식의 허와 실을 밝힌다.
〈신국판 280면/ 값 8,500원〉

학민사

일제하 조선인 관료 연구

일제시대 조선총독부 관료는 어떻게 형성되었으며,
그들의 사회적 성격은 무엇이며, 일제시대 전반에 걸쳐
고등관들은 어떠한 충원양식을 통해 식민지 통치기구에
임용되었으며, 대한제국의 관료들과는 어느 정도의
지속성을 지니고 있는가를 분석한다.

〈신국판 368면 / 값 15,000원〉

학민글밭
68

박은경 지음

학민사

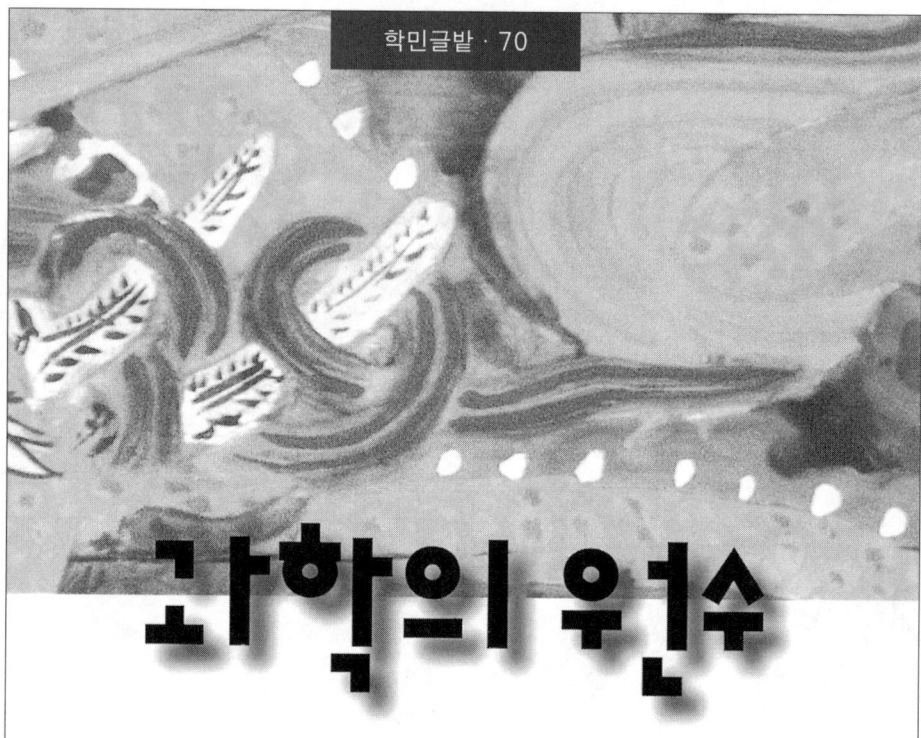

학민글밭 · 70

과학의 원수

계봉우 지음

김학민 주해

암울했던 1920년대, 조선의 반만년 미신을 폭로시킴으로써
과학적 혁명투쟁을 고취시키려 했던 한 무신론자들의 사상 편력!
이데올로기적 편향과 시대적 한계를 갖고 있지만,
이 책은 70년의 세월을 뛰어넘어 민속의 보고(寶庫)로
오늘 우리 앞에 다가선다.

〈신국판 268면 / 값 8,000원〉

학민사